SOLLERS

Philippe Sollers est né à Bordeaux. Il a publié son premier roman, *Une curieuse solitude*, en 1958 aux Éditions du Seuil. En 1960, il fonde la revue et la collection *Tel Quel* où il s'intéresse à des auteurs méconnus ou controversés ; puis, en 1983, la revue et la collection *L'Infini* aux Éditions Gallimard. Ami de Roland Barthes et de Jacques Lacan, Philippe Sollers est un grand admirateur de la Chine. Il a notamment publié les romans et les essais suivants : *Paradis*, *Femmes*, *Portrait du joueur*, *La Fête à Venise*, *Le Secret*, *La Guerre du Goût*, *Le Cavalier du Louvre*, *Casanova l'admirable*, *Studio*, *Passion fixe*, *Éloge de l'infini* et *Médium*. Il a vécu à Venise durant de longues années, ce qui lui a inspiré son *Dictionnaire amoureux de Venise* paru chez Plon en 2004.

Retrouvez toute l'actualité de l'auteur sur :
www.philippesollers.net/infini.html

PETIT DICTIONNAIRE AMOUREUX DE VENISE

DANS LA MÊME COLLECTION CHEZ POCKET

PETIT DICTIONNAIRE AMOUREUX DE LA SCIENCE
par Claude Allègre

PETIT DICTIONNAIRE AMOUREUX DE L'INDE
par Jean-Claude Carrière

PETIT DICTIONNAIRE AMOUREUX DES TRAINS
par Jean des Cars

PETIT DICTIONNAIRE AMOUREUX DE L'ESPAGNE
par Michel Del Castillo

PETIT DICTIONNAIRE AMOUREUX DU ROCK
par Antoine de Caunes

PETIT DICTIONNAIRE AMOUREUX DE L'HISTOIRE DE FRANCE
par Max Gallo

PETIT DICTIONNAIRE AMOUREUX DE LA GASTRONOMIE
par Christian Millau

PETIT DICTIONNAIRE AMOUREUX DE VENISE
par Philippe Sollers

PETIT DICTIONNAIRE AMOUREUX DU CIEL ET DES ÉTOILES
par Trinh Xuan Thuan

PETIT DICTIONNAIRE AMOUREUX DU CATHOLICISME
par Denis Tillinac

PETIT DICTIONNAIRE AMOUREUX DE LA FRANCE
par Denis Tillinac

PETIT DICTIONNAIRE AMOUREUX DES CHATS
par Frédéric Vitoux

PHILIPPE SOLLERS

PETIT DICTIONNAIRE AMOUREUX DE VENISE

Dessins d'Alain Bouldouyre

PLON

Collection dirigée par Jean-Claude Simoën

MIXTE
Papier issu de sources responsables
FSC® C003309

Pocket, une marque d'Univers Poche,
est un éditeur qui s'engage pour la préservation
de son environnement et qui utilise du papier fabriqué
à partir de bois provenant de forêts gérées
de manière responsable.

ISBN : 978-2-266-22906-7

NOTE DE L'ÉDITEUR

Les « Petits Dictionnaires amoureux » sont une version condensée des « Dictionnaires amoureux » dont ils sont issus. Chaque entrée a simplement été resserrée, pour livrer l'essentiel de ces vagabondages étonnants et passionnants, de façon à rencontrer de nouveaux lecteurs dans un format poche plus compact que le format original publié aux éditions Plon.

Pour la Grande Petite Jolie Belle Beauté.

Cent solitudes profondes conçoivent ensemble l'image de la ville de Venise – c'est son charme. Une image pour les hommes de l'avenir.

NIETZSCHE, cité par Martin HEIDEGGER, Lettre à Karl Jaspers du 12 août 1949.

ÉLOGE

Éloge de Venise, de Luigi Grotto Cieco d'Hadria, prononcé pour la consécration du Doge sérénissime de Venise Luigi Mocenigo, le 23 août 1570.

« Voici la ville qui, à tous, inspire la stupeur. Et j'ajouterai que toutes les vertus en Italie dispersées en fuyant la fureur des barbares ici se rassemblèrent, et, ayant reçu du ciel le privilège des alcyons, firent, sur ces eaux, de cette cité, leur nid. Et je conclurai ainsi : qui ne la loue est indigne de sa langue, qui ne la contemple est indigne de la lumière, qui ne l'admire est indigne de l'esprit, qui ne l'honore est indigne de l'honneur. Qui ne l'a vue ne croit point ce qu'on lui en dit et qui la voit croit à peine ce qu'il voit. Qui entend sa gloire n'a de cesse de la voir, et qui la voit n'a de cesse de la revoir. Qui la voit une fois s'en énamoure pour la vie et ne la quitte jamais plus, ou s'il la quitte c'est pour bientôt la retrouver, et s'il ne la retrouve il se désole de ne point la revoir. De ce désir d'y retourner qui pèse sur tous ceux qui la quittèrent elle prit le nom de *venetia*, comme pour dire à ceux qui la quittent, dans une douce prière : *Veni etiam*, reviens encore. »

PRÉLUDE

Je me revois, à l'automne 1963, arrivant pour la première fois, de nuit, à Venise. Je viens de Florence, me voici tout à coup sur la place Saint-Marc. La précision de la scène est étonnante : debout, sous les arcades, regardant la basilique à peine éclairée, je laisse tomber mon sac de voyage, ou plutôt il me tombe de la main droite, tant je suis pétrifié et pris. J'entends encore le bruit sourd qu'il fait sur les dalles. Je sais, d'emblée, que je vais passer ma vie à tenter de coïncider avec cet espace ouvert, là, devant moi. J'ai ressenti une émotion du même genre, mais moins forte, en pénétrant, à Pékin, dans la Cité interdite et, surtout, en allant aux environs visiter le temple du Ciel au toit bleu. C'est un mouvement bref de tout le corps violemment rejeté en arrière, comme s'il venait de mourir sur place et, en vérité, de rentrer chez soi. Être dehors est peut-être une illusion permanente : il n'y aurait que du dedans et nous nous acharnerions à ne pas le savoir. La nuit (il était très tard, il n'y avait personne ni sur la place ni dans les ruelles) favorisait ce choc semblable à celui qu'on ressent dans l'épaule en tirant un coup de fusil. Détonation silencieuse, vide, plein, vide : évidence intime.

Florence, la capitale de Dante, est une ville séraphique, violente, brûlante, sacrificielle, empourprée. Venise, elle, est la ville chérubinique par excellence : contemplation et compréhension du lointain, regard sans fin ramené sur soi après avoir bouclé la boucle, récollection et concentration des randonnées de la connaissance. C'est le visage dans la pierre voyant le temps dans ses fibres. Les franciscains séraphiques sont là aussi, bien sûr, mais Venise, comme Tiepolo en célèbre la montée au plafond de l'église des Gesuati, est une ville dominicaine. « Les chérubins aux jeunes yeux », dit, justement, Shakespeare. Enfance et recomposition de la vue : si l'on n'a pas compris quelque chose dans le tissu de sa propre existence, Venise est la dernière chance pour le saisir et se ressaisir.

C'est ici, je m'en souviens, que j'ai lu, assis sur un quai, au soleil, *Le Pèlerin chérubinique*, d'Angelus Silesius. « Rien ne dure sans jouissance. Dieu doit jouir de lui-même, ou son essence devrait sécher comme l'herbe. » Et aussi : « On dit que le temps passe vite : qui l'a vu voler ? Il reste immobile dans le concept du monde. » Et encore, et peut-être surtout : « Dieu sort le matin, il dort à midi, il veille la nuit, et voyage le soir sans peine. »

Approchons-nous, passons par les îles. Ce sont elles qui, de loin, préparent l'événement fleurissant, quelque part, au milieu d'elles. La force rayonnante de Venise est dans cette dispersion, cet essaim de parcelles mangées d'eau, ces stèles plates, ces sentinelles. Nous sommes dans une Grèce déplacée, tournée autrement. On garde ce qu'il faut de Byzance, mais on évolue à l'intérieur de l'aventure romaine, on reste dans la perspective, foyer d'une ellipse dont Rome est l'autre foyer. Rome, c'est le pouvoir central, le roc. On y traduit en termes universels les affaires du monde, on y temporise, on s'y compromet (il le faut), on y attend. Les navigateurs et les marchands de Venise, eux, sont dix mille fois partis et dix mille fois revenus, ils ont fait de leur port veineux l'image de l'univers qui a, nous le découvrons peu à peu, la structure d'une éponge. Venise a été conçue comme en fonction de cette masse manquante, de cette matière noire, qui occupe quatre-vingt-dix pour cent du visible. Elle n'est que lagunes, lacunes, pleins absolument pleins, vides aussi pleins que ces pleins. Au fond, c'est la ville du Saint-Esprit. Tout y parle d'envols, d'assomptions, de piqués, de glissades, de lévitations, de suspens. Son emblème, avec le lion ailé de Saint-Marc, pourrait être cependant une mouette plutôt qu'une colombe. Comment une telle évidence de splendeur a-t-elle pu échapper à la main du diable ? Il lui fallait bien une protection spéciale, une bénédiction cardiaque, un signe secret d'élection.

L'espace, en effet, revient ici indéfiniment sur lui-même, et ne peut guère être soupçonné que d'avion. Sinon, à terre, en mer, c'est un huit, une bande de Moebius où dedans et dehors, sans arrêt, s'échangent. La désorientation est constante, ponctuelle, courbée, systématique, mais n'engendre aucun désordre, au contraire.

Le temps, lui, ne peut être, à chaque instant, que vertical, étagé, feuilleté, poudroyant, ouvert. Venise est un entrelacement de chemins qui ne mènent nulle part et qui se suffisent à eux-mêmes ; une horloge où toutes les heures sont égales. Le projet s'y dissout, l'horizon est renvoyé, la psychologie y serait abusive, le masque et le visage coïncident, et, pour cela, nul besoin de carnaval. Bref, si l'on y consent, le corps s'y trouve déjà ressuscité.

J'ai vu, une nuit, à la Salute, quelques dizaines de personnes prier, des bougies à la main, contre la peste. Le bubon menaçant était alors le projet paramafieux (entre autres) d'Exposition universelle, ici, pour l'an 2000 : grands travaux, bouleversements souterrains, construction d'un métro et d'un funiculaire passant au-dessus de la place Saint-Marc, développement rentable, alibi de la création d'emplois, chants d'avenir, imagerie néofasciste ou néostalinienne, pressions politiques, marionnettes bavardes. C'était l'Italie, quoi, ou encore le Japon, c'est-à-dire, de plus en plus, la planète entière. *L'Expo ! L'Expo !* Finalement, *l'Expo* a été repoussée, mais son idée resurgira un jour ou l'autre, il faut que tout devienne *Expo*, vous ne pouvez pas vivre sans *Expo*, votre vie mentale doit être une *Expo*. Cette fois encore, du temps de Lépante, victoire célébrée partout sur ses murs, Venise a sécrété son contrepoison ; elle est une contre-expo permanente. Le Spectacle, à savoir la Mort surexposée pour tous, n'est pas arrivé à faire mieux.

Trop, trop peu : voilà ce que Venise pourrait dire de tout ce qui a été écrit, montré, rêvé ou imaginé à son sujet, avant de poursuivre son cours et non de s'enfoncer dans les flots, comme on nous le prédit périodiquement avec une inquiétude qui ressemble à un désir de vengeance. Le XIXe siècle avait décidé que Venise était un vestige, une ruine lente, peut-être même le symbole de la Mort. L'Histoire, la vraie, se déroulait ailleurs, à grande vitesse, pour un avenir programmé d'avance. Cependant, à mesure que Venise *revenait*, le doute commençait : et si cette ville, ou plutôt ce double unique de ville, n'était pas au passé mais au futur ? Si notre présent s'y éclairait, comme le passé, d'une façon aussi inattendue qu'inquiétante ? Que faire, alors, des tonnes de clichés romantico-poétiques dont on l'a affublée, voyages de noces, romans sentimentaux, chansons déprimées, films ? Comment recycler cette rumination mélancolique, base ancienne d'une industrie touristique ? Venise-musée ? Bien sûr, mais il faut autre chose. Des colloques, des sommets, des biennales, de l'animation culturelle, des cocktails, des stars, des soirées, et surtout des photos, encore des photos, toujours des photos. Quant à penser la réalité et la profondeur de ce lieu magique, non, c'est trop difficile, nous savons trop peu qui nous sommes, d'où nous venons, vers quoi nous allons. Si la Mort se dérobe, le Spectacle, lui, continue. Depuis longtemps, chacun l'a compris, la Mort et le Spectacle sont une même chose.

L'énigme, ici, comme la plupart du temps, est la fin du XVIIIe siècle. Quand Bonaparte (« Je serai un Attila pour Venise ») vend, pour presque rien, en 1797, la ville aux Autrichiens, il règle un vieux compte, une vieille haine (comme, plus tard, Hitler avec Vienne ou Staline avec la Pologne).

Les dictateurs se ressemblent : ils veulent que l'Histoire débute avec eux. La mémoire les gêne. Venise occupée va donc se traîner en captivité dégradée pendant des années ; sa décadence paraît irréversible. Qui connaît alors Monteverdi, Vivaldi ? Qui se souvient de Giorgione, Titien, Tintoret, Véronèse, Tiepolo, Guardi ? Qui a vraiment lu Casanova ? Personne, ou presque[1]. Paradoxalement, les catastrophes du XXe siècle vont être, pour Venise, une résurrection lente, le retour d'un calendrier oublié. On comprend les peintres (Manet, Monet) : eux ont *su*, avant tout le monde. Un écrivain français, lui aussi, anticipe : Proust lit Ruskin, va à Venise, saisit que là se trouve la réponse, le pôle, le message caché, le temps retrouvé. Nous sommes en 1900 ; les grandes peintures de Monet sont, sur place, de 1908. Venise, ou une nouvelle expérience : l'instant enfin vécu comme tel, multiplication de la vision, couleurs sur couleurs, jouissance d'être. Le mouvement est lancé, on ne l'arrêtera plus.

1. « Personne, en 1938, ne sait rien au sujet de Vivaldi. Quelques spécialistes (cinq ou six, pas plus) ont une vague idée de ses compositions. Aucun parmi eux n'a lu la totalité de son œuvre. La plupart des partitions se trouvent sans doute à Turin et à Dresde. Pour Boccherini, le travail est encore plus difficile. J'ignore même où se trouve son œuvre. Et je me demande si quelqu'un le sait » (Ezra Pound). Toute l'œuvre de Pound ne cesse d'évoquer Venise.

Pound, comme Stravinsky, est enterré à Venise.

A

Accademia

Venise est un trésor flottant, c'est entendu, mais il y a mille trésors dans ce trésor, à commencer par le plus riche d'entre eux, l'Académie. Vous pouvez dire que c'est un musée puisque c'en est un, mais pour moi c'est un coffre, une église parallèle, une basilique païenne, un grand hôtel particulier pour amateur passionné.

J'y retourne souvent en rêve, je sais ce que je veux revoir. Je vais droit, ainsi, à *La Tempête* de Giorgione, sans doute le tableau le plus mystérieux des siècles. Je veux vivre et respirer en lui, je le comprendrai plus tard.

Il vous est sans doute utile de savoir que Giorgione (dont on ne sait pas grand-chose) est né vers 1478 à Castelfranco Veneto et qu'il est mort de la peste, à trente-deux ans, à Venise ; qu'il a mis au point une technique permettant d'obtenir des glacis d'une luminosité inédite créant un effet de transparence atmosphérique ; que l'humanisme, enfin, lui inspire ses thèmes : vous voilà bien dans le brouillard.

Laissez passer les touristes, restez simplement là,

devant, taisez-vous, oubliez tout. Le tableau a lieu *maintenant*, pour vous, pour vous seul. Il vous parle du temps par-dessus le temps. C'est sa vocation, sa grandeur, son calme.

J'écoute, je commence à voir. À droite, une femme aux trois quarts nue, un boléro blanc sur les épaules, assise sur un drap froissé en pleine nature, allaite un enfant avec son sein gauche (on ne voit pas le droit). Elle vous regarde. Elle en a vu d'autres, elle en verra d'autres. Vous êtes *obligé* d'être cet enfant. La femme est très belle, jeune, éternelle, cheveux blond vénitien, rassemblée sur elle-même malgré ses cuisses écartées, très attentive, protectrice, un peu inquiète. À gauche, sur une autre scène, séparé de la femme à l'enfant par une rivière en ravin, un homme désinvolte et jeune, veste rouge, tenant un bâton plus grand que lui, tourne la tête vers le petit théâtre d'allaitement. Est-ce un père ? Un fils ? Un passant ? Il a l'air très content, il se souvient, aussi. Ce bébé, c'était lui dans une autre vie. Ou bien ce sera lui.

Séparation des sexes, destins différents. Naissance d'un côté, virilité de l'autre. La culotte du jeune homme rouge ne dissimule pas une proéminence lovée. Le bâton la souligne. Il sourit, il va voyager, mais toujours emportant avec lui ce souvenir d'enfance. Derrière lui, posées comme une sculpture énigmatique sur un cube de mur, deux colonnes brisées. Une tombe ? Sans doute. Le sens, alors, pourrait être : le personnage masculin est né, il est mort, il est de nouveau vivant, il poursuit son chemin. Meurs et deviens.

Où cela a-t-il lieu ? Aux environs d'une ville que l'on voit se dresser dans le fond, au-delà d'un petit pont de bois qui fait communiquer les deux rives. Une ville sous l'orage dans un ciel gris-bleu. Un éclair déchire le fond de la toile et accentue la brisure entre la femme à l'enfant et l'homme contemplatif. Sur terre, une rivière les sépare, ils ne sont pas dans le même temps. Dans l'air, une zébrure et une fulgurance comme *rentrée* (vous voyez l'éclair, vous ne l'entendez pas encore) font apparaître le spectre des palais et des tours. Au premier plan, les humains mortels. Dans les coulisses, Dieu ou les dieux. L'éclair est un serpent qui révèle les éternités différentes de la femme et de l'homme. Vous ne le savez pas au point où le tableau le dit.

Mais regardez à présent de plus près cette très légère touche blanche posée sur un toit diagonal, là-bas, couvrant une terrasse comme il y en a tant à Venise. Un oiseau. Une mouette ? Un goéland ? Non, un *héron* tourné vers l'éclair et semblant lui claironner quelque chose. L'éclair ne fait pas peur à l'oiseau, il lui répond, ça l'excite. Ce tableau, plein d'une sérénité mystérieuse, est menacé par une rafale à venir. Il s'appelle *La Tempête*, mais il s'agit d'une étrange tempête à l'écart, à l'*étouffée*. Quant au héron, le musicien et libertin Giorgione s'amuse, puisque c'est là un symbole ancien de l'activité sexuelle frénétique.

Là-bas, en ville, la luxure est à son comble, comme à Venise, par tous les temps. Giorgione sait de quoi il parle. Mais *ici*, ordre et beauté. Silence.

Le résultat d'une tempête des sens ? Rien, le malentendu neuf fois sur dix, ou bien de l'enfant qui continue humainement le roman. Dans le ciel serein, Zeus et la foudre en retrait, soudaine. Les orages, à Venise, arrivent avec rapidité, frappent, froissent et déchaînent l'eau, disparaissent. On est encore en été. Le temps, ensuite, fait son œuvre de destruction, comme le prouve, du même pinceau, le tableau d'avertissement solennel qui se trouve juste à côté de *La Tempête* : *La Vecchia*, « La Vieille ». C'est la même femme, cinquante ou soixante ans plus tard. Même regard, même intensité traversant les siècles, mais lisez l'étiquette qui remplace l'enfant au sein : COL TEMPO, avec le temps. Une autre femme, la même, jeune et tranquille, est déjà en train de reprendre le rôle dans les bosquets. Et ainsi de suite. L'homme, lui, le peintre, s'est éclipsé, mais il va revenir, toujours au même âge, c'est la loi des éclairs, des saisons, du désir de fond.

Venise, ville faussement ouverte, cité hermétique. On y va, et, si on comprend, on ne s'en va pas.

Bien entendu, à l'Académie, il y a tous les autres peintres. Et le plus étonnant, en face du grand pont de bois, ce sont les longues queues plutôt tristes, chaque matin, devant l'entrée du musée. Vous êtes à Venise, vous devez accomplir votre parcours culturel fléché. Ici, c'est la peinture, et si vous êtes un bon consommateur, vous devez défiler devant elle.

Je me souviens, lors d'une splendide rétrospective du Titien au palais des Doges, des touristes japonais photographiant furieusement les tableaux pour ne pas les voir, déstabilisés par leurs dimensions, leur complexité, leur beauté et se rassemblant à la sortie pour regarder devant des postes de télévision le film *sur* l'exposition. La peinture fait semblant d'être une image, mais n'est *pas* une image, elle doit éveiller, comme la musique ou la poésie, tous les sens à la fois. La couleur pour la couleur est née ici, à Venise, entre l'eau et le ciel. Vous sortez du musée, vous la respirez dehors. Mais si vous ne l'avez pas d'abord en vous, vous ne la verrez pas. C'est comme ça.

C'est à l'Académie que vous découvrez d'abord Giovanni Bellini, ses Vierges à l'enfant, ses anges musiciens, sa méditation sacrée silencieuse. Venise a réalisé la conciliation plastique entre les dieux grecs et le Dieu du christianisme, comme entre la liberté physique et la spiritualité la plus sublimée. Voici la *Pietà* du Titien, dernière œuvre dramatique. Voici l'incroyable *Translation du corps de saint Marc*, du Tintoret, tableau surréaliste avec chameau diabolique, qui nous rappelle que l'évangéliste est enterré tout près d'ici, à Saint-Marc. L'animal symbolique de Marc est le lion, d'où des lions sculptés un peu partout, et puis les drapeaux et les oriflammes. Et Tiepolo, Guardi, tous les autres. Assez de peinture pour aujourd'hui, allons dormir.

Une fois de plus, avec émerveillement et stupeur : *La Tempête*, de Giorgione. Ce tableau est une étoile, un aimant. Je le vois d'ici, à Paris, par-delà le bruit et la fureur de l'histoire. Il fait le vide, il est évident. Il est d'un temps nouveau : le plus-que-présent permanent. J'aimerais le voler, le garder pour moi, dormir près de lui, être le seul à le voir matin et soir. Je voudrais survivre en lui, me dissoudre en lui, haute magie, alchimie. Je devine le passage secret qui l'a rendu possible.

Acqua alta

La ville est à fleur d'eau, elle se laisse envahir par elle. C'est l'inondation, et il faut installer sur des tréteaux des passerelles de planches. Restons sur les quais, des bottes sont nécessaires, mais on peut aussi retrousser ses pantalons et marcher pieds nus dans cette prairie liquide.

Le système visant à protéger Venise de ces marées périodiques devait s'appeler « Moïse », installé au large. Moïse et Venise, ça rime. L'engloutissement liquide de la ville est un fantasme classique, un peu solennel mais pas sérieux. Et puis l'eau se retire, tout sèche, il ne s'est rien passé, on oublie. Rien de plus surprenant que la façon qu'a Venise de passer de l'humide au sec. Il pleut sans arrêt, mais une heure de lumière et tout brille. L'*acqua alta* est un appel d'air. On marche dans l'eau, on marche sur l'eau, c'est la fête.

Bonne raison pour ne plus bouger, faire l'amour et attendre. Surtout, ne me dites pas que ce livre est trop personnel.

Agnese, San

La place San Agnese est celle que j'aime. J'y suis resté assis des heures et des heures, le matin très tôt, la nuit. Visiteurs et visiteuses du futur, n'ayez le cœur contre moi endurci.

Il y a les platanes, les bancs, le puits. Les enfants et leur ballon, les tunnels-fenêtres (*sotoporteghi*) laissant filtrer le soleil sur l'eau de la Giudecca. Des paquebots passent, qu'on ne voit jamais en entier, villes mouvantes. Les cloches de l'église des Gesuati sonnent. J'attends les neuf coups du soir avant de rentrer écrire jusque vers minuit. De temps en temps, l'église reste éclairée, il y a musique. Mais, le plus souvent, tout se tait.

Sainte Agnès : jeune vierge de Salerne martyrisée par Dioclétien (IVe siècle de notre ère). Elle n'avait que treize ans quand elle fut arrachée à sa famille et conduite devant le préfet de Rome, au moment où un édit barbare venait d'être publié contre les chrétiens. Ni les séductions ni les menaces ne purent ébranler sa foi, et elle mourut avec un courage admirable. L'Église catholique célèbre sa fête le 21 janvier.

La mort de sainte Agnès a fourni à Tintoret et au Dominiquin le sujet de deux tableaux célèbres.

Algues

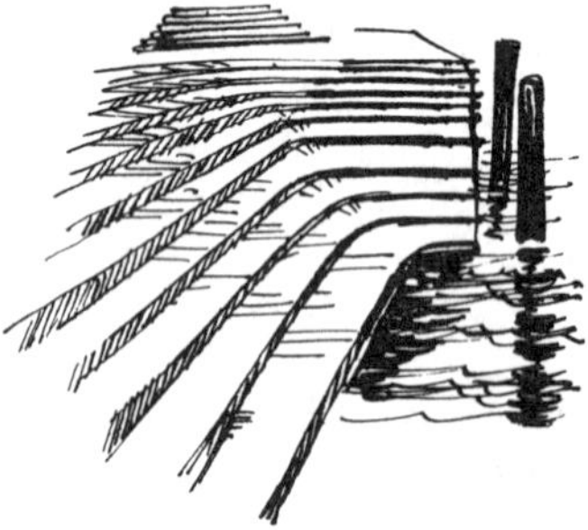

La vie végétale prolifère sous la ville, on l'aperçoit à découvert contre les pieux, les piquets, au bord des escaliers de pierre présents sur les quais. C'est ce grouillement pourrissant, mais très actif, qui angoissait Sartre à Venise, ville pour lui trop « maternelle », glauque, dangereuse, empoisonnée dans ses profondeurs. Il préférait Rome. Pas moi. J'ai passé des heures à regarder et à écouter le clapotis de l'eau couvrant et découvrant la végétation marine. La ville entière plane sur un cimetière de décomposition et de brassage verdâtre qui ne peut pas ne pas évoquer des milliers de coques de navires ruinés et coulés. Toute la surface n'en ressort que plus propre et plus nette. Peu de terre, des jardins improbables, les pavements, les ponts, les palais.

Pour dîner, juste une friture de poissons, et vin frais.

Alpes

Pendant quarante ans, donc, deux fois par an, printemps et automne, j'ai pris l'avion aux environs de midi, pour Venise. Ce n'est pas loin, c'est très loin. Une heure et demie de vol, traversée des Alpes, arrivée sur la lagune et l'aéroport Marco-Polo. Deux survols des Alpes à l'aller, nuages ou beau temps. Motoscafo rapide, goélands sur les piquets, grande respiration libre, sillage bouillonnant, ralentissement, vision des premiers hangars à bateaux (Querini), puis canaux lents, amarrage, saut sur les quais, escalier, chambre. Presque aussitôt, sommeil. Les volets verts me protègent. Avant de dormir, j'embrasse ma table de travail.

Sortie en fin d'après-midi, achat de papier et d'encre, messe basse de bienvenue aux Gesuati, allumage d'un cierge en faveur de la main qui écrit, « mystère de la foi » (comme le répète un curé deux fois par jour après l'élévation), dîner léger sur les quais, coucher rouge du soleil transformant la Giudecca en eau lourde, mercurielle. La nuit vient sans bruit.

Grand tour vers la Salute, vingt minutes assis sur les marches, rentrée par les Zattere, lumière allumée, premières phrases. Ça ira mieux demain (réveil à 6 heures), il va faire beau.

La traversée des Alpes est, bien entendu, toute une série de symboles. Oubli de Paris, effacement des voitures, des bavardages et des voix, franchissement du mur hexagonal, de la pétrification, du poids. Petite campagne d'Italie pour humain microscopique sachant exactement ce qu'il veut et emporté à 10 000 mètres d'altitude. Dans ma poche, Stendhal.

Attentif, très attentif, à la fin du XXe siècle, au grand tournant du Temps sur lequel il fallait parier et que nous vivons maintenant. Venise est le lieu pour récapituler, contempler et comprendre toute l'Histoire. Ses origines, sa spirale, son recommencement. Je le sens, dès le matin en descendant sur les quais pour acheter les journaux et boire mes premiers cafés. Nouvelle messe, il n'y a que sept vieilles femmes et moi. C'est là, ça vient de partout, personne ne semble s'en apercevoir. La grosse sacristine me reconnaît, me sourit : « *Ben tornato ?* » Oui, *tornato*. Ponton, carnet sorti, esquisses.

Début de *La Fête à Venise*, publié en 1991 (Folio, 2463) :

« Comme toujours, ici, vers le dix juin, la cause est entendue, le ciel tourne, l'horizon a sa brume permanente et chaude, on entre dans le vrai théâtre des soirs. Il y a des orages, mais ils sont retenus, comprimés, cernés par la force. On marche et on dort autrement, les yeux sont d'autres yeux, la respiration s'enfonce, les bruits trouvent leur profondeur nette. Cette petite planète, par plaques, a son intérêt. »

Venise, inépuisable, ressemble à un grand 8 couché. D'où l'infini.

Altana

L'altana est une terrasse en bois installée sur les toits. De nombreuses maisons ou palais en sont coiffés, comme d'une barque dressée au-dessus de l'architecture. Dans *La Tempête* de Giorgione, le héron blanc est posé là, signe de dégagement voluptueux vers le ciel.

Ces terrasses permettent de s'aérer s'il fait trop chaud, de se rafraîchir, de déjeuner ou de dîner dehors, en surplomb des murs. On marche dans les rues la nuit, on lève la tête, on devine des lanternes, on entend des voix. Ce sont des îles au-dessus de la ville qui est elle-même une île. Petits arbres, plantes vertes, fleurs.

En bateau, donc, sur les toits de Venise. Je sais celle que je préfère quand je pense à toi. Une fille, assez souvent, jouait là du violon. Une jolie rousse en soie, très énergique et douce. Le bois, l'archet, les cordes, les épaules, les bras, les doigts. Venise est une grande salle de musique. En contrebas, frottements des barques les unes contre les autres, crissement des amarres, et l'eau, toujours l'eau, vaguement agitée, nocturne. Sonate de Bach sur l'altana.

Amour

J'écris ici un dictionnaire amoureux de Venise. J'aime Venise à ma façon, mais il me semble plus insolite et insolent de me demander pourquoi Venise m'aime.

Autrement dit : je crois possible de dire en quoi Venise a été, reste et restera vraiment la ville de l'amour, en dépit de tous les clichés accumulés depuis au moins deux siècles.

Les jeunes ou les vieux mariés en gondoles, le drame romantique, le carnaval et la mode, le tourisme de masse, l'art moderne et le cinéma, le torrent des photos et des cartes postales : on est déjà psychiquement noyé avant d'avoir débarqué.

Mon expérience est différente : je suis arrivé ici très jeune, en car, venant de Florence. Je ne me doutais de rien. C'était la fin de l'automne, il n'y avait personne, et il faisait nuit. J'étais très amoureux d'une femme adorable, nous étions dans la clandestinité qui ne nous a plus quittés depuis, nous avions fui. Coup de foudre silencieux en débouchant sur les quais, la ville est à nous, choc puissant et définitif. Oui, c'était bien là qu'étaient le lieu et la formule pour *abriter* et laisser se déployer quelque chose d'essentiel, pour vivre à l'écart et faire l'expérience du Temps lui-même. Décision. Pari.

C'est elle, un peu plus tard, qui a découvert l'endroit où il fallait être. Sur la Giudecca, en face du Redentore, en pleine entrée de la mer. Il n'y avait plus à bouger, c'était parfait.

Amour

Mon père et ma mère sont à Venise juste après la Seconde Guerre mondiale. Deux pigeons s'aimaient d'amour tendre (après tout, pourquoi pas, ce sont les rares images où ils ont l'air heureux d'être ensemble). Les vieilles photos en noir et blanc sont des *sommeils*. Ils sont fatigués, ils dorment debout. Ils sont rentrés dans la grande foule des fantômes du lieu, chambres, balades, culture, cuisine locale, achats (une broche, une bague, un foulard de soie). En revenant à Bordeaux, ils ont dû tout oublier, sauf de temps en temps un signal furtif : « Venise ». Voyages organisés, bruit...

La vraie solitude amoureuse, décidée, réfléchie, fanatique, est d'un tout autre ordre. Ton existence redouble la mienne, on sait marcher, s'arrêter, ne pas parler, de la même façon. On sait dormir avec la même intensité pour être mieux réveillés. On est le contre-poison au cœur du poison, la discrétion maximale au centre de l'indiscrétion. Venise est le pire endroit pour être pas-vus-pas-pris ? *Justement*, c'est là qu'il faut se dérober et devenir invisible. Si vous le voulez, cela se produit. L'amour n'est pas aveugle, il rend les autres aveugles. Pour vivre cachés, vivons heureux. Il vous met en grand danger (rien de plus a-social), mais il vous protège (il est au-dessus des lois).

Dans *L'Amour et la Folie*, La Fontaine reprend une fable vieille comme le monde. L'Amour est rendu aveugle par la Folie qui est condamnée par les dieux à lui servir de guide. Mais ce n'est pas vrai : l'Amour, le « nouvel amour » comme dit Rimbaud, est conduit par la Raison (une nouvelle raison). Après deux siècles de romantisme, de hurlements, de massacres et d'exploitation marchande, l'amour ne va pas vers la catastrophe imposée, mais vers un paradis médité. L'enfer du simulacre s'agite à Venise ? Et pour cause. C'est le point de la planète où la vérité, la liberté, le calme, la beauté et la volupté ont rendez-vous. Le problème n'est pas de visiter Venise, mais d'éprouver physiquement si Venise vous vit. Sinon, décor. Sinon, regrets. Ce n'est pas l'ouvrage d'un jour ou de quelques jours que de pénétrer la science vénitienne. Il y faut des années, et encore, ce n'est pas assez.

Des années, faites de grands mois, de grands jours, de grandes nuits, de grandes heures, de grandes minutes. Sinon, on passe à côté. C'est un musicien vénitien, Monteverdi, qui a modulé à n'en plus finir, et sur tous les tons, le *« in saecula saeculorum »* traditionnel, « dans les siècles des siècles ». Avec, dix fois, cent fois, sans fin, un « amen » global, un *oui* à la vie sérénissime. La Sérénissime est le vrai nom du lieu.

Vous me direz que l'amour peut avoir lieu n'importe où. Sans doute, mais il est mieux chez lui ici.

Sérénissime veut dire : au-delà des contradictions. Le Néant n'est pas le contraire de l'Être, les Ténèbres de la Lumière, la Tragédie de la Comédie, la Mort de la Vie, la

Misère du Luxe, la Souffrance du Plaisir, l'Amour du Libertinage : *rien n'est le contraire de rien*. C'est ce que Venise n'arrête pas de dire, et le moment est venu de l'entendre. Ce point de vue, il faut l'avouer, est franchement aristocratique. Pas de vraie contradiction non plus entre amour sacré et amour profane (célèbre tableau du Vénitien Titien).

Je me lève doucement, je vais près de la fenêtre, le soleil se lève, je te regarde dormir.

Aragon Louis
1897-1982

Voici une ténébreuse affaire.

C'est un jeune écrivain de trente ans, il a tous les talents, tous les charmes. Il est révolté, on attend beaucoup de lui dans la subversion en cours qui s'appelle le Surréalisme. Il n'est pas seul, ses amis seront célèbres, il se brouillera avec eux dans des histoires mortelles et compliquées où il a, semble-t-il, tous les torts. Pour l'instant, il a du génie. Il écrit tout le temps, il dit qu'il ne peut pas penser sans écrire, il est sur une corde raide, il ne sait pas s'il va tenir.

Pourquoi Louis Aragon a-t-il tenté de se suicider en septembre 1928 à Venise ? Il ne s'en est jamais expliqué vraiment. L'épisode reste flou, controversé, masqué. Il est pourtant d'une grande importance.

À ce moment-là, Aragon vit avec Nancy Cunard, une riche et excentrique Anglaise (en ce moment même, un paquebot des Lignes Cunard entre devant moi dans le port de Venise). Depuis cinq ans, après des livres fulgurants comme *Le Libertinage* et *Le Paysan de Paris*, il écrit à corps perdu un énorme roman, ou plutôt un livre-bordel, un « livre-orgie », *La Défense de l'infini*. Ses amis font la tête. Il écrit trop facilement, c'est superbe et souvent pornographique, ça risque d'avoir du succès, on le soupçonne de vouloir faire une carrière « littéraire », alors que toutes ses forces devraient être consacrées à l'activité de groupe et à la Révolution. Breton aime beaucoup Aragon, mais Aragon le choque. Trop de brillant, trop d'effets, trop de désinvolture par rapport à ce qui va devenir la plaie du Surréalisme, l'idole féminine, la femme en soi, le couple idéal, etc. Le plus drôle est que le repentir, largement masochiste, d'Aragon trouvera à s'exprimer plus tard dans le mythe d'Elsa. Mais ça, c'est pour un après-demain qui déchante, quand Aragon, après sa mort manquée à Venise, sera mis sous surveillance à Moscou,

« Moscou-la-gâteuse », comme il vient de le dire, dont il ne sortira jamais qu'à moitié, en mentant beaucoup.

Ses amis, très importants pour lui, le découragent. Nancy Cunard, quoique plutôt exhibitionniste et frivole (des amants au pied levé, ça ne lui fait ni chaud ni froid), n'aime pas qu'on dise crûment les choses. Si on en croit sa biographe, elle n'avait aucune attirance pour l'érotisme. La même biographe note que Nancy avait très peu d'estime pour « ce chef-d'œuvre, *Le Con d'Irène*, dont elle possédait pourtant un exemplaire avec envoi de l'auteur ».

Le Con d'Irène est en effet un chef-d'œuvre, mais c'est un fragment de *La Défense de l'infini*. Il a été publié anonymement et sous le manteau au début de 1926, et Aragon ne l'a jamais reconnu, discipline politique oblige. C'est son enfant naturel.

En octobre 1927, à Madrid, dans une chambre d'hôtel avec Nancy, Aragon brûle son manuscrit de *La Défense de l'infini*, mille cinq cents pages, dit-il. Premier suicide, dont le second à Venise, un an plus tard, est la suite logique. Tout n'a pas disparu, puisque deux éditions se succèdent, l'une en 1986, l'autre en 1997. Aragon est mort,

Nancy est morte, Elsa est morte, Staline est mort, l'URSS a disparu, le communisme est dévoilé depuis longtemps comme criminel. Les pages, elles, sont là, plus vivantes que jamais, échappées au feu, à l'idiotie massacrante de l'Histoire, à la censure de tous bords. Si Aragon était mort à Venise en 1928, il serait célébré comme un des grands écrivains révolutionnaires de tous les temps. Il a survécu, il est devenu l'homme au masque du rideau de fer. Poésies conventionnelles, romans naturalistes, discours, brassées de clichés sentimentaux ou de propagande jetées à une Humanité mystifiée, voilà son mystère. Jamais il n'a pu, voulu, ou su, analyser son parcours réel.

Derrière le masque, il y a ceci qui, en somme, a été *puni* par l'auteur lui-même :

« Je crois que j'ai eu besoin des femmes comme pas un. D'autres les ont sans doute aimées davantage. J'en ai eu besoin. Et non pas d'une. De toutes les femmes. De la foule des femmes. Du tableau indéfiniment mobile de leurs possibilités. Celle-ci, celle-là, j'étais la proie du changement, cela m'a repris souvent dans ma vie, entre deux amours, ou pendant un amour que n'insultaient pas ces voyages physiques, ces orages d'un soir, ces chutes dans la nuit. Anonyme amant des putains, je me suis plu à cet effacement de ce qu'on croyait moi-même, dans leurs bras faits à d'autres et leurs yeux déjà vides. Je crois que j'ai eu besoin de *ces* femmes comme pas un. »

Ou encore cette déclaration de vie libre :

« Mes cafés ne sont pas ceux des autres. La vie se consume, se consomme d'une façon qui est avant tout à autrui incompréhensible. Qu'on veuille bien me dire quel est l'endroit que trouvent décent pour moi les bonnes âmes qui me portent une attention mitigée de regrets ? Voudraient-ils me voir petit fonctionnaire ? gratte-papier ? maquereau ? ministre ? mondain ? La sottise de tout cela.

« Je vais donc au café parce que cela me chante. Il passe plus de femmes dans les cafés que n'importe où, et j'ai besoin de ces allées et venues des femmes. J'ai besoin de l'éventail des robes dans le long chemin de mes yeux. Et d'une pleine communication avec les rues. Je suis l'homme des rues, je l'ai toujours été, et ce n'est pas près de finir. »

Ou encore, dans le plus beau texte de ce livre détruit qui contient aussi beaucoup de longueurs « automatiques » (il s'agit de séances érotiques dans le métro, et il est intitulé *L'Instant*) :

« On donnerait cher pour savoir ce qu'elles pensent. Celles qui veulent ne pas être touchées. Celles qui veulent qu'on les laisse faire. Celles qui veulent qu'on les saisisse lentement. Celles qui veulent frémir, celles qui veulent frôler. Celles qui ne savent pas ce qu'elles veulent. Les habituées. Les novices. Celles qui ne comprendront pas comment elles auront une fois dans leur vie permis cela. Les désespérées. Les folles. Toutes les femmes sans mémoire, toutes les femmes sans lendemain. »

Aragon tente donc de se tuer à Venise, et il est sauvé de justesse. Amis méfiants et jaloux, Nancy froide mondaine infidèle, humiliations et manque d'argent... Staline et les staliniens français vont bientôt récupérer ce corps, le faire monter dans leur hiérarchie, l'idolâtrer et le momifier. J'ai en main un tiré à part de sa grande époque, *Une vague de rêves*, avec la dédicace suivante : « À Philippe, de la part d'un de ses cadets, Louis. » Je pense quelquefois à lui, en me demandant ce qu'il aurait pu faire s'il avait pris réellement connaissance de Venise. Il s'est écrasé contre un mur, l'époque était déjà terrible, elle l'est encore, mais d'une autre façon. En 1928, Mussolini était déjà là, Hitler est sur le point de venir... Bizarrement, l'un des rares télégrammes sans raison particulière que j'ai reçus de ma mère en 1966, à Venise (je revois le papier jaune), était pour m'annoncer la mort d'André Breton, si peu vénitien lui-même.

Dédicace à l'encre bleue pour une réédition des *Manifestes du surréalisme* : « À Philippe Sollers, aimé des fées. André Breton. »

Venise aurait dû être la capitale du Surréalisme. Mais, au fond, elle l'est. Quelle tristesse de voir Aragon, dix ans après son suicide manqué, évoquer Venise dans un de ses romans « réalistes » ennuyeux, *Les Voyageurs de l'impériale* :

« Lorsque les pluies ont commencé à Venise, la nostalgie y est si forte pour le voyageur qu'il doit quitter la ville dans les vingt-quatre heures ou qu'il y reste comme un animal pris au piège, dans une stupeur qu'on hésite à considérer comme un charme. » Tout le long passage consacré à la ville est sinistre et désenchanté. Les passants croisent l'étranger avec des regards de soupçon, les femmes sont « lourdes avec des fichus noirs », le personnage perdu tombe sur des enfants mendiants. Il s'ensuit une histoire abracadabrante de jeune paysanne emmenée en gondole et qui se laisse à peine embrasser. Elle traîne son compagnon dans l'église du Redentore où les introduit un moine franciscain :

« À genoux sur le marbre, elle priait avec une ferveur étrange, elle se prosternait. Pierre, assez gêné, attendait que cela finît ; pour lui, ces sanctuaires théâtraux que sont les églises de Palladio, avec dôme, colonnades et de la lumière partout, lui paraissaient très peu propices au sentiment religieux. Il est vrai qu'il n'était point expert en dévotion. »

Et ça continue, dans le style Zola misérabiliste. Et enfin :

« Dormir. Dormir seul. Seul jusque dans ses rêves. Des rêves merveilleusement déserts. Des forêts sans oiseaux stupides, sans eaux murmurantes. Seul comme jamais, seul, comment dire ? Propre. Oui, c'est cela : propre d'autrui. Propre comme des draps où plus personne ne bouge. Des draps sans petits soupirs, sans haleine, sans sursauts. Une plaine, à la fin. Une interminable plaine intérieure. »

Et voilà. Suicide manqué, Palladio manqué, Venise manquée... Le roman évoque l'avant 1914, et on est là en 1938-1939, sombre plaine... C'est l'Histoire version table rase. À croire que la Renaissance et le XVIIIe siècle n'ont jamais existé. À croire que le monde a commencé en 1917. À croire que *La Défense de l'infini* a été une aberration passagère. À croire que *Le Con d'Irène* n'a jamais été écrit :

« Ce n'est pas pour rien, ni hasard ni préméditation, mais par un BONHEUR d'expression qui est pareil à la jouissance, à la chute, à l'abolition de l'être au milieu du foutre lâché, que les petites sœurs des grandes lèvres ont reçu comme une bénédiction le nom de nymphes qui leur va comme un gant. Nymphes au bord des vasques, au cœur des eaux jaillissantes, nymphes dont l'incarnat se joue à la margelle d'ombre, plus variables que le vent, à peine une ondulation gracieuse chez Irène, et chez mille autres mille effets découpés, déchirés, dentelles de l'amour, nymphes qui vous joignez sur un nœud de plaisir, et c'est le bouton adorable qui frémit du regard qui se pose sur lui, le bouton que j'effleure à peine que tout change. Et le ciel devient pur, et le corps est plus blanc. Manions-le, cet avertisseur d'incendie. Déjà une fine sueur perle la chair à l'horizon de mes désirs. Déjà les caravanes du spasme apparaissent dans le lointain des sables. [...] Enfer, que tes damnés se branlent, Irène a déchargé. »

Il faut imaginer Nancy Cunard lisant ces pages, ou plutôt oubliant le plus vite possible qu'elle les avait lues.

Il faut en imaginer des copies entre les mains de Staline, Mussolini, Hitler, Franco, Pétain, et des dirigeants communistes français.

Elles sont faites par tous les temps, pour être lues à haute voix à Venise.

Arétin (l')
1492-1556

Pietro Bacci, dit l'Arétin, est né à Arezzo en avril 1492 (Aretino veut dire le citoyen d'Arezzo par excellence). Très vite, il découvre son talent principal, le pamphlet, et est obligé de quitter Rome à l'arrivée du pape Adrien VI qu'il a insulté. Il y revient, en est chassé de nouveau en raison de ses démêlés avec un personnage de la Curie. Après le sac de Rome, en 1527, il s'installe à Venise, patrie de la liberté et des arts. Il a trente-cinq ans. C'est sa chance.

Soutenu par un petit cercle d'amis intimes, Titien,

Sansovino, l'éditeur Marcolini, il va inventer ce qu'on pourrait appeler le grand journalisme moderne. Pour cela, il faut être très informé (il l'est), être lu avec impatience, curiosité et crainte par les puissants du jour (italiens et étrangers), impressionner chacun par ses connaissances, son goût, son brio, son insolence. « Que dit l'Arétin ? » se demandent ensemble François Ier, Charles Quint, le pape Clément VII, le duc de Mantoue, le cardinal Hippolyte de Médicis, le duc de Florence, Michel-Ange, et bien d'autres. Par sa prodigieuse activité épistolaire, il préfigure Voltaire et devient « le secrétaire de l'univers » (au sens de celui qui détient des secrets). Il correspond merveilleusement à Venise et à sa diplomatie pour la plus grande gloire de la République :

« Toutes les autres contrées me paraissent des fours, cabanes et grottes, au lieu de la noble, illustre et adorable Venise. »

C'est un génie étrange, libertin et propagandiste, homme de culture et de réseaux, « oracle de la vérité », qui dit tout (mais jamais vraiment tout) et qui ose tout dire (ou du moins qui le laisse penser). Partout ailleurs règne la convention. Le premier, et pour son compte, il parle d'argent froidement (Titien a le même projet de liberté financière personnelle). Il culpabilise les propriétaires de la société s'ils ne soutiennent pas les talents. On le dit cynique ? Il est en guerre. Cet auteur de sonnets luxurieux et d'anecdotes sur les putains obtiendra même du pape Jules III mille couronnes d'or et le titre de chevalier de Saint-Pierre (bulle du 17 mai 1550).

L'artiste est un roi au-dessus des rois. Un seul credo : magnificence et dépense. L'Arétin et Titien, étroitement solidaires, fondent la libre entreprise des esprits libres (peinture, jugement). On les jalouse, on les redoute, on s'incline. Vous voulez votre portrait ? Il n'y en a pas de meilleurs que ceux que l'on peint dans notre atelier. Donc, payez.

Payez d'autant plus qu'on vous fait des cadeaux très chers. La table de l'Arétin est ouverte, il poursuit, comme il le dit lui-même, sa « miraculeuse aventure ». Il écrit à l'un de ses amis :

« Vous savez être au monde sans y être, et vous moquer de ce qui s'y trouve de mieux ou de pire. »

Voilà l'esprit vénitien : sommet dispendieux, détachement philosophique. Le contraire de l'économie bourgeoise, capitaliste et morale. Le bourgeois ou la bourgeoise ne lisent pas l'Arétin avec plaisir. Le petit-bourgeois et la petite-bourgeoise encore moins.

Pietro était petit, gros, toujours richement vêtu, avec une longue et vénérable barbe (voir son grandiose portrait par Titien). C'est un personnage de Shakespeare. Le vrai marchand de Venise, c'est lui. Ses mots façonnent le marché, il est très connu, et il s'en amuse. On dit beaucoup de mal de lui ? Ça le ravit. De toute façon, les artistes de ce temps-là sont d'abord *divins*. Venise est la ville des dieux. Et quant à ceux qui ne sont pas contents :

« Ceux qui deviennent mes ennemis forment une grosse compagnie faite pour témoigner de l'étendue de mon talent qui les incite à me tourmenter. Je leur en sais gré comme à de véritables bienfaiteurs. »

Arétin (l')

Les moralistes (ceux qui, comme le dira Nietzsche, sont infectés de *moraline*) sont des imitateurs de Platon.

« Sans être philosophe, j'ai bien compris le discours philosophique où vous dites qu'il serait mauvais d'assouvir ses désirs. Quand il s'agit de se passer ses envies amoureuses, je réponds à qui prétend accélérer la mort en se laissant aller à ses appétits, que plus on les satisfait, plus on prolonge sa vie. C'est moi qui le dis, pas Platon. »

Cette déclaration est datée de Venise, décembre 1547.

Les philosophes ont un embarras avec Venise, nous le montrerons.

Lettre de l'Arétin à Titien, toujours en 1547 :

« Une paire de faisans et je ne sais quoi d'autre vous attendent à dîner en même temps que la signora Angela Zaffetta et moi ; alors venez donc, car en nous voyant prendre continuellement du bon temps, la vieillesse, espionne de la mort, ne rapportera jamais à sa maîtresse que nous sommes vieux. »

En 1530, trois ans après son arrivée dans la ville, l'Arétin écrit au Sérénissime Andrea Gritti, doge de Venise. On peut juger de son enthousiasme[1] :

« Ô patrie universelle ! Ô liberté commune ! Ô terre d'asile des exilés ! Combien pires seraient les malheurs de l'Italie si tu avais moins de mérite ! Ici le refuge de ses peuples, ici la sécurité pour ses richesses, ici la sauvegarde de son honneur. Venise l'embrasse quand d'autres la dédaignent, la soutient quand d'autres l'abattent, la nourrit quand d'autres l'affament, l'accueille quand d'autres la chassent et, réconfort dans les tribulations, lui conserve charité et amour. Que l'Italie s'incline devant elle et élève pour elle ses prières vers Dieu ! Dans sa majesté, il entend que Venise, avec ses autels et ses sacrifices, rivalise d'éternité avec l'univers stupéfait devant ce miracle de la nature qui l'a fait naître dans un site impossible et devant la prodigalité du ciel qui l'a comblée de tous les dons. Plus qu'aucune autre ville, elle brille pour sa noblesse, sa magnificence, sa puissance, ses monuments, ses temples, ses maisons pieuses, ses conseils, sa bienveillance, ses coutumes, ses vertus, ses richesses, sa glorieuse renommée. Silence, Rome ! personne ici n'a en tête de pouvoir ou vouloir tyranniser la liberté réduite en esclavage par les tiens. »

En 1537, il habite le palais de Domenico Bolani, aujourd'hui détruit. Bolani était ambassadeur de Venise à la cour d'Angleterre. Voici son remerciement :

---

1. *Lettres de l'Arétin*, traduites par André Chastel et Nadine Blamoutier, Editions Scala, 1988.

Arétin (l')

« J'aurais l'impression, noble sire, de pécher par ingratitude si je ne payais en éloges une partie de ma dette pour la divine beauté du site où est bâtie votre maison. L'habiter est le plus grand plaisir de ma vie car d'en bas, d'en haut et de droite à gauche, sa position est sans défaut. Aussi j'hésite à analyser ses mérites comme on le fait pour ceux de l'empereur. Son bâtisseur a choisi le plus beau côté du Grand Canal. Celui-ci est le patriarche de tous les autres canaux, Venise papesse de toutes les autres villes, je peux donc vraiment dire que je jouis de la plus belle rue et de la vue la plus animée du monde. Je ne peux me mettre à la fenêtre sans voir des milliers de gens et autant de gondoles à l'heure du marché. À droite, la vue découvre le campo delle Beccarie et la Pescheria, le champ gauche embrasse le pont et le Fondaco dei Tedeschi ; à la croisée des deux, le Rialto où se pressent les marchands. Il y a pour moi des vignes sur les chalands, le gibier à poil et à plume dans les boutiques, le potager sur le sol. Peu m'importent les ruisseaux arrosant les prés quand à l'aube je regarde l'eau couverte de toutes sortes de produits de saison. Quel joli passe-temps, le manège des convoyeurs distribuant des tas de fruits et de légumes aux porteurs qui les acheminent !

« Mais chansons que tout cela à côté du spectacle des vingt ou vingt-cinq bateaux à voile chargés de melons, serrés les uns contre les autres, qui forment une sorte d'île où la foule se presse pour en apprécier la qualité à l'odeur et au poids. Des belles épouses étincelantes de soie, d'or, de bijoux, magnifiquement installées dans leurs gondoles, je ne parlerai pas pour éviter de jeter un discrédit sur le renom de la fête. Mais je veux dire que je ris à m'en décrocher la mâchoire quand éclatent les cris, les sifflements, le tapage des gondoliers derrière celles qui se font conduire par des serviteurs sans chausses écarlates. Et qui pourrait se retenir de pisser sous lui en voyant chavirer, au cœur de l'hiver, une barque chargée d'Allemands tout juste échappés de la taverne, comme nous l'avons vu, l'illustre Giulio Camillo et moi ? Sa plaisanterie habituelle est de me dire que l'entrée de ma maison du côté terre, sombre, tordue, avec son escalier atroce, lui paraît assortie à la renommée de terreur que je me suis acquise en étalant la vérité au grand jour ; mais il ajoute : à me fréquenter, mon amitié pure, sincère et naturelle apporte la joie tranquille qu'on éprouve en passant ma porte pour se mettre à mon balcon. Pour que rien ne manque aux délices des yeux, on a à contempler d'un côté les orangers qui dorent les pieds du palais des Camerlingues, de l'autre le canal et le pont de Saint-Jean-Chrysostome. Le soleil d'hiver n'ose jamais se lever sans saluer d'abord mon lit, mon bureau, ma cuisine, mes chambres et mon salon. [...]

Que dire des lumières dans le soir, pareilles à des étoiles éparpillées, là où se vend la substance de nos déjeuners et de nos dîners ? Et des musiques qui, tard dans la nuit, me chatouillent les oreilles de leurs accords harmonieux ? On aurait le temps d'aller au fond de votre profonde intelligence des lettres et de la politique avant d'épuiser les plaisirs que me procure ce spectacle confortable. Si quelque esprit porté par un souffle de talent anime ces balivernes que j'écris, ce n'est pas à la faveur de la brise, de l'ombre, des violettes et de la verdure, mais plutôt des grâces que répand l'heureuse atmosphère de votre maison. »

Cette fois, nous sommes en mai 1544. L'Arétin écrit à Titien, et il rivalise avec lui en phrases dans ce chef-d'œuvre :

« Ayant, monsieur mon compère, contre mon habitude, dîné seul ou, pour mieux dire, en la compagnie fastidieuse de cette fièvre quarte qui ne me permet de goûter la saveur d'aucun mets, je me suis levé de table rassasié de la désolation avec laquelle je m'y étais mis. Alors, les bras appuyés sur le bord de la fenêtre et y abandonnant le buste et presque tout le reste de mon corps, je me suis mis à regarder le merveilleux spectacle des barques innombrables, pleines de passagers d'ici et d'ailleurs, qui faisaient la joie non seulement des spectateurs, mais du Grand Canal lui-même, bonheur de ceux qui le sillonnent.

« Et on eut le divertissement de deux gondoles conduites par deux fameux bateliers qui s'étaient mis à lutter de vitesse. Je pris un grand plaisir à observer la foule qui, pour voir la course, s'était massée sur le pont de Rialto, le quai des Camerlingues, à la Pescheria, au *traghetto* de Sainte-Sophie et à celui de la Casa da Mosto. Les uns et les autres, après avoir joyeusement applaudi, reprenaient leur chemin, et moi, comme un homme envahi par l'ennui qui ne sait que faire de son esprit et de ses pensées, je lève les yeux au ciel. Depuis que Dieu l'a créé, il n'avait jamais été si beau grâce à un délicieux jeu pictural d'ombres et de lumières. L'atmosphère était telle que voudraient bien la rendre ceux qui vous envient faute d'être vous-même et que ma description vous donne à voir.

« D'abord les maisons ; bien que de vraie pierre, elles paraissaient d'une matière irréelle. Ensuite l'atmosphère, que je découvrais par endroits pure et vive et ailleurs trouble et blafarde. Jugez de mon émerveillement devant les nuages chargés de vapeurs denses, moitié au premier plan près des toits, moitié à l'avant-dernier. À droite, tout s'estompait dans un gris-noir. J'étais en admiration devant la diversité des couleurs qui jouaient sur ces nuages : les plus proches flambaient comme les flammes du feu solaire ; les plus lointains rougeoyaient d'une ardeur de minium moins intense. Oh ! Avec quels beaux dégradés les pinceaux de la nature repoussaient l'air vers le fond, en l'éloignant des palais, comme fait Vecellio dans ses paysages ! Vers certains côtés apparaissait un vert-bleu, vers d'autres un bleu-vert, des tons vraiment composés par un caprice de la nature, maîtresse des maîtres. À l'aide des clairs et des obscurs, elle donnait de la profondeur ou du relief à ce qu'elle voulait faire avancer ou reculer ; et moi qui connais votre pinceau comme son inspirateur, je m'exclamai trois ou quatre fois : "Ô Titien, où êtes-vous donc ?" »

À Venise, Nature et Peinture sont une seule et même substance. La Nature n'arrête pas de peindre, la Peinture n'est pas une représentation, elle est *réelle*, et tout cela forme un théâtre de respiration. Ainsi de cette *Annonciation* de Titien, offerte à Isabelle de Portugal, femme de Charles Quint, et qui a disparu pendant la guerre d'Espagne, en 1814. Nous ne la connaissons que grâce à l'Arétin, dans cette lettre du 9 novembre 1537 adressée à son complice :

« Quelle sage idée, mon cher compère, de choisir d'envoyer l'image de la reine du ciel à l'impératrice de la terre ! La haute intelligence qui vous dicte les merveilles de la peinture ne pouvait placer plus haut cet admirable tableau où vous avez représenté l'*Annonciation*. Elle s'éblouit elle-même dans la fulgurante lumière qui rayonne du paradis, d'où viennent les anges étendus en toutes sortes d'attitudes sur les nuages d'un blanc pur et brillant. Le Saint-Esprit, au milieu des éclairs de sa gloire, fait entendre le battement de ses ailes, tant il ressemble à la colombe dont il a pris la forme. L'arc-en-ciel qui traverse l'air du paysage baignant dans la blancheur de l'aube est plus réel que celui qui se montre après la pluie, vers le soir. Que dire de Gabriel, le messager divin ? Inondant de lumière toute la pièce et brillant d'une splendeur nouvelle, il s'incline si doucement dans son geste de révérence qu'il nous force à croire qu'il s'est présenté ainsi à la vue de Marie. Son visage est imprégné de majesté céleste, ses joues tremblent d'une douceur faite de lait et de sang, rendue au naturel par le fondu de votre coloris. Par modestie, il penche la tête et le respect lui fait suavement baisser les yeux. On a sans cesse l'impression que ses cheveux, disposés en boucles frissonnantes, vont rompre leur belle ordonnance. Sa légère robe jaune, sans gêner l'enroulement simple des draperies, voile le nu sans rien cacher du tout et la ceinture qui l'entoure semble jouer avec le vent. Jamais on n'a vu d'ailes aux plumes si variées ni si moelleuses. Dans sa main gauche, le lis embaume et resplendit d'une pureté extraordinaire. Enfin sa bouche, formulant la salutation qui fut notre salut, semble prononcer réellement *Ave* en notes angéliques. Je ne dis rien de la Vierge d'abord adorée puis consolée par l'envoyé de Dieu, car vous l'avez peinte de telle façon et si merveilleusement que les yeux étrangers, éblouis par ce rayonnement lumineux de paix et de piété, ne peuvent la contempler.

Nous vivons dans le monde de la séparation. Il a été aboli une fois, à Venise, et c'est ce que les dévots, de quelque parti et de quelque époque qu'ils soient, ne pardonneront jamais à cette ville et à sa civilisation. Le ressentiment et l'esprit de vengeance les animent, ils parlent de décadence et de punition par le tourisme, sans se douter que Venise, même *masquée*, pourrait leur faire découvrir, ici et maintenant, en retrait, la plus grande liberté possible. Du même geste voluptueux : les mystères spirituels et la prostitution « virtuose ». Ainsi d'Angela Zaffetta, mentionnée au troisième rang dans le catalogue quasi officiel des courtisanes de Venise (*La Tariffa delle putane*, 1535). Hommage de l'Arétin :

« Depuis que la Renommée, en tenue de cérémonie, a informé l'Italie à son de trompe qu'Amour m'avait mis à mal à cause de vous, je ne me suis pas senti peu fier d'une telle faveur car vos façons excluent toute fourberie. Entre toutes je vous décerne la palme car vous avez su mettre mieux qu'aucune autre le masque de l'honnêteté sur le visage de la luxure et acquérir biens et estime par un sage équilibre. Vous n'avez pas recouru à l'intrigue, âme du métier de courtisane, ni à ses tricheries, mais votre adresse est telle qu'avec vous la dépense a l'air d'économie. Impossible de dire par quels gestes vous vous faites de nouveaux amis, ni comment vous attirez chez vous ceux qui balancent entre oui et non. Difficile d'imaginer les soins dont vous usez pour retenir ceux qui sont vôtres. Vous partagez si bien les baisers, les caresses, les rires et le lit qu'on n'entend jamais dispute, blasphème ou plainte de quiconque. Mesurée dans chaque affaire, vous prenez ce qu'on vous donne sans dérober ce qu'on ne vous donne pas. Vos colères flambent au bon moment, vous ne vous souciez pas d'être traitée d'allumeuse, ni de faire traîner les choses en longueur ; vous détestez celles qui étudient les recettes. Vous ne mettez pas le soupçon où il n'a pas lieu d'être pour rendre jaloux celui qui n'y pensait pas. Vous ne tirez pas de votre poche malheurs ou consolations et, en feignant l'amour, vous ne mourez ni ne ressuscitez à volonté. Vous ne faites pas éperonner par votre servante le flanc de vos clients crédules, en lui faisant jurer que vous avez perdu le boire, le manger, le dormir, le repos à cause d'eux ou raconter que vous avez failli vous pendre pour une visite rendue à une autre. Ma foi non, vous n'êtes pas de celles qui ont la larme facile et mêlent à leurs pleurs de faibles soupirs, quelques sanglots trop bien jaillis du cœur, de petites mimiques malhonnêtes, du genre à se gratter la tête, se mordiller le doigt, en murmurant d'une voix mourante : "D'accord !" Vous ne retenez pas par ruse celui qui veut s'en aller en chassant celui qui voudrait rester. Il n'y a pas de place dans votre âme pour ces petites fourberies. Votre science féminine procède à la royale. Les papotages des dames ne sont pas de votre goût ; freluquets et fanfarons ne vous tournent pas autour. Que d'honorables clients jouissent de votre rare et resplendissante beauté ! Vous pouvez former de solides espoirs dans cette condition qui vous élève au-dessus des ordres que vous exécutez. Que le mensonge, la jalousie, la médisance, ressource essentielle des courtisanes, n'agitent pas continuellement votre esprit ni votre langue ! Vous choyez les vertus et en honorez les fidèles, chose étrangère aux façons naturelles de celles qui ne font que complaire aux exigences de qui les paie.

« Pour tout cela, je me suis donné à Votre Seigneurie, trouvant qu'elle en était digne. »

L'Arétin a-t-il été amoureux ? Sans doute, mais il ne se plaint jamais. Sauf de Perina Riccia, « fausse idole perverse ». « Une telle femme est stupéfiante : plus elle voyait grandir mon affection, plus elle n'avait de cesse d'accroître ma haine. » Bref, il a fait sa fortune, et elle vient de le quitter :

« Voici donc cette mauvaise femme jouissant de toute l'aisance du monde ; la voici précisément à l'heure où elle me jurait être disposée à m'obéir toujours. La voici, dis-je, quand je la croyais plus raisonnable, qui s'en va avec un homme dont le vice est la profession et qui, adonné à tous les péchés, déborde de plaisir tant sa scélératesse est grande. Sodomie, blasphème, mensonge, escroquerie, adultère, sacrilège et inceste tournaient autour de sa vie corrompue comme les signes célestes autour du cercle du zodiaque. Il devrait cependant réfléchir, lui qui a le crime triomphant, étant ainsi à vingt-six ans, à ce qu'il sera à quarante, si la roue, si les tenailles, si la hache, si la corde, si la potence permettent à ce malheureux accablé par le déshonneur public et connu pour son mal français d'y arriver.

« En somme, j'éprouve une profonde allégresse car elle aura la fin qu'elle mérite, et parce que la bêtise qui me rendait son esclave m'a appris à apprécier les femmes le temps que dure l'acte qui les soumet. À procéder autrement on mérite de se transformer d'homme en bête. »

Une de perdue, cent de retrouvées. Contrairement à Rome (Curie et gitons), Venise est la ville féminine par excellence (autre scandale pour les dévots que la variété dans ce domaine affole).

Le 25 novembre 1537, l'Arétin exhorte Francesco Bacci, riche gentilhomme d'Arezzo, son ami d'enfance et probablement son demi-frère, à venir enfin à Venise. Ce petit morceau de bravoure dit tout :

« Prenez sans hésiter la décision de rendre visite à Venise et, vous le verrez, tous les autres pays vous paraîtront des hospices. Un Florentin m'a bien fait rire : en voyant une gondole richement parée où il y avait une superbe jeune mariée, il s'écria dans sa stupéfaction devant les cramoisis, les bijoux et les ors qui la faisaient étinceler : "Nous ne sommes qu'un tas de chiffons !" Il ne se trompait guère, car ici les femmes de boulanger et de tailleur ont une allure plus luxueuse que les nobles dames des autres villes. Et tous ces visages que l'on embrasse ! Et toutes ces chairs que l'on caresse ! Quels fieffés ignorants ont entrepris de placer Vénus et Cupidon dans l'île de Chypre ! C'est ici que la déesse règne avec toute la bande de ses petits. Je suis sûr de dire vrai quand je prétends que le bon Dieu y passe avec plaisir onze mois sur douze. Ici pas le moindre mal de tête, pas de pensée de la mort ; la liberté s'y promène jupes relevées sans trouver personne pour lui dire : "Baisse-les." Ayez donc envie d'y venir ! »

Avis pour aujourd'hui : allez vivre vos passions clandestines à Venise. Descendez près de la gare maritime, cachez-vous dans un quartier populaire. Chaque parcelle d'air vous encouragera à exagérer.

Arsenal

Pas de Paradis sans Enfer : la beauté et la richesse stupéfiantes de Venise à travers les siècles comportent deux monstruosités, l'une matérielle, l'autre spirituelle.

La spirituelle : le ghetto (mot vénitien). La matérielle : l'Arsenal, c'est-à-dire la puissance des armes et du commerce, la maîtrise des mers.

Au début du XIVe siècle l'Arsenal de Venise est en pleine activité, et c'est probablement une des visions les plus violentes de l'Histoire. Ainsi en juge Dante, en tout cas, puisqu'il l'introduit dans son chant 21 de l'Enfer, dans sa *Divine Comédie*. Dans le poème, nous sommes chez les trafiquants et les concussionnaires en tout genre (concussion : malversation commise dans l'exercice d'une fonction publique, particulièrement dans le maniement des deniers publics). Dante parle d'un endroit de feu et de travail permanent, où « la poix tenace » sert à calfater les navires avariés et qui ne peuvent plus naviguer, où on sent l'« étoupe », où l'on « radoube » sans arrêt les proues et les poupes. L'un fait des rames et des avirons, l'autre tord des câbles d'artimon et de misaine ou rapièce des voiles. Grande activité « infernale », donc, construction navale des galères, que Dante prend comme image d'un châtiment divin administré dans l'au-delà, par des diables harponneurs à des damnés plongés dans une énorme cuve bouillonnante et poisseuse.

Nous sommes au début du capitalisme, désormais planétaire. Grandeur sombre, en hiver, de l'Arsenal de Venise. Dante l'a vu, et s'en est aussitôt servi comme métaphore d'un supplice atroce et non sans humour. L'inscription des vers de l'Enfer se lit encore aujourd'hui à l'entrée du lieu. Le feu constant, les bateaux, la puissance et la gloire : la ville est fière d'avoir pu servir à figurer dans la diablerie. Du Diable à Dieu, de la poix à l'or : la machine moderne est en route.

Les ouvriers de l'Arsenal, les *Arsenalotti*, sont, très tôt, une élite d'artisans, une aristocratie du travail prestigieuse et privilégiée. Ce sont des diables bien rétribués, à la fois constructeurs, pompiers (ils connaissent le feu comme personne), gardes d'honneur, soldats et marins. On les paye bien, on les loge gratuitement ou à loyer modéré : la République connaît la musique.

Quel est le territoire de Venise ? L'Adriatique, la Méditerranée, l'eau, les ports. L'ennemi ? Gênes, puis l'Espagne, puis l'Empire ottoman. En 1560, l'Arsenal compte deux mille ouvriers. En 1571, lors de la grande bataille de Lépante contre les Turcs, la moitié des navires chrétiens de la Sainte Ligue sortent des chantiers vénitiens. La punition viendra en 1797 avec Bonaparte qui détruit l'Arsenal et livre la ville à l'Autriche. De là date la « mauvaise histoire » de la ville, le XIXe siècle étant son enfer.

L'Arsenal a permis au lion de flotter sur les mers. Et, comme tout se tient, le saint protecteur de Venise, l'apôtre et l'évangéliste Marc, enterré ici, a comme emblème le lion.

Nietzsche, à la fin d'*Ainsi parlait Zarathoustra*, fait brusquement surgir un lion et un vol de colombes : mariage du ciel et de l'enfer, de la puissance et de la douceur. Il est lui-même beaucoup passé par ici.

B

Baffo Zorzi
1694-1768

Peut-on être à la fois homme d'État et poète pornographique ? Difficile à imaginer sauf à Venise, où le haut et le bas communiquent sans cesse comme l'eau et l'air.

Ainsi en a-t-il été de Zorzi Alvise Baffo, au moment où la Sérénissime atteint son âge d'or dans la police comme dans la débauche. Comme quoi les extrêmes peuvent se toucher en donnant le vertige aux esprits bornés. Le blanc, le noir, les couleurs, tout se mêle.

Baffo est un patricien, fils de patriciens, issu d'une des soixante-quatre familles entrées dans l'ordre des Quaranties en 1297, donc appartenant de droit au Grand Conseil (Grand Conseil : doge, six conseillers, trois chefs des Quaranties). Les Quaranties sont des magistrats : trois sections de quarante membres, tous nobles. La plus importante est la Criminelle. C'est là que l'anarchiste intégral Baffo siège jusqu'à sa mort à soixante-quatorze ans. Il ne s'est marié, sagement, qu'à quarante-trois ans, avec Cecilia Sagrado, vingt-six ans, à l'église de San Provolo. Sur la place San Maurizio, à côté de San Maria del Giglio, une plaque évoque son domicile. Il est peu probable que le passant ordinaire ou le touriste ahuri sache de qui il s'agit. Aucun guide ne cite ses vers, et pour cause.

Il faut donc se représenter un haut magistrat, une sorte de ministre de l'Intérieur et des Cultes, écrivant sans arrêt des poèmes obscènes en dialecte vénitien. On le sait, ses textes sont copiés et circulent sous le manteau, il n'est jamais inquiété alors qu'il devrait être arrêté, destitué, condamné, emprisonné ou discrètement assassiné. Mais non, sa noblesse et ses relations le protègent. C'est un poète maudit en pleine lumière. Bien entendu, il n'est pas imprimé et publié de son vivant mais seulement « à Londres », en 1771, et à Londres, sans guillemets, en 1789 (notez cette date). Suit une édition en 1860 à « Constantinopoli », une autre en 1876 (à vingt exemplaires), une autre en 1884 (à cent exemplaires), une autre en 1910 (elle attire l'attention d'Apollinaire). En français, de façon publique, il faut attendre 1994. Peu croyable, mais vrai.

Comme pour Casanova (qu'il a connu enfant, au point qu'on peut se demander s'il n'est pas son vrai père), ces dates sont autant de signaux de la vie clandestine dont nous sommes loin aujourd'hui.

Loin ? Ce n'est pas sûr. Rien de scandaleux n'était publié par peur que ce soit lu. Aujourd'hui, tout est disponible, mais c'est comme s'il n'y avait plus personne pour savoir le lire. Étrange courbure du temps, des corps, des cerveaux.

Baffo Zorzi

Casanova : « Baffo, sublime génie, poète le plus lubrique des genres, mais grand et unique. »

Apollinaire : « Baffo, le plus grand poète priapique qui ait jamais existé, et en même temps un des plus lyriques. »

Tous les historiens sont d'accord : Venise, en 1716, connaît « un désordre dans les mœurs au-delà de tout ce qu'on peut imaginer ».

Voyez ce que Baffo écrit des *Plaisirs de Venise* :

« Il règne à Venise une telle gaîté, on y mène une vie si agréable qu'il n'y a, je crois, rien de semblable dans le monde entier.

« Il y a tant de mollesse dans les habitudes, tant de grâce dans les manières, la ville contient tant et de si grandes beautés, qu'on la croirait vouée à Vénus.

« On n'y trouve plus l'austérité d'autrefois ; toutes les femmes aujourd'hui vous font un bon accueil, et l'on peut se présenter partout.

« Les femmes mariées ne vivent plus dans la retraite, et on les voit circuler nuit et jour dans la ville.

« Elles vont seules avec leur ami, et ne sont pas suivies, comme anciennement, par leur couillon de mari.

« On va librement les trouver dans leur lit, et le mari n'en sait rien, ou, s'il le sait, il ne s'en inquiète pas. [...]

« Autrefois les dames nobles n'allaient pas dans les cafés, et l'on n'y rencontrait que des putains et des maquerelles.

« Aujourd'hui, ils sont remplis de bourgeoises, de marchandes, de grandes dames, et de coureuses qui meurent de faim.

« Le soir, elles sortent et vont sur la place, où on voit des femmes de tout rang, traînant une longue queue.

« Elles se promènent sur le Liston, avec un air, un brio, qui, en vérité, donnent envie de les pincer.

« Il y a ici des nobles en quantité, tous vêtus à la française, et mangeant tout ce qu'ils possèdent.

« Ils y forment une troupe d'au moins cent mille individus, menant une véritable vie de Sybarites.

« Ils passent les nuits entières à festiner, à jouer, à chanter ; et, pendant ce temps, leurs femmes se font foutre par leurs amants.

« Les casinos sont à la mode. Le luxe et les plaisirs qu'on y trouve attirent une foule de gens, qui y laissent leurs sequins.

« L'argent roule de tous côtés ; la ville en devient plus belle ; mais le vice épuise toutes les bourses.

« Sans tous ces vices, les artistes seraient entièrement négligés, et ne tarderaient pas à disparaître.

« Sans l'ambition, la gourmandise et les amours, de grands trésors resteraient enfouis dans un coin.

« Il est regrettable qu'il n'y ait pas plus de putains dans cette ville ; mais les femmes mariées se chargent de les suppléer. [...]

« Il y a aussi une foule de virtuoses, chanteuses et danseuses, spirituelles montures sur lesquelles il est agréable de chevaucher.

« Leurs talents et leurs manières gracieuses rendent leur fréquentation tout à fait attrayante ;

« Mais ils ont l'inconvénient de leur imposer un décorum ; et, comme leurs prétentions sont élevées, il en coûte un trésor.

« Si la femme est jolie, et a de la réputation, vous courez le danger de beaucoup dépenser pour elle, tandis que d'autres la foutront.

« Il peut aussi vous arriver, chose fort amère, de rencontrer une musicienne, qui vous brûle la politesse.

« Les cantatrices et les danseuses mènent un grand train, et sont aujourd'hui des reines qui traînent les vits à leur suite.

« Ces femmes-là exercent un grand empire sur les hommes ; elles sont libres dans leurs allures, et sont l'honneur de leur sexe.

« Elles ont un charme qui attire ; elles n'ont jamais rien de déchiré, et sont toujours aussi propres en dessous qu'en dessus.

« Quant à moi, j'ai depuis longtemps reconnu que, sans le risque d'attraper la vérole, le plaisir de les foutre vaudrait ceux du paradis.

« Quel bonheur, quelle jouissance d'entendre une virtuose chanter, pendant que vous l'enfilez !

« Quel plaisir peut être comparé à celui de sentir votre bien-aimée danser sous votre vit ?

« Leur conversation est généralement pleine de charme, et celles qui sont foutables peuvent défier toute comparaison.

« Je ne sais ce qu'est la France, ni ce que l'on fait en Allemagne ; mais je sais que Venise est un pays de Cocagne, où l'on fout à cœur joie.

« Je suis étonné qu'il n'y vienne pas plus d'étrangers, car quiconque n'a pas la teigne s'y amuse comme bon lui semble.

« Autrefois on y venait des pays les plus éloignés pour les quelques putains qui s'y trouvaient alors ;

« Et, comme on n'avait pas la liberté d'aujourd'hui, il fallait se résigner à rester dans cette sphère-là.

« Tandis qu'à présent, avec un peu d'adresse et de savoir-faire, on peut pénétrer dans toutes sphères où règnent Mars et Vénus.

« Vive donc cette ville, centre des plaisirs, aussi agréable pour les étrangers que pour les indigènes. »

Baffo un obsédé pour qui le monde humain, même s'il fait semblant de s'occuper d'autre chose, tourne entièrement entre deux pôles : le con, le cul. « Il n'est parlé que de choses gaies, belles, délicieuses, c'est-à-dire de bouches, de seins, de culs, de vits et de cons. »

Je remplace « tétons » (vieilli) par « seins », mais je garde le mot « vit », malheureusement disparu, et beaucoup plus vif que « bite ».

Baffo Zorzi

On ne peut pas lire trop de Baffo à la fois, et d'ailleurs ses vers ne sont pas faits pour ça. Ce sont des attaques, des opérations ponctuelles, des interventions répétées sur ce qui est, pour lui, l'essentiel. Comme une prière incessante, la réitération du mot « con » confine à l'exorcisme ou à la conjuration : « Là où Pétrarque a dit Laure, moi j'ai dit con. »

On peut difficilement être plus athée par rapport à l'idéalisation féminine. Défi radical, donc exécrable réputation.

Baffo philosophe ? Mais oui :

« Quel triste monde que celui-ci ! On n'y trouve que du mal et des tourments, un tas d'animaux sans raison, et l'homme qui est le plus ennuyeux de tous. »

N'est-ce pas ?

Ou bien :

« Je ne me plains pas du mal produit par la Nature, car elle n'a pas pu faire mieux ; mais je me plains du mal causé par l'imposture. Pourtant, le vrai philosophe ne s'inquiète pas plus de celui-ci que de celui-là ; il fout gaiement et se fout du reste. »

Est-il pour autant « épicurien » ? Non, car les atomes n'ont pas pu former le monde au hasard, et la preuve en est l'attirance amoureuse. Quoi qu'en disent les matérialistes, il a fallu, pour la concevoir, « une bien forte tête ».

Démonstration :

« Je pourrais croire avec Thalès que l'eau est le principe de toutes choses, et, avec d'autres, que c'est le feu.

« Mais, quand je songe au plaisir de décharger, je me dis : il n'y a qu'un dieu qui a pu créer cette douce jouissance. »

Dieu connu ou méconnu dans le sexe ? Question très sérieuse, comme le prouve l'Histoire tout entière. Évidence massive, qui nous saute désormais aux yeux. L'argent et la guerre circulent, le sexe aimante ou se refuse. Venise est l'observatoire privilégié de ce jeu.

Baffo, très informé de ce qui se passe constamment dans sa ville, technicien des coulisses du pouvoir, est un fanatique : « un vaisseau amiral a autant d'attrait pour certains qu'une putain pour moi ». Et encore : « Tout m'ennuie, tout me dégoûte, mais je ne suis jamais las du con. » Mais ce qui compte à ses yeux, au-delà même des simulacres, c'est la liberté d'esprit que donne sa conviction. Il défend Anzolo Querini, arrêté en 1761, et ami de Voltaire. Il fait l'éloge de Francesco Algarotti (1712-1764), écrivain vénitien célèbre et ami de Frédéric II :

« Il était doué d'une grande intelligence, mais ce qui me plaît le plus en lui, c'est qu'il n'a jamais dépensé un sou pour une femme, car toutes lui donnaient leur con par amour. »

Vision positive :

« On aime voir le doge sur le Bucentaure, des palais en marbre de choix et bien sculptés, des statues dans les salons et les jardins ; on aime voir le pape dans un consistoire. [...]

« Le couronnement d'un roi est une belle chose, ainsi qu'une flotte voguant à pleines voiles ; mais ce qui est beau par-dessus tout, c'est la vue d'un con. »

Courbet aurait aimé ce poème.

Vision négative :

« C'est aujourd'hui le dernier jour du carnaval. Les putains du grand monde ont fini de se faire foutre par-devant et par-derrière, et de ruiner les gens par leurs folies.

« On va voir la Piazza couverte de négociants en faillite, l'hôpital rempli de gens couverts d'emplâtres, ou ayant le vit rongé par des ulcères, et le front de presque tous les maris orné de cornes.

« Demain nous serons en carême, et le soir on verra les gondoles fermées conduire à Castello ceux qui veulent encore s'amuser :

« Car c'est là que les femmes, non encore rassasiées de plaisirs, vont se faire faire des bâtards, qu'elles portent ensuite à la Pitié. »

La vie d'un homme dans ce cirque ?

« S'il est ignorant, il lui faut recourir à l'intrigue, s'il a de grands talents, il est persécuté par les sots. »

D'où la promenade du sage :

« Un jour qu'ayant des idées noires dans la tête, je me promenais sur une petite place, je vis à une fenêtre un minois qui n'était pas à dédaigner.

« Je la saluai, elle sourit, et, montant aussitôt chez

elle, je lui dis : voulez-vous que je vous foute ? Non, me répondit-elle, je suis pucelle ; mais si vous voulez, je vous branlerai le vit.

« Je fus enchanté de ce sans-façon. Troussant ses jupes, elle prit mon vit, et je fourrai mon nez entre ses seins.

« Elle voulut me faire décharger sur son con, et je vous jure qu'elle se masturba aussi adroitement que n'importe quelle putain. »

Baffo estime qu'il y a pour lui trois choses fondamentales : « le don de la poésie licencieuse, la musique, et la plus précieuse des trois : avoir toujours envie du con ». Au passage, il se moque des poètes précieux qui disent « monts d'albâtre » au lieu de fesses, « collines et vallée obscure » au lieu de seins et de con. Ici, je soulignerai *musique*, particulièrement vénitien. Son corps et celui des autres sont des instruments dont le poète sait jouer, voilà tout.

Venise et Baffo brillent aujourd'hui de tous leurs feux. Il aura fallu attendre deux siècles en enfer. Déjà, à la fin de sa vie, le vieux libertin désespère :

« Mon Dieu ! dans quel état se trouve cette ville, si célèbre par la liberté dont elle jouissait : tous les cafés sont déserts, n'étant plus fréquentés par celles qui en faisaient l'ornement.

« Car c'était réellement une jolie chose que cette longue file de dames coquettement vêtues. Quel triste et ennuyeux changement !

« Maintenant que les cabinets particuliers sont supprimés, où peuvent aller s'amuser ceux qui n'ont ni gondoles ni petites maisons ?

« Il faut avouer que c'est un grand malheur, et ces pauvres diables vont être obligés d'aller se faire branler à la Lozzetta. »

(La Lozzetta, ou Loggetta, était le lieu des rendez-vous nocturnes sur la place Saint-Marc. Beaucoup de choses se passaient aussi à la Frezzeria, rue commerçante derrière Saint-Marc. Tout près, également, les *casini*, cabinets particuliers à une ou deux chambres : voir Casanova pour la suite de l'action.)

Histoire, donc. Des hauts, des bas, des transversales, des parenthèses, des blancs, des silences, bruits et fureurs. Ainsi, en 1929, un petit livre intitulé précisément *1929* paraît clandestinement à Bruxelles, sans indication d'éditeur, de lieu ni de date. Il s'agit d'un calendrier obscène comportant quatre photographies de Man Ray ayant pour modèle sa maîtresse Kiki de Montparnasse. Le tirage était de deux cent quinze exemplaires. Les livres, saisis à la frontière, ne sont jamais parvenus en France.

Un des poèmes de cette époque dit ceci :

La belle et la bite
Habile habile habile
La bête, la grosse bête
La bite et la belle
Dit Bite ah bite habite
Moi vite.

Et un autre :

Sur une chaise l'amour
Des deux fous le moins fou tremble
Ah le foutre gare le foutre
Gare la chaise elle se casse
Sur les planches du plancher
L'amour près du feu l'amour
Dans le feu prend au foutre
Le foutre a brûlé.

L'auteur de ces bribes « à la Baffo » est Louis Aragon, le déserteur de Venise. C'était avant sa conversion à l'Église communiste. Au lieu de se suicider mentalement, il aurait mieux fait d'entrer dans l'infini vénitien. Il ne l'a pas vu, c'est dommage. Mais Breton non plus, trop dévot de l'Éternel féminin. Ni Proust, au fond, otage de sa mère. Ni Morand, prisonnier de sa femme. Ni Sartre, saisi d'hallucinations. Ni Hemingway, amoureux d'une petite comtesse fatale. Ni Pound, perdu dans ses rêves. Ni Thomas Mann, enfin, hanté par la mort.

Casanova, tout en louant Baffo de lui avoir, dans son enfance, montré la voie de la raison contre la lâcheté et la crédulité (« raison à laquelle je dois tout le bonheur dont je jouis quand je me trouve vis-à-vis de moi-même »), précise que les inquisiteurs d'État vénitiens « auront par esprit de piété contribué à sa célébrité en persécutant ses ouvrages manuscrits, les rendant par là même précieux ».

Ils n'ont pas été brûlés, en tout cas. Ils sont là.

Balzac Honoré de
1799-1850

Nous sommes en 1837, Venise est devenue invisible. C'est une ville morte ou qui n'en finit pas de mourir. Ainsi, lettre de Balzac, le mardi 14 mars :

« La pluie mettait sur Venise un manteau gris qui pouvait être poétique pour cette pauvre ville qui craque de tous côtés et qui s'enfonce d'heure en heure dans la tombe, mais il était très peu agréable pour un Parisien qui jouit, les deux tiers de l'année, de cette mante de brouillards et de cette tunique de pluie. Il est un point qui me ravit, c'est le silence de cette moribonde, et cela seul me ferait aimer l'habitation de Venise et va à mes secrètes inclinations qui, malgré les apparences, tendent à la mélancolie. »

Balzac ne voit rien. Il ne sera pas le seul.

Barrès Maurice
1862-1923

Barrès trouve que Venise n'est pas sans beauté, mais le titre du livre qu'il lui consacre en 1920 est sans ambiguïté : *La Mort de Venise*.

Un peu d'oreille, cependant :

« Le mouvement des ondes sonores va sur Venise, comme l'ondulation perpétuelle de l'eau, sans heurts et sans fatigue. Les sons jamais ne nous y donnent de chocs ; on les goûte, on connaît leurs qualités, leurs sens. Tandis que l'eau se déplace avec un frais murmure sous le poids de mon gondolier, j'entends au loin s'approcher, s'effacer les pas d'un promeneur invisible, dont je distingue la jeunesse légère ou l'âge alourdi, et dans ces quartiers solitaires la chaussure d'un étranger ne fait pas le claquement des sandales de bois d'une humble Vénitienne. »

Cette atmosphère de mélancolie et de morbidité, et tous les clichés qui s'y rattachent, ont la vie dure. Si je dis aujourd'hui que Venise est un grand port très actif, la plupart de mes interlocuteurs me regardent comme si j'avais eu une hallucination. Il y a des siècles qui s'enfoncent, d'autres qui resurgissent dans la stupeur générale. Venise au XXIe siècle ? Un avenir de pensée.

Bartoli Cecilia

Tout à coup, elle a été là, l'incroyable chanteuse cascadeuse joyeuse. D'où est-elle venue ? De Rome où elle est née ? De ses parents musiciens ? Mais non : de Venise, de l'esprit inlassable et enflammé de Venise, autrement dit d'Antonio Vivaldi.

Il a suffi qu'elle s'empare rythmiquement et vocalement de cette musique pour que celle-ci se mette à vivre comme jamais, à revivre, à *supra*-vivre à travers les syllabes et sa gorge.

Nous sommes dans le superbe et imposant Teatro Olimpico de Vicence (Palladio), en juin 1998. Cecilia, dans sa belle robe rouge, s'avance devant les musiciens. Elle tape un peu du pied, elle les lance. Elle chante un extrait de *Griselda* (texte d'Apostolo Zeno, adapté par Goldoni). Je le donne aussi en français, mais il faut l'écouter en italien :

Agitata da due venti
freme l'onda in mar turbato
e'l nocchiero spaventato
già s'aspetta a naufragar.
Dal dovere da l'amore
combattuto questo core
non resiste e par che ceda
e incominci a desperar.

« Agitée par deux vents
l'onde frémit sur la mer troublée
et le marin épouvanté
se voit déjà faire naufrage
ce cœur combattu
par le devoir et par l'amour
ne résiste plus et semble céder
et commence à désespérer. »

Tempête, donc. Désespoir ? Ce n'est pas ce qu'on va entendre. Attendez Cecilia sur le mot *naufragar*. Elle le module avec une joie sauvage, elle est ravie de sombrer, l'amour triomphe du devoir (*dolore*, *amore*). NAUFRAGAR !

Elle n'a jamais fait mieux, elle ne fera jamais mieux. Vitesse et virtuosité confondantes, éclairs, coups de vent, tornade, percussions, roucoulades, cela s'appelle, à l'époque de Vivaldi et de Haendel, « tordre la voix de légèreté ». Elle a voulu chanter dans ce théâtre, elle a minutieusement préparé son attentat. Ça passe, ça ne casse pas, c'est inouï de torsade. Le public est électrisé, un ange révolutionnaire vient de vibrer.

Bartoli Cecilia

Cecilia est une grande musicienne (érudite) et une grande comédienne. Il faut la voir de près en concert, tête plus ou moins penchée, cou, poitrine, buste, cuisses, mains, chevilles, mimiques. Tout son corps est un instrument de souffle. Elle peut être furieuse, idyllique, pseudo-naïve, sentimentale, drôle, sadique, tendre, rêveuse, enfantine. Elle a fait le tour des mille détours. Elle prend les mots à la racine (divin italien), elle les étire et les broie, elle les catapulte, les caresse et les fouette. Vivaldi est un dieu incessant des températures, des heures, des saisons, des situations. Un dieu *marin*, tantôt en tourbillon, tantôt en lévitation. Il possède sa cantatrice, elle le possède. Une telle aptitude à la volupté abolit, chirurgicalement, des tonnes de musique romantique inutiles. Bartoli est une sorcière, une fée, une débauchée, une fille du peuple sensuelle et gaie, une artiste incroyable, une merveilleuse femme de la vie courante, une camarade, une aristocrate, une reine. Elle descend de tous les tableaux vénitiens, Vénus, saintes, elle est là, à la fin du XXe siècle et au début du XXIe. Toute l'actualité paraît lui donner tort, et c'est pour cela qu'elle a raison. Vous avez parié sur l'engloutissement de Venise ? Sur le naufrage de sa civilisation ? Perdu. Rien à attendre des sociétés, Venise ressuscite chaque fois que quelqu'un respire.

Une femme (et quelle femme !) vous le dit tout net. Sainte Cécile, on le sait, est la patronne des musiciens.

Ici, une fois encore, Rimbaud : « Je suis un inventeur bien autrement méritant que tous ceux qui m'ont précédé ; un musicien même, qui ai trouvé quelque chose comme la clef de l'amour. »

Bateaux

Si on écoutait la voix délétère du XIXe siècle, relayée par le tourisme marchand (cinéma, cinéma), Venise serait une salle de musée vouée à la boutiquerie et au carnaval mondial. Une ville de province colonisée par un Businessland à gondoles.

Or Venise est un port, un grand port, à l'activité incessante. Navettes, vaporetti, motoscafi, yachts, voiliers, vedettes, péniches, barges, canots, remorqueurs, containers, très gros paquebots. On peut y vivre constamment sur l'eau, et rentrer chez soi, jardin et terrasse. Voici, par exemple, les bateaux que j'ai vus passer devant moi, sur la Giudecca, dans les dernières années du XXe siècle (je suis en train d'écrire, je lève la tête, je note les noms) :

Le 4 juin 1999, à 9 h 50 : *Ionian Victory* (Grèce).

Le 5, samedi, est-ce une hallucination ? non : *Viking Bordeaux*, bleu, de Londres.

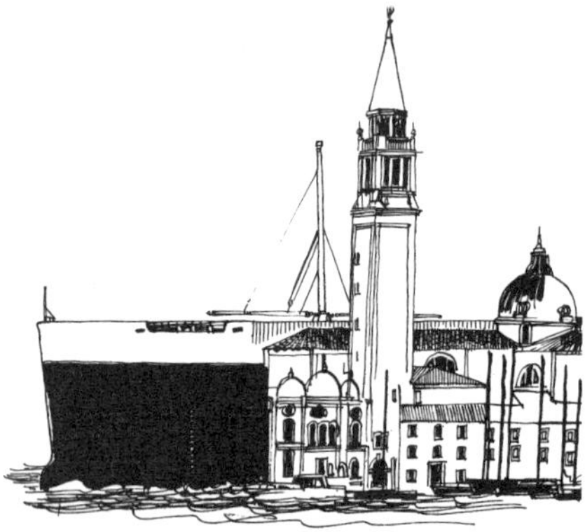

Hellas, bleu et blanc (comme sur la page), de Heraklion.

Wino Surf, 5 mâts, blanc, Oslo.

Grand Princess, Monrovia (Liberia).

8 juin : *Daedalus* (bonjour Joyce).

Princess Danae, Monrovia.

Ionian Island, Patra.

The Azur, Panama.

Costa Victoria, Monrovia.

Pacific Princess, Londres.

Sea Goddess II, Londres.

Bolero, Panama.

Samsun, Istanbul.

Vistamar, Panama.

Splendour of the seas, Oslo, véritable ville flottante, avec courts de tennis, effaçant l'autre rive en passant.

Crystal Symphony, Nassau (Bahamas).

Star Odyssey.

Song of Flower, blanc, Oslo.

Victoria, Londres.

Crystal Harmony, Nassau.

La circulation est permanente, l'eau sans cesse froissée, le trafic des paquebots de croisière culminant logiquement le samedi matin (arrivées) et le dimanche soir ou le lundi matin (départs).

Mais il y a de tout, barques de fruits et primeurs, de linge, de gravats ; lourdes péniches alimentant les bateaux en eau potable (devant moi : *Risorta*, *Liana*, *Sile*, *Gigi*), moteurs, bruits de marteaux sur les coques ou les tôles.

Cette suractivité est en nette montée depuis vingt ans, elle est donc restée inconnue à tous les voyageurs antérieurs. Il y a au moins deux Venises : celle de l'intérieur et des canaux ; celle du large maritime qui renoue avec une gloire passée transformée. La deuxième ville a ma préférence, son église est le Redentore.

Norwegian Challenger, Oslo.

Royal Eagle, Monrovia.

Suavity, Londres.

Pacific Arrow, Tokyo.

Luki, Palerme.

Romanza, Panama.

Kaptan Necdet Or, Istanbul.
Evangelia, Limassol.
Jasmina, Haïfa.
Ziemia Kielecka, Stettin.
Corona Australe, Gênes.
Vispy, Trieste.
Orpheus, Athènes.
Ras El Khaima, Alexandrie.
Ikan Bilis, Singapour.

Et j'en oublie, venant d'Odessa, de Shanghai, de Barcelone, de Naples. Les bateaux chinois seront de plus en plus fréquents, et je me souviendrai toujours de celui, pavoisé de drapeaux rouges, qui est entré ici, en 1969, appelant, par haut-parleurs, le prolétariat à se révolter contre les capitalistes et les « révisionnistes » du parti communiste, scène incroyable, très choquante pour les puissances locales. Marins chinois, au sol, fascinés par les pigeons des quais, éblouis et rieurs, drôles de touristes. Comme je faisais du chinois à l'époque, je leur ai adressé la parole dans leur langue : effet immédiat.

Ne pas oublier les remorqueurs, noirs et blancs, sans cesse, de gauche à droite et de droite à gauche, avec

leurs noms latins écrivant leur litanie : *Maximus*, *Novus*, *Pardus*, *Geminus*, *Strenuus*, *Titanus*, *Validus*, *Cetus*, *Ausus*, *Squalus*.

Le passage du *Pardus* : pour moi, signe de chance.

Les navettes, chargées de voitures ou de camions (renversement des autoroutes, des boulevards, des avenues, des rues), s'appellent *Marco Polo* (logique) et *Ammiana*. Les carrosseries et les capots brillent sur l'eau, on dirait qu'on va les noyer au large.

Globe d'Orient, ocre et terre de Sienne, Athènes.

Bocotan, orange, Manille.

Silver Dream, gris et rouge, Sydney.

Tiepolo, cheminée jaune à rayure bleue horizontale étoilée de blanc, Venise.

Serenissima Express, kaki et blanc, filet jaune, cheminée noir, rouge et blanc.

Jacopo Tintoretto, même allure que le *Tiepolo*.

Et puis, un soir, amarrés près de la gare maritime :

Argonaute, blanc, Athènes.

La Palma, Limassol.

Fedor Chaliapine, Odessa.

Deep South, Singapour.

Un des motoscafi du consulat de France (lieu magique) porte le nom suivant : *La Nouvelle Héloïse*. Je n'invente rien.

Beauvoir Simone de
1908-1986
(Voir *Sartre*)

Bellini Giovanni
1426 ou 1430-1516

Et maintenant, silence, nous entrons dans les mystères de la vie et de la mort. Deux versants de la ville, donc : libertinage poussé à son comble, pureté de la méditation sacrée.

Des trois monothéismes, s'il faut absolument choisir, autant prendre celui, trinitaire, qui permet l'intériorisation la plus profonde des éléments « païens ». Le catholicisme, par conséquent, et plus précisément le catholicisme *vénitien*.

Transformation glorieuse de Byzance, contrôle strict du judaïsme, distance constante par rapport à Rome, rejet radical de la Réforme et du protestantisme, tradition « humaniste » de la Renaissance et du baroque, déploiement de la Grèce antique, signal vers la Chine, rempart maritime contre l'Islam : tel est le navire sérénissime.

Le héros, ici, est Giovanni Bellini. Ses tableaux « sacrés » sont les plus réfléchis du monde. La geste chrétienne s'y déploie dans toutes ses dimensions : annonciation, naissance, transfiguration, passion, mort, déposition, résurrection.

On a l'impression que Bellini peint comme il prie. Ses toiles sont des conversations qu'on voit. On ne connaît pas la vraie langue que parlent les personnages, elle est cachée, ineffable, pleinement révélée, pourtant, par les attitudes, les expressions, la couleur. En réalité, l'atelier de Bellini est une église. Dans les églises de Venise, la présence d'une œuvre de lui (un polyptyque, un triptyque) est de même nature et de même importance que la messe elle-même. Ce peintre architectural est évidemment convaincu d'officier pour un service divin.

Annonciation : voici les panneaux de l'orgue de Santa Maria dei Miracoli (désormais visible à l'Accademia). L'annonce solennelle est une musique muette. L'archange entre le plus naturellement du monde par la gauche, son lis à la main (gauche). Il est roux, richement vêtu, sa main droite bénit, la pièce où il pénètre est très luxueuse, murs et sol dallé de marbre, plafond à caissons, tableau de paysage, au fond, ouvrant sur un dehors de nature. On est dans un palais, pas question de crèche future. La Vierge est agenouillée, comme il se doit, à son pupitre, main droite repliée sur elle, main gauche tenant un livre, yeux fermés (elle vient de lire quelque chose qui la trouble profondément, elle a une vision, elle *reçoit* les mots bibliques sous forme de fleur et d'ailes portées par un être hors sexe). Action, réception. Écriture, lecture. Accomplissement du sens et des sens. Floraison, musique. C'est parfait.

Dans le polyptyque de San Vincenzo Ferreri (basilique de Santi Giovanni e Paolo), l'archange Gabriel est encore plus exalté : aile droite bleue, rouge, noire, jaune, diadème ; ornements sacerdotaux ; boucles en blond vénitien ; main droite faisant valoir l'éclosion de la fleur, bouche entrouverte, etc. Si vous ne voyez pas ce que cela veut dire, tant pis.

Présentation au Temple : circoncision, donc. Vieillards scrupuleux et rouges, présence des belles synagogues du ghetto, c'est le moment de la rigueur. Tonalités blanches et rouges, mère plombée, enfant emmailloté dramatique à calotte rouge. Les linges, le sang. La Loi, le sexe. Rien de dévoilé, tout suggéré. À droite, un garçon brun vous regarde comme si vous étiez un intrus. Ce que vous êtes. Après la chair et le sang, il y aura un autre baptême, ciel ouvert sur le Père, descente de la colombe, fleuve, eau.

Vierges à l'enfant : c'est l'obsession de Bellini, il n'arrête pas de peindre des variations sur ce thème. La Vierge est toujours la même et toujours une autre, le garçon, vu et multiple, est dans toutes les positions possibles entre ses bras. La plus célèbre présentation est la *Madonna degli alberetti* (aujourd'hui à l'Accademia). Bleu, rouge, vert tendre, chair. Elle a un curieux mouvement de recul par rapport à son fils, elle le regarde avec une curiosité inquiète (il y a de quoi). Lui est nu, debout, décidé, blond, un pied posé sur l'autre, déjà sûr de lui et dominateur. Sa petite main gauche effleure la grande main droite de sa jeune mère. Il regarde à travers vous, au-dessus de vous, plus loin que vous. Les deux arbres, à droite et à gauche du store vert et rouge qui isole les deux personnages, semblent s'élancer dans une joie finement érectile. Le tableau est stupéfiant d'étrangeté (comme tous les autres, d'ailleurs).

Que veut célébrer Bellini ? Un souvenir d'enfance ? Bien sûr. La maternité ? *Celle-là*, en tout cas. L'éternel retour d'une femme, « terme fixe d'un éternel dessein », qui est d'emblée, comme dit Dante, « fille de son fils » ? Bellini y revient sans cesse (les commandes affluent), Marie par-ci, Marie par-là. La Vierge la plus étonnante (tristesse, sérénité, profondeur) est pour moi celle où elle est entourée de Catherine et de Madeleine en prière, l'Enfant-Jésus étant déjà emporté dans ses yeux au ciel, le tout sur fond brun, couleurs fauves, bois brûlé, atmosphère d'extase. L'appropriation que Bellini fait de l'histoire christique est inouïe. Tout est actuel, italien, ici, maintenant, pas de Palestine à l'horizon, aucune revendication de Saint-Sépulcre, pas la moindre croisade en perspective. Des jeunes mères et leurs bambins au paradis, ça suffit.

Transfiguration : petite colline à deux étages, trois hommes dormants, trois figures éveillées. En bas, les trois apôtres pris dans un lourd sommeil minéral, en haut, le Christ entre Moïse et Élie.

Le tableau du musée Correr est âpre. Celui de Naples, au contraire, est large et souverain, dans un paysage tranquille où on peut se demander ce que viennent faire ces six personnages dont l'un est visiblement le plus important. Le passé-présent (Moïse, Élie), le présent-futur (les apôtres). Bellini devait être particulièrement content de sa toile, puisque, comme il le fait quelquefois, il a accroché une étiquette peinte (tache blanche) sur une clôture de bois qui passait par là : *Johannes Belli* (Bellinus). Les autres dorment, lui veille. Il a compris.

Passion : les crucifixions de Bellini sont impassibles. On dirait qu'il pressent les tonnes d'hystérie qui déferleront à ce sujet. Il ne cherche pas l'expressivité, le mouvement, le drame (le cinéma, si l'on veut), il veut peindre la plus grande frontalité contradictoire. Voilà une exécution barbare et sanglante qui laisse la nature parfaitement calme et indifférente. Mieux : la toute simple nature ressort d'autant plus en arrière de cette exhibition extravagante et conjuratoire. C'est un mauvais moment à passer.

En revanche, les dépositions et les mises au tombeau mobilisent chez ce peintre une souffrance et une mélancolie noires. Elles sont vécues dans l'effondrement sans retour. Dieu, après tout, est peut-être mort, sa mission terrestre a échoué (pensons au terrible Christ mort de Holbein qui bouleversait Dostoïevski). Il est là, lourd cadavre soutenu par des anges funèbres, sa mère semble chercher en vain un dernier souffle sur ses lèvres. Il va rentrer dans la boîte du néant, il ne pourra pas en sortir. C'est catastrophique, gémissant, criant. Leçon des ténèbres. Voyez cette *Pietà* : mère momifiée terreuse, fils terreux, fond d'ocre désertique, figé.

Résurrection : mais la pesanteur est franchie, le mur du son aussi : la Résurrection a lieu (on voit la plus belle à Berlin). Le Rédempteur s'élève au-dessus de son caveau vide, il est déjà en ascension dans le crépuscule bleuté. Vous allez le retrouver, ce Redentore triomphal, sur la coupole de l'église du même nom, sur la Giudecca. Il flotte, il vous fait signe, il accueille les bateaux avec son fanion (dans le tableau, croix rouge sur fond blanc). Il est transfusé de la peinture à l'architecture et à la sculpture. L'évangéliste a saint Marc, le vainqueur du dragon San Giorgio, le Ressuscité le Redentore. Les trois basiliques fondamentales de Venise portent ces noms.

Ce qu'il faut imaginer, maintenant, c'est l'emboîtement de toutes ces séquences invraisemblables rentrant les unes dans les autres indéfiniment : l'annonciation, la naissance, les baptêmes, la transfiguration, la crucifixion, la tombe, la sortie de la mort, l'ascension. Encore, et encore. Un des plus beaux tableaux de Bellini, *Le Christ bénissant*, se trouve au Louvre. Curieux ressuscité vu de près, blanc dans le bleu, stigmatisé aux mains, plaie sous le sein droit, cheveux longs, yeux bleus, couronne d'épines encore sur la tête. Bénédiction de la main droite, gros livre ferré dans la main gauche. Regard intense, mains hors des clous, reliure du livre *cloutée* : ouvrez et lisez.

Dieu, les dieux, l'homme-dieu : Bellini est un maître de l'allégorie. Son *Allégorie sacrée*, bien qu'interprétable, est là pour défier l'interprétation (le tableau est à Florence).

Que l'on soit ici au Paradis terrestre, c'est l'évidence. Qu'il s'agisse d'une terrasse vénitienne ne fait pas de doute, même si le paysage lacustre est montagneux. Conversation sacrée : Vierge, saints, saintes, théologiens, enfants qui jouent, pommes sur le sol richement dallé, petit arbre de vie en pot, grand calme... Un musulman s'éloigne tristement du lieu, comme chassé par un saint (Thomas) l'épée à la main... À déchiffrer, à méditer, à reméditer...

Le Festin des dieux (à Washington) donne une autre clé pour la philosophie de ce peintre, qui peut donc mêler un couronnement de la Vierge et des anges musiciens à des motifs « humanistes » et grecs. Dernière confidence : la splendide *Femme au miroir*, muse sensuelle et secrète de l'artiste, une des dernières œuvres laissant place à Giorgione et au grand Venise nouveau.

Il y aura *à la fois* des Vénus nues et des Assomptions volantes (celle, rouge, de Titien, à Santa Maria Gloriosa dei Frari).

Y a-t-il là une contradiction ?

Aucune.

Il faut aller trouver Marie dans Angelus Silesius (1624-1677, c'est-à-dire dans la Contre-Réforme) :

On appelle Marie le trône et la tente de Dieu,
On l'appelle une arche, une forteresse, une tour, une maison, une fontaine, un arbre, l'eau-miroir d'un jardin,
Une mer, une étoile, la lune, l'aurore, une colline :
Comment peut-on être tout cela ? – Elle est un autre monde.

Ou encore :

Noble lis, où trouver ton semblable
– Même si l'on court dans tous les champs du paradis ?
Tu brilles comme la neige, lorsque dans un beau ciel
Le soleil déverse tout l'or de Phaéton.
Devant toi le soleil et la lune et les étoiles pâlissent,
Ton aspect, ta splendeur sont plus beaux que l'habit
Du roi Salomon en sa gloire.
Devant toi l'éclair lumineux des séraphins s'efface ;
Ton noble parfum ravive le monde entier
Et tout ce qui se jette au pied de Dieu Notre Seigneur.
En toi seul sont réunis la beauté des vierges,
La constance des martyrs et l'éclat de tous les saints.
Aussi, viens, noble lis, et ravive-moi ici-bas,
Que je puisse à jamais te contempler, toi et ton fruit.

Pour ce qui est du fonctionnement des anges, voici le cardinal anglais Newman (1801-1890), dans *Le Songe de Gerontius* :

Les intervalles et leur succession
Sont uniquement mesurés par la pensée vivante,
Et grandissent ou diminuent avec son intensité.

Il faut comprendre que « le Temps n'est pas une propriété commune ».

Donc :

Ce qui est long est court, ce qui est rapide est lent,
Par cet esprit ou par tel autre, et chacun
Est le régulateur de sa propre chronologie.
Et la mémoire manque de ces repères naturels
Que sont les années, les siècles, les périodes.

Je me permets de souligner. Nous sommes toujours à Venise.

Bernis François Joachim de Pierre, cardinal de
1715-1794
(Voir *Casanova*)

Bonaparte
1769-1821

Excellent stratège, peu doué pour la marine, les lettres et les arts (voir *Denon*), il a été fasciné par l'Italie et la papauté dont la résistance l'exaspérait. Le point le plus curieux de sa biographie est certainement la haine singulière qu'il avait de Venise et de sa République maritime aristocratique : « Je serai un Attila pour Venise », mot prononcé un jour de grand vent à cheval.

Il s'empare de la ville en 1797, la dévaste en partie (églises détruites, lion de Saint-Marc martelé), et la vend tout de suite aux Autrichiens en pensant que l'affaire est close. Ceux-ci vont s'employer, durant le long tunnel du XIXe siècle, à précipiter la décadence de la ville et à l'asphyxier (voir *Mann*).

Cette passion négative de Bonaparte est instructive. Venise réunissait tout ce qu'il pouvait réprouver : un grand passé, l'eau, la débauche, la beauté architecturale, la peinture, la musique et l'insistance du sacré. Il décrètera son fils « roi de Rome ». C'est tout dire.

Le meilleur portrait de cet aventurier de grande envergure, encore vénéré, comme Jeanne d'Arc, par beaucoup de Français, a été tracé par Chateaubriand :

« Domination personnifiée, il était sec : cette frigidité faisait antidote à son imagination ardente, il ne trouvait point en lui de parole, il n'y trouvait qu'un fait, et un fait prêt à s'irriter de la plus petite indépendance : un moucheron qui volait sans son ordre était à ses yeux un insecte révolté. »

Son tombeau est très visité à Paris. Cependant, la papauté est toujours là, et, à Venise, personne n'a jamais entendu parler d'Attila.

Brosses Charles de, président
1709-1777

Nous sommes au XVIIIe siècle, un Français est à Venise, il visite les hôpitaux où officie un curieux musicien, prêtre et roux : le « prêtre rouge ». Son nom ? Antonio Vivaldi.

On soigne, on prie (un peu), on joue de la musique (beaucoup).

Charles de Brosses, plus tard président du parlement de Bourgogne, est un jeune gentilhomme de Dijon. Il a trente ans, est déjà conseiller au parlement, lié aux Lumières (Voltaire, Diderot) et ami d'enfance de Buffon qui le décrit ainsi :

« [...] c'était la supériorité de son esprit, la finesse de son discernement qui, de très bonne heure, l'avaient porté au plus haut point de la métaphysique des sciences. Il en avait saisi toutes les sommités, et sa vue s'étendait d'en haut jusque sur les plus petits détails, au point de ne laisser échapper aucun de ces rapports fugitifs que le coup d'œil du génie peut seul apercevoir. »

Les lettres de De Brosses sont claires, nettes, passionnantes. Il arrive à Venise le 13 août 1739. Nous y sommes avec lui.

Il voyage d'abord en bateau, depuis Padoue, sur le canal de la Brenta, sur une petite réplique du *Bucentaure*. Il est immédiatement ébloui par les maisons des bords de l'eau, escaliers tournants et terrasses. Et puis l'Adriatique, la lagune, Venise. De tous côtés surgissent des palais, des églises, des rues, « on ne peut pas faire un pas sans avoir le pied dans la mer ». Ce qui surprend le plus notre jeune Français c'est une ville « ouverte de tous côtés, sans portes, sans fortifications et sans un seul soldat de garnison, imprenable par mer ainsi que par terre, car les vaisseaux de guerre n'en peuvent nullement approcher à cause des lagunes trop basses pour les porter. En un mot, cette ville-ci est si singulière, par sa disposition, ses façons, ses manières de vivre à faire mourir de rire, la liberté qui y règne et la tranquillité qu'on y goûte, que je n'hésite pas à la regarder comme la seconde ville d'Europe, et je ne sais si Rome me fera revenir de cette prévention ».

Il ne faut pas trop choquer les correspondants de France. Paris reste quand même la première ville d'Europe. Rome, la seconde ? Pas sûr. Les mots qui nous touchent : « ... la liberté qui y règne, la tranquillité qu'on y goûte... » Même chose aujourd'hui.

Il insiste :

« Il n'y a pas de lieu au monde où la liberté et la licence règnent plus souverainement qu'ici. Ne vous mêlez pas du gouvernement et faites d'ailleurs tout ce que vous voudrez. Je ne parle pas de la chose dont nos plaisirs et nous tirons notre origine, de la chose proprement dite et par excellence. On ne s'en choque pas plus ici que de toute autre opération naturelle. C'est une bonne police qui devrait être reçue partout. Mais pour tout ce qui, en saine morale, doit s'appeler mauvaise action, l'impunité y est entière. Cependant, le sang est si doux, ici, que, malgré la facilité que donnent les masques, les allures de la nuit, les rues étroites, et surtout les ponts sans garde-fous, d'où l'on peut pousser un homme dans la mer sans qu'il s'en aperçoive, il n'arrive pas quatre accidents en mer : encore n'est-ce qu'entre étrangers. Vous pouvez juger, par là, combien les idées qu'on a sur les stylets vénitiens sont mal fondées aujourd'hui. »

Il continue :

« [...] actuellement que je vous parle, il y a une furieuse brigue entre trois couvents de la ville pour savoir lequel aura l'avantage de donner une maîtresse au nouveau nonce qui vient d'arriver. En vérité, ce serait du côté des religieuses que je me tournerais le plus volontiers si j'avais un long séjour à faire ici. Toutes celles que j'ai vues à la messe, au travers de la grille, causer tant qu'elle durait et rire ensemble, m'ont paru jolies et mises de manière à faire bien valoir leur beauté. Elles ont une petite coiffure charmante, un habit simple mais, bien entendu, presque tout blanc qui leur découvre les épaules et la gorge ni plus ni moins que les habits à la romaine de nos comédiennes. »

C'est un jeune Français qui écrit ces lignes à Venise, au début du XVIIIe siècle. Il vient peut-être de croiser dans les rues un garçon de quatorze ans, qui va devenir par la suite, quoique Italien, un des plus grands écrivains français : Casanova lui-même (voir *Casanova*).

Charles de Brosses passe ensuite au chapitre des prostituées :

« Pour épuiser l'article du sexe féminin, il convient ici, plus qu'ailleurs, de vous dire un mot des courtisanes. Elles composent un corps vraiment respectable par les bons procédés. Il ne faut pas croire encore, comme on le dit, que le nombre en soit si grand que l'on marche dessus ; cela n'a lieu que pendant le temps de carnaval, où l'on trouve sous les arcades des Procuraties autant de femmes couchées que debout ; hors de là, leur nombre ne s'étend pas à plus du double de ce qu'il y en a à Paris ; mais aussi elles sont fort employées. Tous les jours, régulièrement, à vingt-quatre ou vingt-quatre heures et demie au plus tard, toutes sont occupées. Tant pis pour ceux qui viennent trop tard. À la différence de celles de Paris, toutes sont d'une douceur d'esprit et d'une politesses charmantes. Quoi que vous leur demandiez, leur réponse est toujours : *Sarà servito, sono a suoi commandi, Vous serez servi, je suis à vos ordres* (car il est de la civilité de ne jamais parler aux gens qu'à la troisième personne). À la vérité, vu la réputation dont elles jouissent, les demandes qu'on leur fait ordinairement sont fort honorées ; cependant il s'en trouvent de si jolies et auxquelles il faudrait être si indécent pour ne pas se fier lorsqu'elles répondent des conséquences *per la beatissima madonna di Loreto.* »

De belles religieuses disponibles, des putains civilisées qui vous vouvoient et jurent sur la Madone que vous n'avez médicalement rien à craindre, que demander de mieux à une civilisation ?

De toute façon, une femme doit avoir un amant, comme le prouve cette anecdote racontée par Mme Vigée-Lebrun, un soir de 1792 à Venise (la comtesse Albrizzi, dont elle a fait un portrait très vif, est alors la maîtresse de Vivant Denon (voir *Denon*) :

« Est-ce que vous n'avez pas, dit la comtesse, d'ami qui vous accompagne ? Je répondis que j'étais venue seule avec ma fille et ma gouvernante. Bien, reprit-elle, il faut du moins que vous ayez l'air d'avoir quelqu'un ; je vais vous céder M. Denon, qui vous donnera le bras, et moi je prendrai le bras d'une autre personne : on me croira brouillée avec lui, et ce sera pour tout le temps que vous serez ici ; car vous ne pouvez pas aller sans un ami. »

Ce futur président de parlement est décidément charmant :

« C'est demain qu'il me faudra quitter mes douces gondoles. J'y suis actuellement en robe de chambre et en pantoufles à vous écrire, au beau milieu de la grande rue (Grand Canal), bercé par intérim par une musique céleste. Qui pis est, il faudra me séparer de mes chères Ancilla, Camilla, Faustolia, Zulietta, Angeletta, Caltina, Spina, Agatina, et de cent mille autres choses en *a* plus jolies les unes que les autres [...] Ce n'est qu'ici au monde que l'on peut voir ce que j'ai vu : un homme, ministre et prêtre, dans un spectacle public, en présence de quatre mille personnes, badiner d'une fenêtre à l'autre avec la plus fameuse catin d'une ville, et se faire donner des coups d'éventail sur le nez. Savez-vous bien que je trouvai un jour à cette princesse un poignard dans sa poche ! Elle prétendit que, dans sa profession, on était en droit de le porter pour manutention de la police dans la maison. Je suis moins surpris depuis que je sais que les religieuses en portent, et que j'ai appris qu'une abbesse, aujourd'hui vivante, s'était battue à coups de poignard contre une autre dame, pour l'abbé de Pomponne. L'aventure ne laissa pas de faire quelque éclat, car elle ne s'était pas passée au couvent. »

Voilà un sujet pour Stendhal. « Le bon goût de De Brosses, dit-il, m'étonne toujours. » C'est « le Voltaire des voyageurs en Italie » :

« Excepté de Brosses, les voyageurs ne se sont pas doutés des mœurs, des habitudes, des préjugés, des diverses manières de chercher le bonheur du peuple qu'ils traversaient, ils n'ont vu que les murs. »

Un Dijonnais de trente ans, en 1739, est beaucoup plus éveillé et curieux (et heureux) qu'un pensionnaire de la villa Médicis un ou deux siècles après.

De Brosses : « J'assurerai bien que le nombre des tableaux de Venise excède celui des tableaux de la France entière. Nous ne songeons jamais à déjeuner sans nous être au préalable mis quatre tableaux du Titien et deux plafonds de Véronèse sur la conscience. Pour ceux du Tintoret, il ne faut pas songer à les épuiser : il paraît que cet homme-là eut *una furia da diavolo*. Je me suis borné à examiner mille ou douze cents des principaux. »

Et voici le fameux *Bucentaure* depuis lequel le Doge, autrefois, en jetant son anneau dans l'eau, épousait la mer :

« C'est une des belles et des curieuses choses de l'univers. C'est une grosse galéasse, ou fort grande galère, toute sculptée et dorée à fond en dehors, du meilleur goût et de la manière la plus finie. Le dedans forme une vastissime salle parquetée, garnie de sofas tout autour, et d'un trône au bout, pour le doge. Elle est partagée dans sa longueur par une ligne de statues dorées qui soutiennent le plafond ou pont, sculpté et doré en plein. Les embrasures des fenêtres, l'éperon des balcons de la poupe, les bancs des rameurs et le gouvernail sont du même goût, et toute la machine a pour toit une tente de velours couleur de feu, brodée d'or. »

Il faut lire, dans la lettre XVII, les *Mémoires des principaux tableaux de Venise avec de courtes remarques* pour apprécier l'étendue de la vision et du goût du voyageur. Il voit, à Venise, une multitude de tableaux dont beaucoup ont été dispersés par la suite dans toute l'Europe. Des Titien (dont *La Toilette de Vénus*) « parfaitement beaux ». Des *Vues de Venise* de Canaletto, « parfaitement beau » (« ce peintre excelle dans l'art de peindre des vues d'une manière claire, vive, perspective et fort coloriée ; ses tableaux deviennent très chers et sont fort recherchés »). Et puis Poussin, Mantegna, Raphael, Michel-Ange, Rubens. Tout cela rien qu'au palais Barbarigo.

Et puis, Véronèse, « admirable », « bon », « parfaitement beau », etc. Les palais : Labia, Pisani, Delfi, Cornaro, Grimani, Nani (« grand jardin, chose remarquable ici ».) Et puis encore Titien, Véronèse, Tintoret (de ce dernier : *Venise reine de la mer*). Ça n'arrête pas.

Une pique contre Carpaccio : « Les figures et en général tout l'air de ces tableaux est gothique, raide et sans vie. »

À San Salvatore : un Bellini, *Les Pèlerins d'Emmaüs*, « un de ses meilleurs ouvrages ». Grande admiration pour Giorgione.

De nouveau une pique contre Carpaccio et sa *Vie de sainte Ursule* (fort admirée, plus tard, par Proust) : « L'ouvrage est sec, fini à l'excès, curieux, de mauvais goût et de manière plus ancienne que celle de Jean Bellin [Bellini]. »

Pour de Brosses, la manière « moderne » (celle de son temps, c'est-à-dire du début du XVIIIe siècle) est préférable au « gothique ». Il est étrange que les visiteurs du XIXe (Ruskin) et du XXe (Proust, Morand) restent insensibles à la beauté de la période « baroque » (Palladio, Tiepolo).

De Brosses ne manque pas de remarquer que beaucoup de tableaux (notamment du Titien) sont noircis, placés dans un mauvais jour. Il pense que l'air des lagunes est mauvais pour les peintures, qu'il les mange et les fait dépérir vite. Disons plutôt que le clergé local n'a pas encore pris la mesure de leur participation fantasmatique au culte. Car où dit-on mieux la messe qu'en Italie ?

À San Sebastiano : « On pourrait appeler ce lieu l'école de Paul Véronèse. » C'est l'une des plus belles églises de Venise, près de la gare maritime. Je la visite tous les ans. L'orgue, dont les portes ont été peintes par Véronèse, est une splendeur. Peinture et musique dans le lieu où le verbe se fait chair : perfection réelle. Véronèse est d'ailleurs enterré là, dans la sacristie.

Et enfin, ce morceau de bravoure pour les *Noces de Cana* (tableau volé par la France, peut-être à cause de cette description ?) :

« Dans le fond du réfectoire, les *Noces de Cana*, Paul Véronèse, tableau non seulement de la première classe, mais des premiers de cette classe. On peut le mettre en comparaison avec la *Bataille de Constantin contre le tyran Maxence*, peinte au Vatican par Raphaël et par Jules Romain, soit pour la grandeur de la composition, soit pour le nombre infini des figures, soit pour l'extrême beauté de l'exécution. Il y a bien plus de feu, plus de dessin, plus de science, plus de fidélité de costume dans la bataille de Constantin ; mais dans celui-ci, quelle richesse ! quelle ordonnance et quelle machine étonnante dans toute la composition ! L'un de ces tableaux est une action vive, et l'autre est un spectacle. Il semble dans celui-ci qu'on aille passer tout au travers des portiques, et que la foule des gens qui y sont assemblés vous fasse compagnie. L'architecture, qui fait une des belles parties du tableau, a été faite par Benedetto Caliari, frère de Paul : il excellait dans ce genre. Paul a représenté au naturel les plus fameux peintres vénitiens exécutant un concert. Au devant du tableau, dans le vide que laisse l'intérieur du triclinium, le Titien joue de la basse, Paul joue de la viole, le Tintoret du violon et le Bassan de la flûte, par où il a voulu faire allusion à la profonde science et à l'exécution lente et sage du Titien, aux brillants et aux agréments de Paul, à la rapidité du Tintoret, et à la suavité du Bassan. Remarquez l'attention que donne Paul à un homme qui vient lui parler, et la suspension de son archet. Une grande figure debout, tenant une coupe à la main, vêtue d'une étoffe à l'orientale, blanche et verte, est celle de Benedetto, son frère. »

La liberté est partout, la peinture est partout, la musique est partout. De Brosses note qu'il n'y a pas de soirée sans concerts, « l'affolement de cette nation pour cet art est inconcevable ». Il est devenu aussitôt l'ami intime de Vivaldi qui lui vend des concertos très cher : « C'est un *vecchio*, qui a une furie de composition prodigieuse. Je l'ai ouï se faire fort de composer un concerto, avec toutes ses parties, plus promptement qu'un copiste ne le pouvait copier. J'ai trouvé, à mon grand étonnement, qu'il n'est pas aussi estimé qu'il le mérite dans ce pays-ci, où tout est à la mode, où l'on entend ses ouvrages depuis longtemps, et où la musique de l'année précédente n'est plus de recette. »

On est content d'apprendre qu'à soixante et un ans, Vivaldi, pas « vieux » du tout, reste furieux de composition.

Cette question de la musique est très importante. Elle est en plein épanouissement au XVIIIe siècle, sauf en

France, comme le remarque très justement Mozart lors de son séjour à Paris. Coup d'arrêt « révolutionnaire » et napoléonien, décadence, uniformisation, décomposition « romantique » (voir *Nietzsche* et *Wagner*). Venise et Naples jouent ici un rôle de premier plan. La langue italienne aussi. L'écrasement de l'Italie, pendant tout le XIXe siècle, aura été une tragédie qui commence avec l'étouffement de Venise. Le même programme de falsification se renforce, bien entendu, avec le tourisme publicitaire. C'est le même esprit de vengeance qui se poursuit.

Apprécions une fois encore l'humour de ce jeune Dijonnais de trente ans, en 1739 :

« Toutes les courtisanes ne sont pas si splendides ni si superbement logées que Mme Bagatina, mais la plupart sont plus jolies et celle-ci ne s'est fait sans doute un si grand nom que par les faveurs précieuses de sa main chargée de diamants. »

Une main qui sait des choses. La courtisanerie est un artisanat, comme la fabrication de meubles (Venise obtient là-dessus la palme de la beauté), de miroirs, de glaces. Il faut simplement admirer ici le talent d'observation et de description d'un Encyclopédiste français (avec, en filigrane, une constante allusion érotique) :

« L'ouvrier prend dans le creuset du fourneau une grosse quantité de matière fondue au bout de sa verge creuse : cette matière est alors gluante et en consistance de gomme. L'ouvrier, en soufflant, en fait un globe creux : puis à force de le balancer en l'air et de le présenter à tout moment à la bouche du fourneau, afin d'y entretenir un certain degré de fusion, toujours en le tournant fort vite, pour empêcher que la matière présentée au feu ne coule plus d'un côté que de l'autre, il parvient à en faire un long ovale. Alors un autre ouvrier, avec la pointe d'une paire de ciseaux, fait comme des forces à tondre les moutons, c'est-à-dire qui s'élargissent en relâchant la main, perce l'ovale par son extrémité. Le premier ouvrier, qui tient la verge à laquelle le globe est attaché, le tourne fort vite, tandis que le second lâche peu à peu la main qui tient les ciseaux. De cette manière l'ovale s'ouvre en entier par l'un des bouts, comme un marli de verre. Alors on le détache de la première verge de fer, et on le scelle de nouveau, par le bout ouvert, à une autre verge faite exprès ; puis on l'ouvre par l'autre bout avec la même mécanique ci-dessus décrite. On le représente, en le tournant, à la bouche du fourneau, pour l'amollir un peu de nouveau : et, au sortir de là, tout en un clin d'œil, d'un seul coup de ciseau, l'on coupe la glace en long, et promptement on l'étend tout à plat sur une table de cuivre. Il ne faut plus après que la recuire davantage dans un autre four, puis la polir et l'étamer à l'ordinaire. »

Ce texte est éblouissant, et on devrait y repenser chaque fois qu'on jette un coup d'œil sur soi, n'importe où, dans un miroir de Venise.

Ce n'est pas pour rien que Charles de Brosses était un ami de Buffon.

Voilà, il s'en va, il est resté trois semaines dans la République. Dernière note d'humour à l'intention de son correspondant français :

« À propos, ne vous avisez pas, à mon retour, de me

donner moins que de l'*excellence*. J'en ai contracté la douce habitude ; pour de l'*illustrissime*, je ne m'en soucie plus : il est ici à rien. »

Pendant des années et des années, à Venise, probablement parce que j'avais toujours avec moi un livre et un carnet de notes, je me suis entendu appeler avec une nuance très nette de respect, *professore*. De quoi faire rire mes amis français.

Mais voici plus important : dans une lettre du 10 novembre 1887, envoyée de Nice à son ami Heinrich Köselitz (le musicien Peter Gast, alors à Venise), Nietzsche revient sur la question de la musique qui n'arrête pas de l'occuper. Et que dit-il ? « Je recommande particulièrement les *Mémoires du président de Brosses* (son voyage en Italie de 1739, où ce problème est constamment traité avec passion). »

Byron George Gordon Noel, Lord
1788-1824

Lord Byron est un des grands fantômes de la légende vénitienne. Écoutons-le tout de suite, prince mélancolique, dans *Le Pèlerinage de Childe Harold* (4e chant, traduction de Benjamin Laroche) :

I.

« J'étais à Venise, sur le pont des Soupirs ; j'avais à ma droite un palais, à ma gauche une prison ; je voyais ces édifices s'élever du sein des flots comme au coup de la baguette d'un magicien. Dix siècles étendent autour de moi leurs ailes nébuleuses, et une gloire mourante sourit à ces temps déjà éloignés où plus d'une nation conquise tenait ses regards fixés sur les palais de marbre du lion ailé, où Venise était assise en reine sur le trône de ses cent îles.

II.

« On dirait la Cybèle des mers, fraîchement sortie de l'Océan, se dessinant sur l'horizon aérien avec sa tiare d'orgueilleuses tours, sa démarche majestueuse, comme la souveraine des eaux et de leurs divinités. Et elle l'était vraiment : – les dépouilles des nations formaient la dot de ses filles, et les perles de l'inépuisable Orient tombaient dans son giron en pluie étincelante ; elle était vêtue de pourpre, et les monarques croyaient grandir leur majesté en s'asseyant à ses banquets.

III.

« À Venise, les chants du Tasse n'ont plus d'échos, et le gondolier rame silencieux ; ses palais tombent en ruine sur le rivage, et il est rare que la musique s'y fasse entendre. À Venise, ces temps ne sont plus ; mais la beauté y est toujours ; les empires s'écroulent, les arts s'éteignent, mais la nature ne meurt pas : elle n'a pas oublié que Venise autrefois lui fut chère, qu'elle était le banquet de l'univers, le bal masqué de l'Italie.

IV.

« Mais pour nous, elle a un charme plus puissant encore que sa renommée historique, que son long cortège de puissantes ombres qui, voilées de tristesse, pleurent sur l'empire évanoui de la cité veuve de son doge ; notre trophée à nous ne périra pas avec le Rialto : Shylock le Maure et Pierre résisteront aux outrages du temps ! Ce sont les clefs de la voûte ; et tout aurait disparu, qu'ils repeupleraient pour nous la rive solitaire. »

Le Doge ne peut plus épouser la mer, le Lion ne fait plus peur : c'est bien d'un *châtrage* qu'il s'agit. Le « romantisme » s'ensuit :

« L'Adriatique, aujourd'hui veuve, pleure son époux. Son hyménée annuel ne se renouvelle plus ; et le Bucentaure se moisit, parure oubliée de son veuvage ! Saint-Marc voit encore son Lion occuper le lieu qu'il occupait jadis ; mais il n'est plus qu'une dérision amère de son pouvoir flétri, sur cette place glorieuse qui vit un empereur paraître en suppliant, et les monarques contempler d'un œil d'envie Venise reine des flots, épouse à la dot sans égale. »

La déploration continue, et Byron montre là un sens profond de l'Histoire. Les Français ont détruit la République, ils l'ont abandonnée aux Autrichiens, Venise est aux mains de l'étranger, l'Angleterre devrait regretter ici sa passivité, d'autant plus que les Turcs sont de nouveau une menace en Grèce. On sait que Byron ira mourir à Missolonghi du côté grec. Il avait trente-six ans.

Venise, dit Byron, « formait le boulevard de l'Europe contre les Ottomans » (allusion à la bataille de Lépante). C'est pourquoi sa destinée est une « honte pour les nations ». Avis à Londres :

« C'est ainsi, ô Venise ! qu'à défaut de titres plus sacrés quand même la glorieuse histoire serait oubliée, le culte sacré que tu rends à la mémoire du barde divin, ton amour pour le Tasse, auraient dû briser les liens qui t'enchaînent à tes tyrans ; ta destinée est une honte pour les nations, – et pour toi surtout, Albion ! La reine de l'Océan ne devait pas abandonner les enfants de l'Océan ; que la chute de Venise te fasse penser à la tienne, en dépit du rempart de tes flots. »

Ce qui est intéressant chez Byron, c'est la lutte entre deux possibilités et deux forces. La débauche, la désinvolture et la liberté d'un côté, le poison romantique de l'autre. La poésie, l'argent et l'activité physique : palais Mocenigo sur le Grand Canal, femmes plus ou moins vénales, chevaux au Lido, performances de nage dont il est très fier (d'autant plus qu'il doit cacher une boiterie disgracieuse). Mais aussi : l'ennui dans une société bloquée, décadente, mauvaise courbure du temps, lourdeur de l'époque, bovarysme rampant, exagération du « mystère féminin », nostalgie de l'amour exclusif et unique.

Matzneff, tout en insistant sur le fait que Byron a beaucoup écrit à Venise (*Manfred*, le quatrième chant de *Childe Harold*, *Beppo*, les quatre premiers chants de *Don Juan*), a raison d'écrire dans sa *Diététique de Lord Byron* :

« Sa vie vénitienne a sans doute été moins crapuleuse qu'on ne le prétend, et la meilleure réponse aux accusations de "débauché", c'est Byron lui-même qui la donne, dans une des lettres découvertes en 1976 au fond d'un coffre de la banque Barclays. Le 10 avril 1817, il écrivait à Scrope Davies : "Je fais l'amour, mais seulement avec une femme à la fois, et aussi paisiblement que possible. Les sales Anglais de Rome et de Florence mentent grossièrement et inventent toutes sortes d'absurdités." Ces ragots des voyageurs britanniques, Byron en avait connaissance par ses amis. Un an plus tard, le 22 avril 1818, Shelley lui écrira de Milan : "Vous ne vous faites pas une idée de la stupidité des histoires qui circulent à votre sujet et trouvent crédit auprès du plus grand nombre, mais dont rient les gens sensés, et même nos compatriotes éclairés. C'est le sort commun à tous les êtres d'exception. Quand Dante passait dans la rue, les vieilles le montraient du doigt en disant : *Voilà celui qui est descendu aux enfers avec Virgile ; regardez donc comme sa barbe est brûlée.* Les histoires qu'on raconte sur vous à Venise sont aussi incroyables et monstrueuses ; mais pourquoi y feriez-vous attention ?" »

Cela n'empêche pas Shelley, une fois arrivé à Venise, de passer du côté des médisants. Le puritanisme, dès ce moment-là, fait rage. Un poète doit être pur ou martyr. Sans quoi, il sera « maudit » ; Baudelaire en saura quelque chose.

Byron s'amuse, il écrit, il va jusqu'à étudier l'arménien avec des lazaristes, il est en éveil libéral sur l'histoire de son temps ; il cherche une issue dans l'action, il la trouvera dans la mort.

Mais pour l'instant :

« En me rendant, il y a environ une heure et demie, à un rendez-vous avec une jeune fille vénitienne, je suis tombé dans le Grand Canal, mon pied a glissé au moment de monter dans ma gondole (à cause des maudites marches glissantes de leurs palais), je me suis débattu comme une carpe et je suis arrivé chez ma Nymphe de mer ruisselant comme un triton. »

Elle a dix-huit ans, elle s'appelle Angelina, elle voudrait que Byron divorce de son Anglaise de femme, qu'il s'en débarrasse, en tout cas, fût-ce en l'empoisonnant.

Le 27 novembre 1816 : « Venise est une ville que j'aime ; je m'y attendais depuis longtemps, du reste je me suis épris d'une fort jolie femme [...] Elle est mariée ; il nous a donc fallu prendre nos dispositions [...] Elle possède une certaine assurance inconnue de ma nature timide – comment je l'ai eue, je n'en sais trop rien – et nous nous entendons à merveille. Pas encore 22 ans, elle a les grands beaux yeux noirs d'une Orientale sans compter une variété de charmes supplémentaires, etc., etc. Au nombre de ses talents, elle compte une puissante et superbe voix, comme du reste la plupart des Italiens (sans toutefois chanter en public) ; heureusement que je ne parle pas trop mal la langue, à défaut de quoi du reste nous pourrions heureusement employer notre temps sans parler.

« Quand j'ai quitté votre pays, j'avais l'intention d'abandonner le badinage ; j'en avais été rassasié ainsi que de tout le reste en Angleterre ; mais je ne sais comment cela se fait, soit que ma santé ait gagné, soit que je sois moins déprimé au moral, le besoin d'aimer m'a ressaisi, et après tout rien ne le vaut. »

Ce n'est pas encore la blonde petite comtesse Teresa Guiccioli (rencontrée plus tard chez Mme Albrizzi, laquelle a été le grand amour de Vivant Denon, vingt ans plus tôt, à Venise). Brune tranquillité :

« Mes amours à moi se poursuivent le plus tranquillement du monde, elle m'embête moins qu'aucune femme que j'aie jamais rencontrée, et je lui dois le mois le plus agréable que j'aie passé depuis longtemps. »

Bonheur, donc. Le 30 janvier 1817 : « Je ne vous dis rien de Venise. On n'y fait guère que sérénades et mascarades ; on danse, on chante et on s'aime. »

Le 24 février : « Depuis mardi, le Carnaval est terminé ; j'en suis content, car quoique j'aie réduit mes dissipations, les trois ou quatre dernières nuits blanches ne m'ont pas fait du bien, et ma constitution a des arriérés. Heureusement que le carême, avec les heures matinales et la tempérance, va me remettre sur pied. »

Le 6 avril 1819, changement de décor. Byron écrit à son ami Hobhouse :

« Il faudra que je vous écrive de nouveau dans quelques jours, parce qu'il est plus de quatre heures du matin ; c'est la semaine de la Passion, et c'est assez triste ; moi aussi, je suis triste, car je suis tombé amoureux d'une comtesse Romagnola de Ravenne, qui a 19 ans, qui est mariée à un comte qui en a 50, et à qui elle semble disposée à attribuer un certain qualificatif juste après un an de mariage. »

Voici Teresa :

« Une jolie blonde, sortie du couvent l'an dernier, et qui, pour la deuxième fois, fait le tour des salons de

Venise. Elle est jolie, mais elle manque de tact, répond à haute voix quand elle devrait parler bas, parle d'âge aux vieilles dames qui voudraient passer pour jeunes, et ce soir même a horrifié toute une société à principes en m'appelant à haute voix, *mio Byron*, alors que les autres invités gardaient le plus profond silence ; on se regarda, et il y eut des murmures entre les dames et les cavaliers. »

Les ennuis commencent. Teresa fait une fausse couche, le mari est furieux, tout le monde est en émoi, l'affaire va remonter jusqu'au pape. À lire les lettres de Byron à Teresa, on est édifié :

« Toi qui es le seul et mon dernier amour, qui es ma seule joie, le bonheur de ma vie – toi qui es mon seul espoir – toi qui étais, du moins pour un moment, toute à moi – tu es partie – et je demeure ici seul et désespéré », etc.

« Quand je vais dans les salons, je m'abandonne à l'*Ennui*, trop heureux d'éprouver de l'ennui plutôt que de la peine. Je vois les mêmes visages – j'entends les mêmes voix – mais je n'ose plus regarder le sofa où je ne *te* verrai jamais plus – où s'assied à ta place quelque vieille commère qui semble la Calomnie personnifiée », etc.

« Je ne comptais plus inspirer l'Amour et je ne souhaitais pas l'éprouver. Tu as mis en déroute mes résolutions – désormais je suis tout à toi – je deviendrai ce que tu voudras – peut-être heureux dans notre amour, mais jamais en paix de nouveau », etc.

Byron a trente et un ans, il est *mordu*, donc dépressif. La situation traîne, Teresa finira par se réconcilier avec son mari qui mourra bientôt, elle se remariera plus tard avec un Français après la disparition de Byron (dont elle n'hésitera pas à faire tinter le nom légendaire). Byron, lui, *s'engage* dans la résistance grecque contre les Turcs, il veut partir mais elle le retient encore : « L'absurde sexe féminin me jette toute espèce d'obstacles dans les jambes. »

Le sexe féminin est « absurde, comme du reste tous ceux qui s'y soumettent ». Découverte tardive, cher Lord. D'où, avant de tomber à Missolonghi, cette ultime remarque désabusée :

« On n'a jamais vu d'homme qui ait davantage sacrifié aux femmes, et tout ce que j'y ai gagné c'est la réputation de les traiter durement. »

Étrange petite Teresa. Son nouveau mari, le marquis de Boissy, épousé à Paris dans la chapelle du Luxembourg, la présentait toujours de cette manière : « La marquise de Boissy, ma femme, ci-devant maîtresse de Lord Byron. »

Elle le laissait donc l'appeler ainsi.

Manque de tact et de goût, sûrement, mais intéressé, et pas du tout absurde.

C

Ca' d'Oro

Nous n'allons pas visiter tous les palais de Venise, mais la Ca' d'Oro, oui. À cause de son passé fantastique, fruit du gothique fleuri oriental (dont le plus bel exemple est le palais des Doges). À partir de 1412, Marino Contarini surveille les travaux de sa propriété. Matteo Raverti dirige les artisans lombards, Giovanni et Bartolomeo Bon les architectes vénitiens. Façade asymétrique, dorures, marbres et décors polychromes, on ne doit pas oublier que Venise, au XVe siècle, éclate de faste et de couleurs.

Bien entendu, tout se gâte au XIXe. En 1847, coup de poignard : le prince russe Alexandre Troubetskoï achète la Ca' d'Oro pour la célèbre ballerine Maria Taglioni qui collectionne les palais sur le Grand Canal. Il confie une restauration à un certain Meduna, lequel va incarner tout le mauvais goût de l'époque. Escalier intérieur démantelé, margelle du puits vendue, marbres et pavements effacés. Vengeance russe, aplatissement bourgeois. À la fin du siècle, le baron Giorgio Franchetti restaure le palais et en fait don à l'État en 1916. Verdict de l'Histoire : le prince russe et sa danseuse sont renvoyés à l'oubli.

En 1927, ouverture d'un musée sur place. On peut y voir *L'Annonciation* et *La Mort de la Vierge* de Carpaccio, la *Vénus* de Titien, des pièces de mobilier gothique et Renaissance, des tapisseries flamandes du XVIe siècle, une collection de médailles datant parfois du XVe. Les marbres de la façade sont là, mais souffrent de la vibration des moteurs de bateaux.

Je monte tous les ans au premier étage. Là, je suis immédiatement confronté au *Saint Sébastien* de Mantegna (1431-1506). C'est un énorme chef-d'œuvre. Le corps torsadé du saint, les mains liées derrière le dos, s'enlève, criblé de flèches venant de tous les côtés.

Il y en a au moins dix-sept, on les entend vibrer et entrer dans les chairs, elles *construisent* le tableau comme une cage ouverte. Mantegna sait ce qu'il fait, l'œuvre est puissamment autobiographique et fantasmatique. Impossible de ne pas être atteint par son intensité masochistement érotique (voir Mishima). Ce tableau est tellement déplacé dans l'atmosphère peu sanglante de Venise qu'il rafle la mise pendant un instant d'abîme. Un instant qui dure, puisque le martyre à l'arc est sans arrêt relancé. Supplice dans une maison d'or : un comble.

Mantegna, toujours en plein dans la cible, a peint une des plus belles Résurrections qui soient.

Campanile

À la jonction de la Piazza et de la Piazzetta, le voici, triomphal et protecteur : quatre-vingt-seize mètres de hauteur, vue imprenable sur la ville et la lagune, le Campanile.

Érigé au IXe siècle pour servir de tour de garde, il est surélevé et modifié aux XIIe, XIVe et XVIe. Flèche pyramidale surmontée d'un ange doré (œuvre de Sansovino) qui tourne avec le vent. La tour, la vue, l'ange, le vent.

Là sont les cinq cloches de Saint-Marc qui scandent les heures du jour. Du temps de la République, chaque cloche avait sa fonction : début et fin du travail, condamnations capitales, heure de none (quatrième partie du jour, commençant avec la neuvième heure, c'est-à-dire vers 3 heures de l'après-midi, partie de l'office monastique ou du bréviaire qui se récite à 15 heures), convocation des sénateurs au palais ducal, séances des magistrats jusqu'au XIVe siècle. Venise est une ville de cloches à la volée, le plus souvent tourbillonnantes et joyeuses. On se souvient que Bloom, dans l'*Ulysse* de Joyce, ne peut pas faire autrement, et c'est dit avec humour, que d'entendre le son des cloches comme un « Hélas, hélas, hélas ! ».

Le 14 juillet 1902, vers 10 heures, le Campanile s'écroule, sans faire de dégâts ni de victimes (miracle). On décide aussitôt de le reconstruire à l'identique, ce que les Américains n'ont pas osé faire pour ce chef-d'œuvre de l'architecture qu'étaient les Twin Towers (à tort, selon moi). Quand on croit à sa civilisation, on l'affirme contre les barbares.

Un témoin d'époque : le grand écrivain russe Vassili Rozanov, dans ses *Impressions d'Italie* :

« Notre douleur ne tient pas tant à la disparition du campanile qu'au fait que la place a soudain perdu son aspect millénaire. Il est absolument nécessaire de la restaurer. Pour la civilisation européenne, la perte de la place Saint-Marc équivaut à la perte des propylées ou à celle de la statue d'Athéna Promakhos pour Athènes. »

Le Campanile est de nouveau là en 1912.

Et puis ceci, prophétique :

« Il ne faut pas oublier que la ville est morte avec Napoléon, c'est-à-dire tout récemment, après avoir connu la plénitude d'une existence historique à la fois superbe et terrible, avec ses fastes, ses masques de carnaval et son inquisition. Il est frappant d'observer avec quelle facilité Napoléon en est venu à bout : la crainte qu'elle avait inspirée depuis des siècles, sa beauté ont disparu, noyées dans le Canal Grande comme des petits soldats de plomb. La facilité avec laquelle l'événement s'est produit, presque sans faire de bruit, tient au fait qu'avec la Révolution et Napoléon c'est un cycle de l'histoire universelle, le nôtre, celui que nous vivons actuellement, qui commençait, un cycle social, sociopolitique, national, d'une envergure sans précédent. Inutile de chercher des formules, tout le monde comprend. De la même façon que la nouvelle Russie, la Russie de Pierre, au milieu de soucis et d'entreprises de toutes sortes, a balayé du petit doigt les Cosaques zaporogues, Napoléon a balayé Venise, et, après l'expédition d'Égypte, la conquête de l'Italie, la quasi-destruction de la Prusse, l'humiliation de l'Autriche et la campagne de Russie, personne ne s'est soucié de savoir où était passée Venise. Le Ponte dei Sospiri est devenu un amusement que regarde le touriste blasé. Adviendra-t-il la même chose de nous ? »

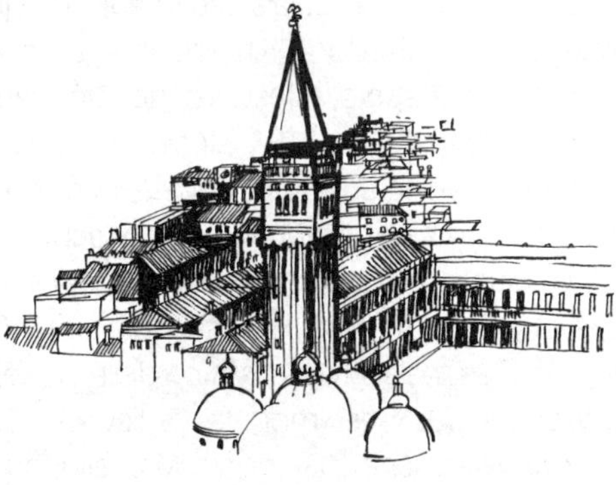

Ces lignes sont écrites au début du XXe siècle. Le cliché de Venise disparue et noyée semble définitif. Est-il exagéré de dire qu'il paraît ridicule dans la vivante Venise d'aujourd'hui, dans la cité d'un dernier dieu énigmatique qui ne saurait être que postcatholique ?

Canal Grande Canalazzo, Grand Canal

Flottons lentement en motoscafo dans ce large S inversé qui court sur quatre kilomètres au centre de la ville. C'est la grande avenue liquide et encombrée de Venise, bordée de palais et d'églises. À gauche, à droite, à droite, à gauche. À quoi bon énumérer tous les noms ? Trop de façades, de fenêtres, de balcons. Trop ? Encore. De l'intérieur vers le large, là-bas.

Presque au hasard : le palais Labia, aujourd'hui siège de la télévision, mais dont l'intérieur est décoré par des fresques de Tiepolo, l'histoire de Cléopâtre, une Cléopâtre vénitienne du XVIIIe siècle. Le palais Gritti après le palais Correr-Contarini appelé, à cause de ses armoiries, le « palais des cœurs ». Le Fondaco dei Turchi, aujourd'hui Musée d'histoire naturelle (mal restauré au XIXe siècle). Le palais Giovanelli, où se trouvait *La Tempête* de Giorgione. Le palais Vendramin, dernier séjour de Richard Wagner qui y est mort le 13 février 1883 (une pensée pour Nietzsche). Le palais Marcello où est né Benedetto Marcello, ce grand musicien du XVIIe siècle qui a donné son nom au Conservatoire, plus loin. L'église San Stae, fondée selon la légende au Xe siècle et dédiée à saint Eustache (contraction dialectale : Stae). Le palais Fontana-Rezzonico où est né Carlo Rezzonico, cinquième pape originaire de Venise sous le nom de Clément XIII. Juste après, même rive, l'incroyable Ca' d'Oro.

Et voici, de l'autre côté, la Pescheria, gothique marché

aux poissons. La Ca' Corner della Regina, où est née en 1454 Caterina Cornaro devenue reine de Chypre par son mariage avec Jacques II de Lusignan. De l'autre côté Ca' da Mosto, XIIIe siècle. Le Fondaco dei Tedeschi (Allemands, Hongrois, Autrichiens), désormais poste centrale. Et le pont du Rialto (vingt-huit mètres de long, construction d'Antonio da Ponte, XVIe siècle, aujourd'hui bondé d'étalages de souvenirs).

Le palais Grimani (XVIe siècle), aujourd'hui siège de la cour d'appel. Le palais Benzon, où se trouvait le salon littéraire de la comtesse Marina Querini Benzon, fréquenté (avec quel ennui) par Lord Byron. Le théâtre Sant'Angelo, présence de Vivaldi qui y a créé de nombreux opéras. Le palais Mocenigo, où se trouvait Lord Byron en 1818 et 1819 (écriture de *Don Juan*, tournant de sa vie avec Teresa Guiccioli). La Ca' Mocenigo Vecchia, sinistre lieu de la dénonciation de Giordano Bruno par Giovanni Mocenigo (grande famille, sept doges). On dit que son fantôme, certaines nuits, vient hanter la Ca' Mocenigo Vecchia. Lord Byron et Giordano Bruno, voisins sur le Grand Canal, à plus de deux siècles de distance, ça ne s'invente pas.

Giordano Bruno, dans des livres sublimes, ouvrait la pensée à l'infinité des mondes. On sait qu'il aurait pu s'arranger avec l'Inquisition, se rétracter, se soumettre, abjurer (comme Galilée le fera trente ans plus tard). Il ne l'a pas voulu et a choisi le martyre. Pourquoi ?

Et voici maintenant le palais Grassi (Giorgio Massari, XVIIIe siècle), propriété aujourd'hui de la Fondation Fiat. J'ai vu là une exposition Picasso somptueuse, les tableaux traversant les murs et le temps, possédant souverainement la ville, vérification du génie renversant et enveloppant de Picasso. Et le pont de bois de l'Académie, et l'Académie (voir *Accademia*). Et le palais Contarini-Polignac, façade Renaissance. Et le palais Dario (façade incrustée de marbres polychromes, présence d'Henri de Régnier). Et Salviati. Et l'hôtel Gritti (présence de Ruskin

en 1851, et, plus tard, de Hemingway). Et la basilique della Salute, remerciement à la Vierge interrompant la peste de 1630 (un tiers de la population est morte). La Salute : contre toutes les pestes, la grande santé baroque.

Cette fois ça y est, on débouche : pointe de la Douane, pala d'Oro (boule d'or surmontée de la statue de la Fortune, girouette divine pour les aventuriers et les navigateurs). San Giorgio au loin, à droite ; basilique Saint-Marc et palais des Doges à gauche : cœur de Venise ouvert, bouillonnement de l'Adriatique et du port.

Le Grand Canal, comme un fleuve de prestige et de circulation, a aussi ses affluents, canaux coudés, latéraux, perpendiculaires. Tout un réseau d'articulation. Mon *rio* préféré, qui mène à la Giudecca, donc au trafic maritime : le rio San Vio (avec place tranquille).

Je repense à Giordano Bruno, l'infinitiste brûlé vif par le pouvoir théocratique. Voici ce qu'il dit, dans *L'Infini, l'Univers et les Mondes* :

« Le temps enlève tout et donne tout ; chaque chose se change, aucune ne s'anéantit ; l'Un seul ne peut changer, l'Un seul est éternel et peut perdurer éternellement

un, semblable et identique. Tout ce qui est, est ici ou là, ou près ou loin, ou maintenant ou après, ou tôt ou tard. »

Le Un de Giordano Bruno plane sur la Sérénissime. Il absorbe et dépasse tout ce qui a pu se passer (et se passe encore, médiocrement) dans les palais de la ville. Dîners, conversations plus ou moins languissantes, miroirs et carafes, rosaces incrustées du dehors, salons, stucs, fauteuils, lits, parquets, nappes, lustres, couverts, verres, boiseries, gravures, académiciens, comtesses, décor et décoration, luxe figé, temps fixé. Vite, un bateau, et au large. Et retour dans l'ombre, sans bruit.

Le UN métaphysique n'est pas bien vu parce qu'il dévoile le NU.

Canaletto
1697-1768

Il s'appelle Antonio Canal, nom prédestiné pour Venise, mais c'est Canaletto. Il commence à peindre des « vues » après un séjour à Rome. Elles sont vite célèbres, surtout en Angleterre (peu sont conservées à Venise). Que dire de lui ? Perspectives parfaites, technique éprouvée, clarté, couleurs nettes, photographies fouillées, belle propagande pour l'espace. On voit un Canaletto, on l'apprécie, on l'oublie. Il faut le chercher et le trouver dans les détails, tel ce charmant couple isolé sur un quai, en promenade amoureuse n'allant nulle part. La Sérénissime lui doit beaucoup en termes d'image. Son réalisme est enchanté par la beauté marine de sa ville. Il en a fixé l'apogée.

Carnaval

Comment, vous voulez passer froidement de Canaletto à Carpaccio (Proust vous en voudrait de cette désinvolture) en oubliant *Carnaval* ? Eh oui. Vous ne vous êtes jamais mêlé au carnaval de Venise ? Eh non. Vous n'en avez pas envie ? À aucun prix. Vous y seriez allé au XVIIIe siècle avec Casanova ? Sûrement. Et pourquoi pas aujourd'hui ? Le spectacle publicitaire m'ennuie.

Rien de plus faux, parodique et grimaçant que le carnaval moderne de Venise. C'est un truc d'écran pour couturiers et sponsors divers. Du bruit, de la laideur, de l'outrance, des masques empilés sur des masques, des contorsions pour la caméra, aucun érotisme, bien entendu. Excusez-moi, je suis absent, je reste à l'écart.

C'est méchant, ça, de ne pas vouloir être ensemble. On ne vous fera aucun cadeau dans les magazines. Vous ne passerez pas à la télévision. Votre livre ne se vendra pas.

Tant pis.

J'aime Venise, pas sa caricature.

J'ai un rendez-vous ce soir, loin du centre. Il y aura du vin, de l'esprit, du silence, de la tendresse et de la musique. Mais je pourrais aussi bien rester seul avec la nuit de la ville. Savoir être seul est la vraie aventure d'aujourd'hui.

Carpaccio Vittore
v. 1460-1525

J'admire Vittore Carpaccio, né à Venise, mais il me laisse plutôt froid avec ses grandes machines, ses séries, ses cycles. C'est un narrateur très inventif, un grand peintre d'histoire. L'*Arrivée des ambassadeurs* réussit ce prodige minutieux de décrire un mouvement où tout paraît figé pour l'éternité. *Le Triomphe de saint Georges* est plus violent, cavalier blond, lance, dragon. *La Mort de saint Jérôme* vaut par ses moines disposés comme des moineaux musicaux, bleus et blancs. Mais sa plus belle œuvre est sans doute le portrait de saint Augustin dans sa chapelle-studio, saisi en pleine inspiration d'écriture. Tout cela à la Scuola San Giorgio degli Schiavoni. Entre 1490 et 1500, Carpaccio peint l'histoire d'Ursule, princesse bretonne vouée à épouser un prince anglais à condition qu'il se convertisse au christianisme et qu'il l'accompagne en pèlerinage à Rome avec dix mille vierges (ils seront massacrés par les Huns à Cologne pendant le voyage de retour).

Bien. Tout cela sent sa légende dorée, son ritualisme, son cadre médiéval et gothique. Certes, personne ne peut rester insensible à cette Ursule couchée dans un lit à baldaquin à côté d'un autre lit vide. Les draps sont d'ailleurs livides. Elle a les yeux fermés, elle rêve, on dirait un tableau surréaliste (d'où son succès). Il est décidément grand temps que Giorgione et Titien apparaissent : enfin la couleur, enfin la musique, enfin Vénus.

J'ai connu, hélas, beaucoup de jeunes femmes qui préféraient être Ursule que Vénus. Embarras frigide et poético-cadavérique courant, qu'il faut bien appeler par son nom : la pruderie hystérique. L'ennuyeux, c'est qu'elles n'étaient pas des saintes, ce qui aurait pu être intéressant.

Casanova Giacomo Girolamo
1725-1798

Un nom, un mythe, très connu et très peu connu.

L'homme dont le nom est synonyme de Venise, l'homme le plus couvert de clichés ressentimentaux.

Il faut tout simplement le lire (*Histoire de ma vie*), c'est un des plus grands écrivains français (puisque ses mémoires sont écrits en français), ce qu'on s'obstine à ne pas savoir.

C'est à Paris, un soir à l'Opéra, que Giacomo Casanova a formulé la plus juste et définitive définition de Venise. Mme de Pompadour l'a remarqué et lui demande s'il vient de là-bas. À quoi l'insolent répond : « Venise n'est pas là-bas, Madame, mais là-haut. » Le mot plaît, il est adopté.

Venise, de « là-haut », envoie son délégué partout en Europe. Les coulisses du XVIIIe siècle s'éclairent. Casanova passe partout, voit tout, expérimente tout, en payant de son propre corps. Il introduit la philosophie dans les boudoirs. Sans lui, nous ne saurions pas grand-chose de la vraie comédie humaine.

Cette entrée *Casanova* devrait comporter au moins cinquante pages. Je me limite à quelques traits essentiels.

Tout de suite, l'installation d'un casino (*casin*), près de la place Saint-Marc. C'est une sorte de studio dans le goût des patriciens discrets ou des débauchés de l'époque où, dès l'entrée, on sent des odeurs de citron, d'orange, de rose, de violette, et où les murs sont tapissés de peintures lascives. C'est là que Casanova vit son grand roman avec deux religieuses M.M. et C.C. Un tiers voyeur et participant : le futur cardinal de Bernis, alors ambassadeur de France à Venise.

Je me cite :

« Les religieuses vénitiennes, à l'époque, sont un vivier célèbre de galanterie. Un grand nombre de filles, pas religieuses du tout, sont là "en attente". Surveillées, elles peuvent sortir la nuit en douce, si elles ont de l'argent et des relations. Le masque est nécessaire. Il faut rentrer très tôt le matin, avec des complicités. Les gondoliers savent cela, les Inquisiteurs d'État aussi. Il s'agit de moduler les écarts, pas de scandales, pas de vagues. L'espionnage fait partie du jeu. Quand le nonce du pape arrive à Venise, par exemple, trois couvents sont en compétition pour lui fournir une maîtresse. Il y a du renseignement dans l'air, cela crée de l'émulation. On prend une religieuse comme on prend une courtisane de haut vol, une geisha de luxe. Les diplomates sont intéressés, et c'est le cas de l'amant de M.M. ; puisqu'il s'agit de l'ambassadeur de France, l'abbé de Bernis. »

Casanova, avec ses deux jeunes religieuses et Bernis, entre dans une zone dangereuse. Son arrestation et sa détention sous les Plombs viennent de là. Mais le vrai souci est diplomatique.

Je me cite :

« Casanova vient de franchir une ligne invisible. Une religieuse patricienne (M.M., de la puissante famille Morosini), un ambassadeur français et, de plus, ecclésiastique, voilà des liaisons dangereuses qui relèvent de la sécurité d'État. Qui est cet amateur, cet ancien joueur de violon, fils de comédiens, qui se mêle de nos affaires ? Que sait-il exactement ? Qu'a-t-il appris ? [...] Que peut-on dire de ce gêneur, pour finir ? *Athée*, voilà. Très bon motif d'inculpation. La Sérénissime République sait se défendre. »

L'espion des Inquisiteurs qui fait tomber Casanova s'appelle Manuzzi. L'arrestation a lieu le 25 juillet 1755. Giacomo vient d'avoir trente ans. Il est déjà condamné, sans jugement, à cinq ans de prison. Silence. Sa détention va durer quinze mois, de fin juillet 1755 au 1er novembre 1756, date de son évasion.

Évasion célèbre, morceau qu'il faut lire en entier ou pas du tout. C'est une épopée de tous les instants, une acrobatie de haut vol. Casanova se promènera partout avec ce récit avant de l'écrire. Sa réputation vient de là. On l'écoute avec curiosité et passion, tellement le gouvernement de Venise suscite la jalousie et la crainte (« là-haut »). C'est son coup de génie, action et parole.

« J'avais laissé croître l'ongle de mon petit doigt de la main droite pour me nettoyer l'oreille, je l'ai coupé en pointe, et j'en ai fait une plume, et au lieu d'encre je me suis servi du suc de mûres noires. »

C'est ainsi qu'en prison il lit, il écrit, et il fait parvenir des messages à son voisin de cellule au-dessus de lui, un certain père Balbi. Ils passeront par les toits après cent péripéties.

Le voici sorti de sa saison en enfer. Il est en gondole :

« J'ai d'abord regardé derrière moi tout le beau canal, et ne voyant pas un seul bateau, admirant la plus belle journée qu'on pût souhaiter, les premiers rayons d'un superbe soleil qui sortait de l'horizon, les deux jeunes barcarols qui ramaient à vogue forcée, et réfléchissant en même temps à la cruelle nuit que j'avais passée, à l'endroit où j'étais dans la journée précédente, et à toutes les combinaisons qui me furent favorables, le sentiment s'est emparé de mon âme, qui s'éleva à DIEU miséricordieux, secouant les ressorts de ma reconnaissance, m'attendrissant avec une force extraordinaire, et tellement que mes larmes s'ouvrirent soudain le chemin le plus ample pour soulager mon cœur, que la joie excessive étouffait ; je sanglotais, je pleurais comme un enfant qu'on mène de force à l'école. »

Ce passage est extraordinaire. Il prouve que Dieu (à supposer qu'il fonctionne) choisira toujours de protéger un de ses athées préférés plutôt que des dévots imbéciles (« ce moine était bête et sa méchanceté venait de sa bêtise »). Dieu n'aime pas la bêtise, excellente nouvelle. La devise de Casanova, il nous la livre, et elle peut surprendre : *Sequere deum*. C'est-à-dire : suivre le hasard, l'occasion, l'instant, la rencontre inopinée, la chance, la fortune.

Dans le récit de son évasion des Plombs, où il mélange allégrement divination et lecture de l'Arioste, il note que la *prière* l'a beaucoup aidé dans son aventure risquée. Un libertin qui remercie Dieu ? Qui prie pour se donner de la force ? Voilà le secret du vrai Venise, il faut s'y faire, c'est comme ça.

On connaît une de ses dernières paroles : « J'ai vécu en philosophe, je meurs en chrétien. » C'est mieux que le contraire, en somme.

Après mille et trois péripéties d'existence qui font tout l'intérêt romanesque d'*Histoire de ma vie* (la plus étonnante étant sa rencontre avec Da Ponte et Mozart en 1787 à Prague pour la première de *Don Giovanni* sous la direction du compositeur), Casanova meurt à Dux, en Bohême. Ses ossements sont là, quelque part dans une petite église perdue dans les bois. J'ai demandé depuis longtemps qu'on retrouve ses restes et qu'il soit triomphalement inhumé à Venise devant le palais des Doges dont il a trouvé la *sortie*. Pour l'instant, pas de réponse, alors qu'on continue à lui dresser des statues en carton-pâte lors du pseudo-carnaval. Un fémur de Casanova, non loin du pont des Soupirs, serait pourtant un bel exorcisme. Je vois d'ici la cérémonie, bénédiction du patriarche devant les représentants des pouvoirs civils et militaires. Je suis candidat pour le discours officiel. Un discours *européen*, cela va sans dire.

Casanova écrit dans *Précis de ma vie* :

« Las de courir l'Europe, je me suis déterminé à solliciter ma grâce auprès des Inquisiteurs d'État vénitiens. Par cette raison, je suis allé m'établir à Trieste où, deux ans après, je l'ai obtenue. Ce fut le 14 septembre 1774. Mon entrée à Venise, au bout de dix-neuf ans, me fit jouir du plus beau moment de ma vie. »

Il rentre, il fait des efforts consternants pour s'adapter, devient même à son tour espion et rapporteur (Casanova dénonçant la corruption des mœurs, un comble !), mais ça va mal finir, on ne lui pardonne rien, il est marginalisé et méprisé. Il se venge par un pamphlet, et c'est de nouveau l'exil, cette fois définitif. Il est temps de le faire revenir en fanfare et de le célébrer. Après tout, Venise lui doit beaucoup. Mais soyons sérieux : il suffirait de le lire. Le problème, c'est que presque plus personne ne sait.

Giacomo Casanova est mort un an après la chute de Venise et sa vente par Bonaparte à l'occupant autrichien. La Sérénissime commence sa saison en enfer. Les milliers de pages d'*Histoire de ma vie*, écrites en français, la sauvent. Est-ce que tout cela n'est pas formidablement *moral* ?

Chambre

Le tout est de savoir ce qu'on vient, et veut, faire à Venise.

Chacun ses goûts.

Pour moi, depuis longtemps, c'est simple : écrire, respirer, dormir, écrire. *Ici.*

C'est là où la chambre devient essentielle. L'idéal : trois ou quatre fenêtres (dont au moins une sur le côté est) au bord de la Giudecca, Dorsoduro, en face du Redentore. Dans le tournant. Lever du soleil à gauche, coucher à droite. On suit le parcours du disque, son feu.

Arrivée en avion l'après-midi et motoscafo rapide jusqu'à cet abri. Canaux, ouverture, passage devant la Fortune, arrivée, saut sur le quai, escalier, volets entrebâillés, lumière tempérée, table embrassée.

Fenêtres : il faut se mettre à l'heure du soleil et de la lune contraire, de Vénus, surtout, du trafic maritime, des variations des rives et de l'eau.

Sommeil rapide, sortie vers 18 heures, achat, toujours au même endroit (derrière l'Accademia), de papier et d'encre. Tour sur le quai, messe à 19 heures aux Gesuati (« mistero della fede »), allumage de deux cierges de bienvenue à soi-même, bénédiction du soir, dîner léger, puis grand tour jusqu'à la Salute, la pointe de la Douane et retour. Dernier verre dehors sur le ponton. Et au lit.

6 heures, réveil, petit déjeuner à 7 heures. Tout de suite, à la plume, sur le papier velouté. Descente à 7 h 30, messe aux Gesuati (« mistero della fede »), un bout de messe seulement, à peine sept ou huit personnes, les

deux anges d'or devant l'autel. Retour sur le ponton désert à cette heure, achat des journaux, vérification que l'argent et la mort tiennent solidement le pouvoir, journaux vite abandonnés, suppléments culturels périmés, remontée dans la chambre.

Il est 8 h 30. Bain ou douche, et travail, ou plus exactement *jeu*, jusqu'à 13 heures.

La ville, à partir de 10 heures, monte en puissance. Bateaux, barges, canots, paquebots, je sens tout à travers les lettres que je trace. Venise m'aide, il fait beau, tout miroite en miroir. J'écoute la lumière du dehors, la prends, la détourne et la mets dans l'encre. De temps en temps, coup d'œil par la fenêtre sur les long-courriers (voir *Bateaux*).

Cloches vers midi, grappes et tourbillons de cloches, comme nulle part ailleurs. La Sérénissime fait savoir à l'air et au monde qu'elle contrôle le son et l'eau.

Descente un peu après 13 heures, traversée de la place San Agnese, kiosque de l'Académie pour acheter les journaux français périmés vingt minutes après, passage du pont vers San Trovaso, traversée de l'église, sorte de grange confortable à rideaux tranquilles (Tintoret). L'organiste joue quelque chose de Frescobaldi ou de Bach. La messe est finie depuis longtemps, il y a eu des baptêmes et des mariages (jamais d'enterrements). Voici l'arrière du consulat français et ses arbres et la merveilleuse terrasse fleurie du palais Giustiniani-Recanati, avec sa vierge d'angle protégée par un dais.

Encore un pont, ruelle très étroite, les Zattere de nouveau, petit restaurant près de la gare maritime, risotto (excellent), eau, café. Retour par le quai ensoleillé, encore un café sur le ponton avec un livre (*Le Gai Savoir* de Nietzsche, par exemple). Puis remontée et sommeil.

La chambre enregistre tout.

Reprise à 16 heures. Vers 17 heures, le maximum de rendement est atteint. La main court sur le papier, les mots glissent, je suis dans la partition, les thèmes et les scènes se pénètrent, s'exposent. C'est du stylo, mais aussi du pinceau, du clavier. De nouveau les cloches. À 19 h 30, whisky (toujours dans la chambre). Si je sors un peu plus tôt, morceau de messe aux Gesuati (j'arrive à l'élévation, « mistero della fede »). Puis dîner léger, friture de poisson, chianti, observation de la foule au soleil couchant rouge, ouvriers, mères et enfants, renouvellement des vivants). L'eau devient mercurielle. Café, cigare. De nouveau, le tour par la Salute et la Douane, arrêt sur la place San Agnese, les volets des maisons se ferment, deux chiens, trois garçons énervés attardés avec leur ballon, deux ou trois appels, silence. Le clocher sonne ses dix coups. Les acacias deviennent noirs. Remontée dans la chambre, encore une heure ou deux dans l'encre, cela va faire neuf heures d'improvisation, fatigue. La journée se boucle sur elle-même, apparition et disparition du soleil, image de l'hostie au-dessus du ciboire, consécration et élévation, mystère de la foi et du verbe, plongée de l'autre côté du temps. Allongé, avant de dormir, rayon lumineux au plafond, quelques conversations étouffées sur le quai, bruit de la barque rouge et bleu amarrée dans le rio et, tirant sur sa corde, clapotis incessant de l'eau. Plongée dans les rêves, insomnie vers 3 heures du matin, plongée à nouveau. Et puis 6 heures, dépôt du sommeil, soleil.

Ou alors pluie, rafales de pluie, Giudecca remuée de

vagues, ou encore brouillard, sirènes des bateaux. Sorties furtives, remontées, tempête, tout cela très bon pour avancer dans les mots. De temps en temps, le soir, détour jamais long par les rares concerts dans les églises proches. Vivaldi sous un plafond Tiepolo.

J'allais oublier : les sandales souples ou plutôt les chaussons, velours du dessus noir ou vert sombre aussi bien dedans que dehors par temps sec. Et puis, le soir, la petite réserve des chats. Il y en a une vingtaine dans une impasse. Le jour, ils se chauffent près des portes de bois, la nuit on les retrouve sur le bord des murs. Ils ont leur silence spécifique, leur longueur d'onde égyptienne. « Les Chinois, dit Baudelaire, lisent l'heure dans l'œil des chats. » On peut aussi déchiffrer en eux l'indifférence des siècles.

J'écris ici, avec cet emploi du temps, la plus grande partie de mes livres. Chaque fois, ma chambre est un palais discret.

Chateaubriand François René de
1768-1848

Chateaubriand est à Venise en 1806, à l'hôtel du Lion d'Or, avec sa femme, Céleste. Il ne voit rien.

Il est là de nouveau, seul, en 1833. *Mémoires d'outre-tombe* (livre quarantième, chapitre 4) :

« On peut, à Venise, se croire sur le tillac d'une superbe galère à l'ancre, sur le Bucentaure, où l'on vous donne une fête, et du bord duquel vous apercevez à l'entour des choses admirables. Mon auberge, l'hôtel de l'Europe, est placée à l'entrée du grand canal en face de la Douane de mer, de la Giudecca, et de Saint-Georges Majeur. Lorsqu'on remonte le grand canal entre les deux files de ses palais, si marqués de leurs siècles, si variés d'architecture, lorsqu'on se transporte sur la grande et la petite place, que l'on contemple la basilique et ses dômes, le palais des doges, les procurazie nuove, la Zecca, la tour de l'Horloge, le beffroi de Saint-Marc, la colonne du Lion, tout cela mêlé aux voiles et aux mâts des vaisseaux, au mouvement de la foule et des gondoles, à l'azur du ciel et de la mer, les caprices d'un rêve ou les jeux d'une imagination orientale n'ont rien de plus fantastique. »

Chateaubriand, contrairement à Byron quinze ans plus tôt et à lui-même vingt-sept ans auparavant, se met à voir.

Bien entendu, le thème est celui d'une Venise d'outre-tombe. La Sérénissime, « épouse de l'Adriatique et dominatrice des mers », est tombée (encore Bonaparte), elle exalte la mélancolie de Chateaubriand : « Les débris d'une ancienne société qui produisit de telles choses, en vous donnant du dégoût pour une société nouvelle, ne vous laissent aucun désir d'avenir. Vous aimez à vous sentir mourir avec tout ce qui meurt autour de vous ; vous n'avez d'autre soin que de parer les restes de votre vie à mesure qu'elle se dépouille. »

Grand coucher de soleil, donc :

« Que ne puis-je m'enfermer dans cette ville en harmonie avec ma destinée, dans cette ville des poètes, où Dante, Pétrarque, Byron, passèrent ! Que ne puis-je achever d'écrire mes Mémoires à la lueur du soleil qui tombe sur ces pages ! [...] Venise est là, assise sur le rivage de la mer, comme une belle femme qui va s'éteindre avec le jour : le vent du soir soulève ses cheveux embaumés ; elle meurt saluée par toutes les grâces et tous les sourires de la nature. »

(« Embaumés » : entendre ici la mort de Mme de Beaumont à Rome.)

Malgré ces envolées romantiques, Chateaubriand, toujours plus précis qu'on ne croit, note, bouge, décrit. La minutie avec laquelle il observe l'architecture est remarquable. « Ces rosaces, qui se touchent par un point de leur circonférence, dans la façade du bâtiment, deviennent des espèces de roues alignées sur lesquelles s'exalte le reste de l'édifice » (palais des Doges). Il mérite bien, en rythme, son nom d'enchanteur :

« La soirée est devenue charmante ; la nuit je me suis promené sur le quai. La mer s'étendait unie ; les étoiles se mêlaient aux feux épars des barques et des vaisseaux ancrés çà et là. Les cafés étaient remplis ; mais on ne voyait ni Polichinelles, ni Grecs, ni Barbaresques : tout finit. Une madone, fort éclairée au passage d'un pont, attirait la foule : de jeunes filles à genoux disaient dévotement leurs patenôtres ; de la main droite elles faisaient le signe de la croix, de la main gauche elles arrêtaient les passants. Rentré à mon auberge, je me suis couché au chant des gondoliers stationnés sous mes fenêtres. »

Chateaubriand sait être ébloui (Titien, Tintoret, etc.). Mais il indexe toujours la beauté à un passé historique glorieux désormais décomposé (l'Arsenal), comme s'il avait envie que tout disparaisse avec lui. Il serait très surpris de la Venise d'aujourd'hui, de ses matins éclatants, de sa vie active. Les cimetières l'attirent, il va même jusqu'à se croire en Bretagne. Il ne veut pas savoir que Dionysos est un dieu seulement endormi et qu'il attend peut-être son heure. Et puis, il y a cette déclaration orgueilleuse de grande et vraie fausse modestie :

« Je rougirais de me montrer entre Byron et Jean-Jacques, sans savoir ce que je serai dans la postérité, si ces *Mémoires* devaient paraître de mon vivant : mais quand ils viendront en lumière j'aurai passé et pour jamais, ainsi que mes illustres devanciers, sur ce rivage étranger ; mon ombre sera livrée au souffle de l'opinion, vain et léger comme le peu qui restera de mes cendres. »

En réalité, les *Mémoires* de Chateaubriand sont beaucoup plus amples sur Venise qu'on ne l'aura cru pendant longtemps. Sainte-Beuve, le premier, a noté que des chapitres retranchés voilaient, dans la rêverie au Lido, la figure d'un grand amour de Chateaubriand, Natalie de Noailles devenue folle en 1817 et morte, toujours démente, en

1835. En fait, il pense surtout à lui, passage inexorable du temps, enfoncement symétrique de Venise et de lui dans un mariage et un deuil final. Allez, la musique :

« Venise ! nos destins ont été pareils, mes songes s'évanouissent à mesure que vos palais s'écroulent ; les heures de mon printemps se sont noircies, comme les arabesques dont le faîte de vos monuments est orné. Mais vous périssez à votre insu ; moi, je sais mes ruines ; votre ciel voluptueux, la vénusté des flots qui vous lavent, me trouvent aussi sensible que je le fus jamais. Inutilement je vieillis ; je rêve encore mille chimères. L'énergie de ma nature s'est resserrée au fond de mon cœur ; les ans, au lieu de m'assagir, n'ont réussi qu'à chasser ma jeunesse extérieure, à la faire rentrer dans mon sein. Quelles caresses l'attireront maintenant au-dehors, pour l'empêcher de m'étouffer ? Quelle rosée descendra sur moi ? Quelle brise, émanée des fleurs me pénétrera de sa tiède haleine ? Le vent qui souffle sur une tête à demi dépouillée, ne vient d'aucun rivage heureux. »

Cent soixante-dix ans après ce Requiem, on aurait presque honte d'être aujourd'hui pleinement heureux en train d'écrire, et qui plus est avec une femme qu'on aime, à Venise. Mais la honte n'est pas au programme de notre philosophie.

Correr

Le musée Correr est un endroit sinistre. Peut-être parce que le bâtiment a été construit en 1810, sur le lieu de la démolition de l'église San Geminiano, achevée vers le milieu du XVIe siècle par Jacopo Sansovino ? On est dans le néo-classicisme, c'est-à-dire dans le goût napoléonien.

Soyons juste, et traversons vite l'ennuyeuse « section historique ». Apprécions les sculptures d'Antonio Canova (terre cuite d'*Amour et Psyché*) qui, pourtant, ne réussissent pas à nous retenir. Les *Deux Courtisanes* de Carpaccio feraient passer à jamais le moindre désir de courtisanes. Là encore, il faut admirer sans réserve la grande supériorité intérieure de Giovanni Bellini (voir *Bellini*).

Mon souvenir le plus marquant du musée Correr : une exposition hautement improbable de Francis Bacon. J'en parle dans *Les Passions de Francis Bacon* (voir *Éloge de l'Infini*) :

« Je me souviens d'une exposition Bacon, à Venise. C'était pendant la Biennale, au musée Correr. Déjà, dans les ruelles, les affiches, sur les palissades ou les murs, faisaient un drôle d'accroc, interruption, retournement, trou, au milieu des reproductions de tableaux, des annonces de concerts, des proclamations politiques, des photos d'exaspération publicitaire. Une seule figure de Bacon, c'est ainsi, crève l'écran de l'exhibition programmée. Comme s'il débarquait d'une autre galaxie, ce peintre : mutant, Martien, messager d'antimatière. J'arrive dans ma chambre, je téléphone au musée pour savoir à quelle heure il vaut mieux venir pour éviter d'être bousculé, un type me répond que je peux visiter quand je veux. Vraiment ? Il rit. Je vais voir.

« Personne, ou presque. La foule d'animation culturelle, la nébuleuse somnambule d'art décoratif, était ailleurs. Derrière leurs vitres, distance infligée au regardeur, souvent reflétées par elles, les toiles de Bacon, le long des vieilles salles désertes et mal éclairées, se montraient et se dérobaient, comme venues du fond des eaux, d'une autre fonction de l'œil. Tout autour, la ville, renversée, semblait paradoxalement monter vers elle-même, avec ses monuments, ses quais, ses passions, ses crimes, son *principe d'autorité*. Bacon *prenait* Venise, à la façon d'un Doge de jadis. Ces têtes, là, devant moi, *étaient* des Doges. De l'autre côté des fenêtres, la place Saint-Marc rompait brusquement avec la carte postale kitsch à laquelle on l'oblige à se limiter. Une masse de temps magnétique s'enlevait en retrait : un orage sec, une transmission de pouvoir. »

Me comprend-on ? Pour *être* à Venise, pour traverser l'énorme ralentissement qui lui a été imposé, percer le mur « culturel », rejoindre son passé qui reste forcément présent mais caché, bref être contemporain de son « avoir-été » qui est là, sans arrêt, encore et encore, il faut une dose massive d'énergie noire, à la mesure des catastrophes et des massacres du XXe siècle. Alors, Venise ne « meurt » pas ; alors elle s'éveille, brille, irradie. Baffo est contemporain de Bacon, l'Arétin de Picasso, comme Bacon était contemporain d'Eschyle et de Velasquez, et Picasso de Velasquez (encore lui) et de Titien.

C'est une expérience à comprendre.

Rien à voir avec la mise en musée des « classiques » ; rien à voir non plus avec l'art dit « moderne ». Ce point de vue sera partagé un jour.

D

Da Ponte Emanuele Conegliano, dit Lorenzo
1749-1838

Vous dites Da Ponte, et immédiatement vous entendez Mozart. C'est Venise qui parle dans *Les Noces de Figaro, Don Giovanni, Cosi fan tutte.* Collaboration éblouissante et mystérieuse, comme si Venise, à l'approche de son versant noir, avait transmis toute son énergie et sa lumière à la révolution elle-même.

Alliance, en tout cas, entre un Juif catholique et un catholique franc-maçon. Les nazis voulaient réécrire les livrets de Mozart à cause de l'origine juive de Da Ponte. Cauchemar risible, mais nous avons tort de rire.

Lorenzo Da Ponte est né le 10 mars 1749 à Ceneda, petite ville des États de Venise (aujourd'hui Vittorio Veneto). Il s'appelait en réalité Emanuele Conegliano, et était, avec ses deux frères, Baruch et Anania, le fils d'un cordonnier juif. Ce dernier, devenu veuf et voulant se remarier avec une catholique, abjure sa religion avec ses trois fils. L'évêque du lieu, Mgr Lorenzo Da Ponte, les baptise tous et donne son nom aux convertis. Cela se passe le 29 août 1763. Lorenzo a quatorze ans. Cet évêque semble avoir été plutôt correct dans son genre. La nouvelle épouse de son père n'a pas dix-sept ans. Il faut donc que ce fils aille voir ailleurs.

Ce jeune Da Ponte semble promis à l'Église. Heureusement, le destin va en décider autrement.

Le voici bientôt à Venise :

« J'avais conçu une passion violente pour une des plus belles, mais aussi des plus capricieuses sirènes de cette capitale ; tous mes instants étaient absorbés dans les folies et les frivolités coutumières de l'amour et de la jalousie, dans les fêtes et les débauches. À part quelques heures dérobées au sommeil, et consacrées à la lecture, je ne sache pas, pendant les trois années qu'a duré cette liaison, avoir ajouté quelque chose à ce que je savais déjà. »

Et ceci :

« À cette époque existait à Venise la célèbre maison de jeu connue sous le nom de *Ridotto*, dans laquelle les nobles riches avaient le privilège exclusif de tenir la banque avec leur propre argent, et les nobles pauvres avec celui d'autrui, le plus souvent celui des descendants d'Abraham. Nous y passions toutes les nuits, et presque toujours, en rentrant chez nous, nous maudissions le jeu et ceux qui l'avaient inventé. »

Da Ponte a commencé comme « improvisateur » (création directe de ce qu'on a sous les yeux, variation sur un thème imposé, transfusion immédiate de la réalité dans la broderie verbale). Il sera un jour le librettiste génial de Mozart (ou plus exactement : celui dont Mozart pourra se servir en italien avec le plus d'invention) :

« Cette facilité d'improvisation en vers passables, sur tous les sujets et surtout les rythmes, privilège presque exclusif de la nation italienne, devrait seule suffire à prouver combien est poétique une langue qui, par sa grâce et sa mélodie, se prête aussi admirablement à la spontanéité de l'expression, et permet d'obtenir instantanément ce qui, dans les autres, ne s'obtient que par une longue méditation. »

Dominique Fernandez, dans sa préface aux *Mémoires* de Da Ponte (Mercure de France, « Le Temps retrouvé », 1988), a raison de souligner cette vie transitive et populaire de la création italienne :

« Si on compare Da Ponte à son compatriote Goldoni, on voit comment l'instruction approfondie et le commerce des maîtres entravent l'éclosion du talent, et que la seule chance, pour un écrivain italien, est de pousser dru, au contact des hommes et des femmes de la rue.

Mozart et Da Ponte, à Vienne, se sont compris au coup d'œil.

Da Ponte n'a pas été heureux à Venise. Protégé par Bernardo Memmo (dont le frère, Andrea fut un ami fidèle de Casanova), très lié avec lui, il s'aperçoit vite de son aveuglement par rapport aux femmes (il s'agit d'une certaine Thérèse, Teresa Zerbin, fille d'un calfat de l'Arsenal, vivant chez Memmo, de trente ans son aîné, continuant à cohabiter avec lui après son mariage la laissant bientôt veuve, et qui fut aussi une des maîtresses de Da Ponte) :

« Cet homme excellent, qui par sa naissance, son savoir et sa grandeur d'âme, était sans égaux dans la République, avait chez lui une jeune fille nommée Thérèse, dépourvue de charme et de corps et d'esprit, mais possédant toute l'astuce dont une mauvaise nature de femme peut être douée. Elle exerçait sur lui un empire tyrannique auquel il était impossible de le soustraire. Pendant les premiers temps, j'eus la chance de lui plaire. »

Moralité (et accord là-dessus avec une grande partie de Mozart) :

« Cette passion, cet aveuglement, je dirai plus, cette folie, ne se sont jamais affaiblis jusqu'à la dernière heure de cet excellent homme, de ce philosophe éminent. Peu après, Thérèse épousa son nouvel amant dans la maison de Memmo ; elle devint mère de plusieurs enfants, dont Memmo se crut obligé de prendre un soin paternel. Devenue veuve, elle fut encore consolée par lui, de sorte que fille, femme ou veuve, jusqu'à une vieillesse avancée, elle demeura arbitre du cœur et de la raison de cette âme d'élite. Quelle leçon pour la pauvre humanité ! »

Pauvre humanité, en effet, pauvre enfoncement de Venise. Et comme il est temps de réagir ici ou là, à

Vienne, par exemple. En 1782, le baron Wetzlar, riche Juif converti, offre quelques pièces de sa demeure à Mozart et à sa femme. Trois mois plus tard, le couple s'installe sur la Judenplatz. Wetzlar paye le déménagement, et n'accepte aucun règlement pour le séjour des Mozart chez lui. C'est sous son toit que Da Ponte et Mozart se rencontrent. Récit de Da Ponte :

« Wolfgang Mozart, quoique doué par la nature d'un génie musical supérieur peut-être à tous les compositeurs du monde passé, présent et futur, n'avait jamais pu encore faire éclater son divin génie à Vienne, par suite des cabales de ses ennemis ; il y demeurait obscur et méconnu, semblable à une pierre précieuse qui, enfouie dans les entrailles de la terre, y dérobe le secret de sa splendeur. Je ne puis jamais penser sans jubilation et sans orgueil que ma seule persévérance et mon énergie furent en grande partie la cause à laquelle l'Europe et le monde durent la révélation complète des merveilleuses compositions musicales de cet incomparable génie. L'injustice, l'envie de mes rivaux, des journalistes et des biographes de Mozart, ne consentiront jamais

à accorder une telle gloire à un Italien comme moi ; mais toute la ville de Vienne, tous ceux qui ont connu Mozart et moi en Allemagne, en Bohême, en Saxe, toute sa famille, et surtout le baron de Wetzlar lui-même, son admirateur enthousiaste, dans la maison duquel naquit l'étincelle de cette divine flamme, me sont témoins de la vérité de ce que je dis ici. »

Étonnant passage du librettiste de *Don Giovanni* (Don Juan, au fond, est donc *vénitien*). Da Ponte raconte comment il a écrit les paroles de cet opéra, certainement revues et corrigées par Mozart lui-même, en lisant la nuit des pages de l'*Enfer* de Dante :

« Je m'asseyais devant ma table de travail vers l'heure de minuit : une bouteille d'excellent vin de Tokay était à ma droite, mon écritoire devant moi, une tabatière pleine de tabac de Séville à ma gauche. En ce temps-là, une jeune et belle personne de seize ans, que je n'aurais voulu aimer que comme un père, habitait avec sa mère dans ma maison ; elle entrait dans ma chambre pour les petits services de l'intérieur, chaque fois que je sonnais pour demander quelque chose ; j'abusais un peu de la sonnette, surtout quand je sentais ma verve tarir ou se refroidir. Cette charmante personne m'apportait alors, tantôt un biscuit, tantôt une tasse de café, tantôt seulement son beau visage toujours gai, toujours souriant, fait exprès pour rasséréner l'esprit fatigué et pour ranimer l'inspiration poétique. Je m'assujettis ainsi à travailler douze heures de suite... »

Vive les femmes, vive le bon vin, soutien et gloire de l'humanité.

Da Ponte connaît Casanova qu'il retrouve à Vienne (il le critique comme aventurier, et n'a aucun pressentiment de sa gloire future de mémorialiste). Ce sont donc deux Vénitiens qui rejoignent Mozart à Prague pour la première de *Don Giovanni*, le 29 octobre 1787 :

« La poésie est de l'abbé Da Ponte poète/des Théâtres impériaux de Vienne/La musique est de M. Wolfgang Mozart, Maître de chap. allemand. »

Venise, ce soir-là, est donc en exil à Prague (Casanova est venu en voisin depuis Dux).

Plus extraordinaire encore : à la fin de sa vie, Da Ponte est à New York et y fait jouer *Don Giovanni*. « L'opéra plut d'un bout à l'autre : paroles, musique, exécution, acteurs, tout fut admirable et surtout la Malibran dans le rôle de Zerlina. »

Cela se passe le 23 mai 1826, et marque l'entrée de Mozart sur les scènes américaines.

Mozart et Casanova sont morts, Chateaubriand pense que Venise meurt, l'opéra triomphe à New York.

L'Histoire est décidément étrange, et j'espère que ce *Dictionnaire* en donne une idée.

Triomphe très relatif, d'ailleurs. Certains amateurs préfèrent *Le Barbier de Séville* de Rossini. Quant à Da Ponte, qui a ouvert une librairie de livres italiens à New York, il raconte cette curieuse histoire :

« J'avais fait traduire en anglais mon *Don Juan*, et le directeur du théâtre m'avait autorisé aimablement à faire imprimer le libretto pour la vente à mon bénéfice. [...] J'en avais mis en dépôt quelques-uns dans une petite boutique où on vendait des billets de loterie. Comme j'y entrais un jour, le boutiquier me dit : "Signor Da Ponte, envoyez-moi bien vite d'autres exemplaires du libretto ; j'en avais encore seize, je les ai vendus hier soir. Voilà six piastres." »

Da Ponte échange ses six piastres contre un billet de loterie de six thalers (le *thaler* est l'ancêtre du *dollar*). Il gagne cinq cents piastres. La chance.

« Je bénis Mozart, *Don Juan*, le théâtre et les boutiques de la loterie. »

Le Vénitien Da Ponte est mort à New York en 1838, à l'âge de quatre-vingt-neuf ans.

Debord Guy
1931-1994

Un pseudo-informé s'étonnera peut-être de voir apparaître le nom de Debord dans un « Dictionnaire amoureux de Venise ». Debord vénitien ? Impossible, impensable, puisque Venise *doit* être l'image même de tout ce qu'il détestait : spectacle permanent, pétrification muséifiante, tourisme cynique et gâteux, marchandisation à outrance.

Erreur. Debord a beaucoup séjourné clandestinement à Venise, et il fait maintes fois allusion à ce lieu, de façon aiguë et froidement lyrique. Ville interdite, mais propice à des complots (par exemple la VIIIe Conférence de l'Internationale situationniste). Ville d'une société fascinante à jamais disparue, et, plus profondément, ville aimantée d'une magie opératoire. C'est d'*ici* et de Paris (le Paris révolutionnaire), qu'il serait possible de penser le négatif dans sa portée la plus large et historiquement révélatrice.

La preuve ? Le film que Debord réalise en 1978 (dix ans après mai 1968), *In Girum Imus Nocte Et Consumimur*

Igni, palindrome en latin (lisible de gauche à droite et de droite à gauche) qui signifie : « Nous tournons en rond dans la nuit et nous sommes dévorés par le feu. » Debord le dit lui-même : « Labyrinthe dont on ne peut sortir, forme et contenu de la perdition. »

Mais Venise fait déjà son apparition dans la version cinéma de *La Société du spectacle* (1973), là où Debord, lisant son texte, dénonce le « spectacle de la ville qui a besoin de quartiers-musées ». On voit, à ce moment-là, « l'effritement des statues sur le toit d'une église vénitienne ». Propos contre « le tourisme, qui se ramène fondamentalement au loisir d'aller voir ce qui est devenu banal ». Le spectacle mondial est devenu le marché mondial, et l'histoire universelle qui pourrait en découler n'est « *qu'un refus intra-historique de l'histoire* » (je souligne). En revanche, « dans un espace mouvant de jeu, l'autonomie du lieu peut se retrouver, sans réintroduire un attachement exclusif au sol, et par là ramener la réalité du voyage et de la vie comprise comme un voyage ayant en lui-même tout son sens ».

Ce qu'on voit à ce moment-là : « Suites d'architectures et de paysages dans un tableau primitif italien. »

Debord est alors le seul à observer, avec clarté, la conjonction entre le monde diffus de la marchandise et la concentration antagoniste de l'idéologie totalitaire. Leur bouclage planétaire donnera lieu à une *intégration* des deux forces (où on retrouvera, à chaque instant, des traits caractéristiques de l'une comme de l'autre). C'est bien la réalité dans laquelle nous vivons.

« La classe idéologique-totalitaire au pouvoir est le pouvoir d'un ordre renversé : plus elle est forte plus elle affirme qu'elle n'existe pas, et sa force lui sert d'abord à affirmer son inexistence. »

L'organisation sociale devenue celle du « mensonge absolu », il s'ensuit logiquement que « toute la vie sociale devient démente ».

Elle l'est, de façon désormais sociomaniaque. Toute la question est de savoir s'il peut y avoir une autre vie que « sociale ». Debord, pour une grande part prisonnier de la métaphysique marxiste, ne le pense pas. Il reste pourtant ambigu sur ce point, comme le prouve le style très singulier de son œuvre.

Dans *In Girum*, la cible de Debord est l'*Employé*. C'est le public du cinéma servile, avec sa misère spécifique et pseudo-confortable, observable, par exemple, dans les supermarchés.

« Quel respect d'enfant pour des images ! Il va bien à cette plèbe des vanités, toujours enthousiaste et toujours déçue, sans goût parce qu'elle n'a eu de rien une expérience heureuse, et qui ne reconnaît rien de ses expériences malheureuses parce qu'elle est sans goût et sans courage : au point qu'aucune sorte d'imposture, générale ou particulière, n'a jamais pu lasser sa crédulité intéressée. »

Les employés sont soumis à l'écran. Le maître *est* l'écran intériorisé lui-même (rotation des marchandises, impératif prescriptif). Les politiques sont eux-mêmes des employés, évidence de plus en plus évidente.

Je souligne cette phrase : « cette plèbe des vanités *sans goût parce qu'elle n'a eu de rien une expérience heureuse* ».

Voici donc un blasphème, c'est-à-dire « un film qui méprise cette poussière d'images qui le composent ». Renversement de la formule de Saint-Just à la Convention : « Je méprise cette poussière qui me constitue et qui vous parle. » Or Debord, précisément, pense et parle.

« Oui, je me flatte de faire un film avec n'importe quoi ; et je trouve plaisant que s'en plaignent ceux qui ont laissé faire de leur vie n'importe quoi. »

Et voici Venise. La voix dit : « J'ai mérité la haine universelle de mon temps, et j'aurais été fâché d'avoir d'autres mérites aux yeux d'une telle société. »

Et, ici, on voit « un travelling sur l'eau, s'éloignant de l'île de la Giudecca, en direction de Venise. » Et puis : « Une dame de Venise. »

Le but, bien entendu, n'est pas la Mostra.

« Travelling sur l'eau, longeant un mur aveugle de l'île San Giorgio. »

La voix : « Voilà pourquoi ceux qui nous exposent diverses pensées sur les révolutions s'abstiennent ordinairement de nous faire savoir comment ils ont vécu. »
Image : « Travelling sur l'eau, dans le canal de la Giudecca, et vers cette île. »

La voix : « Considérant les grandes forces de l'habitude et de la loi, qui pesaient sans cesse sur nous pour nous disperser, personne n'était sûr d'être encore là quand finirait la semaine ; et là était tout ce que nous aimerions jamais. Le temps brûlait plus fort qu'ailleurs et manquerait. On sentait trembler la terre. »
Image : « Un conspirateur vénitien dit à sa compagne : "Bientôt nous passerons sur la Terre ferme, et alors nous pourrons nous voir un peu plus." »

La voix : Allusion à « passer la rivière et se reposer à l'ombre des arbres » d'un général sudiste repris par Hemingway. Et puis : « C'est là que nous avons acquis cette dureté qui nous a accompagnés dans tous les jours de notre vie ; et qui a permis à plusieurs d'entre nous d'être en guerre avec la terre entière d'un cœur léger. »
Image : « Travelling sur l'eau, tout au long des murs de l'Arsenal de Venise. »

Voix : « Avions-nous à la fin rencontré l'objet de notre quête ? Il faut croire que nous l'avions au moins fugitivement aperçu. »
Image : « Travelling sur l'eau ; l'entrée du port de l'île San Giorgio. »

Voix : « Ce que nous avions compris, nous ne sommes pas allés le dire à la télévision. »
Image : « Guetteurs, et transport clandestin dans un quartier ouvrier de Venise. »

Voix : « C'est ainsi que nous nous sommes engagés définitivement dans le parti du Diable, c'est-à-dire de ce mal historique qui mène à leur destruction les conditions existantes. »
Image : « Travelling sur l'eau dans un très étroit canal de Venise. »

Voix : « Ainsi fut tracé le programme le mieux fait pour frapper d'une suspicion complète l'ensemble de la vie sociale. »
Image : « Panoramique sur les participants de la VIIIe Conférence de l'Internationale situationniste à Venise. »

Voix : « Diverses époques ont eu ainsi leur grand conflit, qu'elles n'ont pas choisi, mais il faut choisir son camp. »
Image : « Panoramique, sur une carte de l'ancien monde, de l'Empire romain à l'Empire chinois. »

Voix : « Après cette splendide dispersion, j'ai reconnu que je devais, par une soudaine marche dérobée, me mettre à l'abri d'une célébrité trop voyante. »
Image : « Un homme passe au croisement de rues désertes, à Venise. »

Voix : « De toute façon, on traverse une époque comme on passe la pointe de la Dogana, c'est-à-dire plutôt vite. Tout d'abord, on ne la regarde pas, tandis qu'elle vient. Et puis, on la découvre en arrivant à sa hauteur, et l'on doit convenir qu'elle a été bâtie ainsi, et pas autrement. Mais déjà nous doublons ce cap, et nous le laissons après nous, et nous avançons dans des eaux inconnues. »

Image : « Travelling sur l'eau, par le travers de la pointe de la Dogana. Suivent les portraits des dadaïstes en groupe, du cardinal de Retz et du général von Clausewitz. »

Voix : « Mais non, je vois très distinctement qu'il n'y a pas pour moi de repos. »

Image : « Travelling sur l'eau, d'un bout à l'autre d'un canal de Venise. »

Voix : « Comme le montrent encore ces dernières réflexions sur la violence, il n'y aura pour moi ni retour ni réconciliation. La sagesse ne viendra jamais. »

Image : « Passées les dernières maisons du canal, on débouche sur une grande étendue d'eau vide. »

Debord s'est suicidé en novembre 1994.

Tous ces films sont en noir et blanc. Ses rares photographies aussi. Sauf une, à ma connaissance : celle que j'ai introduite dans le film que j'ai réalisé sur lui. On le voit donc, en couleur, en train de déjeuner avec Alice, sur le ponton d'un café-restaurant qui n'existe plus, le *Linea d'Ombra*, en face de San Giorgio. Il fait très beau.

J'ai fait suivre ce document d'un extrait très vif de Vivaldi chanté par Cecilia Bartoli.

Debord a « traduit », en 1975, un petit livre qui a fait sensation à l'époque sur la situation en Italie : *Véridique rapport sur les dernières chances de sauver le capitalisme en Italie*, signé d'abord Censor, puis Gianfranco Sanguinetti. On peut y lire ce chef-d'œuvre d'humour et d'ambivalence :

« Quel serait donc, pour parler une fois le langage de nos "exécutants", notre "modèle" ? Tandis que les plus cultivés de nos adversaires trouvent l'ébauche de leur modèle dans l'Athènes de Périclès ou la Florence pré-médicéenne – modèle qu'ils devront avouer fort insuffisant, mais digne pourtant de leur projet réel, car il étale au plus caricatural degré, derrière le radicalisme utopique de l'ultra-démocratie, la violence et le désordre incessants qui en sont l'essence même –, nous désignerons au contraire notre modèle de société qualitative, modèle qui a été en son temps suffisant et même parfait, dans la République de Venise. Voilà la plus belle classe dominante de l'histoire : personne ne lui résistait, ni ne prétendait lui demander des comptes. Ici, pendant des siècles, point de mensonges démagogiques, point ou guère de troubles, et fort peu de sang répandu. C'était *un terrorisme tempéré par le bonheur*, le bonheur de chacun *dans sa place*. Et n'oublions pas que l'oligarchie vénitienne, s'appuyant dans certains moments de crise sur les ouvriers armés de l'Arsenal, avait déjà découvert cette vérité qu'une élite sélectionnée parmi les ouvriers fait toujours à merveille le jeu des propriétaires de la société. »

Debray Régis
né en 1940

Il fallait bien que quelqu'un, un jour, se dévoue pour cracher sur Venise. Comment, cette merveille du temps ne meurt pas, mais au contraire résiste, persiste, brille ? L'éternel esprit de vengeance ne le supporte pas. Il lui faut investir un possédé, un philosophe aigri, un amoureux dépité, un frustré de la politique et de l'Histoire, un grand blessé du plaisir, de la littérature et de l'art. Un petit Français typique fera l'affaire : Régis Debray (*Contre Venise*).

Après tout, la haine est intéressante. Elle surgit ici comme un gros abcès. Assez avec Venise, plutôt Naples (on dirait un sujet de cours : Athènes ou Jérusalem). Si vous aimez Venise, vous ne pouvez pas aimer Naples. Ce sont deux visions du monde antagonistes, il faut choisir.

Venise est pour lui une « drogue », il faut s'en désintoxiquer et en protéger les générations futures. « Non, je ne fais pas une fixation », dit-il. Mais si, justement, et, du même mouvement le voici qui vomit d'un coup (entre autres) Véronèse, Beethoven, Baudelaire, ces « sucres lents et lipides ». Ça semble lui faire du bien. Il est vrai qu'il se retrouve de temps en temps, comme il le dit de façon vulgaire, avec une « dulcinée » au restaurant.

Venise, pour Debray, c'est du théâtre, ce n'est pas *vrai*. Cela signifie sans doute qu'il s'y sent faux, obligé d'y jouer la comédie malgré lui sans en être capable. Simulacre, facticité : « Enlevez ses visiteurs à Naples, la ville reste telle quelle, sonore, grasse et sûre d'elle. Enlevez ses spectateurs, ses figurants à Venise, elle déprime et s'effondre en une semaine, perdant son texte, comme une vedette qu'on obligerait à jouer chaque soir devant un parterre vide. »

Naples, c'est la vie, Venise la mort. « Putassière, charnue, généreuse, effrontée, avec ses klaxons, ses criailleries, ses obscénités, la truculente du Sud [Naples] se jette à votre cou à vos risques et périls. La sensuelle tempête toutes tripes dehors exhibant ses draps et ses petites culottes tendus au milieu de la rue (à Venise le linge sèche dans la cour, convenances obligent). Elle beugle, sue, pue, piaille, provoque. Venise la Nordique : une dame bien, à qui la rumeur prête une liste d'amants notoires, "encore belle", cultivée, discrète, guipures noires, taille mince et éventail. Se déshabille derrière un paravent. A beaucoup servi, mais difficile d'accès, par point d'honneur. Rides discrètes, œil embué, souffrances retenues, etc. [Suite dans la collection Harlequin.] »

Pénible délire.

Et ça continue : « Venise fane les chairs, le temple des voyages de noces hâte la fin des amours. La Vénus aux cheveux d'or fait planer l'ombre et le glas sur ses transis. Est-ce l'odeur de moisi ou le glauque des canaux ? Les barques charbonneuses de Charon, les traversées du Styx en *traghetto*, les cent petites séparations quotidiennes, l'affaissement des palais qui font eau de toutes parts, les gondoles-cercueils ? »

Voici peut-être une explication : « Il y a des églises à Venise, mais il y a de la religion à Naples. » Debray veut donc de la *religion* ? Chacun ses goûts.

Venise est narcissique, sans religion, cynique, sans chaleur populaire. Le lieu est tragique, et personne ne vous saute au cou. C'est le vide, la vase, la tentation, l'impureté même. Debray est un puritain populiste.

Tout s'explique :

« Il y a des hiérarchies dans le désespoir. Rejeté des Français, défait, de Gaulle va prendre du champ dans le Connemara. Qui peut l'imaginer "au soir de sa vie", avec sa canne et son imperméable noir, marchant à contre-vent sur la plage du Lido ? À Venise, on ne s'exile pas, on se caresse.

« Veiller à la qualité. Dès qu'on sent le désespoir devenir vénitien, le doucher à l'eau froide, le ramener de force en Irlande. »

Rideau.

Denon Dominique Vivant
1747-1825

De la vie très extraordinaire de Vivant Denon, auteur de *Point de lendemain*, du célèbre *Voyage dans la haute et la basse Égypte*, intime de Napoléon et fondateur du musée du Louvre, c'est Denon à Venise de 1788 à 1793 qui m'intéresse ici. Il vient de Naples, il sera expulsé en juillet 1793, il vit dans la Sérénissime pendant cinq ans (« 60 mois », aime-t-il à se souvenir), c'est la période la plus heureuse de sa vie. Il dessine, il grave, il voit des amis, il est très espionné à partir des événements révolutionnaires en France, l'Inquisition le chassera sans beaucoup de preuves de son activité comploteuse, et probablement à cause de certaines gravures « obscènes ». Mais l'essentiel n'est pas là. Le point est une femme, Isabelle Teotochi Albrizzi, d'origine grecque et, à partir d'un certain moment, comtesse. Une femme de grand lendemain dans la vie de Denon, puisque leurs rapports dureront toute leur vie (de la passion à l'amitié tendre, avec quelques orages mineurs).

Un Français, une Vénitienne. Mais qui est, en réalité, Mme Albrizzi ?

Quand j'ai écrit mon livre sur Denon (*Le Cavalier du Louvre*), je ne connaissais pas les trois cents lettres inédites découvertes peu après à Forli. Elles ont été publiées en 1999 : Vivant Denon, *Lettres à Bettine* (Éditions Actes Sud, avec une préface fagotée de Fausta Garavini).

Le vrai prénom d'Isabella Teotochi était Elisabetta. D'où Bettine (pour son amant). Ces lettres sont passionnantes.

Le très secret Vivant Denon, qui a brûlé, à sa demande, les lettres de Bettine (et beaucoup d'autres documents sur sa vie aussi opaque qu'agitée), s'y révèle sous un jour inattendu, sentimental et pudique.

Voici son dernier billet, du 1er avril 1825 (il va mourir le 27) :

« Mon cher enfant, ta dernière lettre était d'une jeunesse de sentiment si gracieuse que j'ai cru en la lisant que je n'avais ou que nous n'avions que 20 ans. Je t'assure que j'en étais digne et je t'en remercie de tout mon cœur. Adieu, chère et aimable amie, je t'embrasse de tout mon cœur. Mille amitiés bien sincères à ton fils. »

Il va avoir soixante-dix-huit ans, elle en a soixante-cinq.

Autre billet, sans date : « Vous êtes aussi sublime dans le style laconique qu'aimable dans le style attique. Point de gentillesses et ce sera parfait. »

« Je ne vous fais pas mes remerciements. *Je vous les garde.* »

Donc, une Grecque à Venise et un libertin français amateur d'art, chargé, depuis longtemps, de missions secrètes. Isabelle Teotochi s'appelle d'abord du nom de son premier mari Isabelle Teotochi Marin. Puis ce sera le comte Albrizzi dont elle aura un fils plus tard, quand Denon sera en Égypte. Peu à peu, Isabelle tiendra un salon « libéral » avec les personnalités de son temps (citons les principaux passants : Canova, Byron, Chateaubriand ; voir *Byron* et *Chateaubriand*).

Mais la véritable aventure de sa vie est bien Denon, dont nous ne connaissons que par ces lettres l'existence quotidienne et parfois intime, bien qu'il y ait mille sujets politiques ou privés dont il ne parle pas. Rappelons-nous la maxime de *Point de lendemain* : « La discrétion est la première des vertus ; on lui doit bien des instants de bonheur. » De ce point de vue, Denon est un virtuose.

Ce long séjour à Venise, qui reste quand même énigmatique, a donc une raison toute simple : Denon était amoureux. « J'avais besoin d'aimer, j'ai cherché, j'ai trouvé. » Élisabeth Vigée-Lebrun a fait un portrait de Bettine où elle apparaît dans toute sa beauté rebondie et vive. Elle est intelligente, cultivée, ambitieuse, sensible : ce réfugié français la séduit. De 1788 à 1793, c'est l'idylle, avec les coquetteries féminines d'usage. Puis, la foudre frappe : Denon est chassé par l'Inquisition qui commence à redouter sérieusement la contamination révolutionnaire. Complotait-il en douce ? C'est probable, comme le montre sa surprenante réussite dans le Paris de la Terreur, sous la protection de David, membre du Comité de salut public. Venise a eu tort d'enfermer et de chasser Casanova, tort aussi d'expulser Denon. Ils se sont vengés haut la main (l'un par un chef-d'œuvre littéraire, l'autre en étant un pillard de bon goût, au service de Napoléon, dans toute l'Europe).

Le 14 juillet 1793, donc, décret d'expulsion. Après maintes péripéties, il est à Paris en décembre. Le calendrier a changé puisqu'une de ses lettres est datée du « 26 pluviôse de l'an 2 », c'est-à-dire du 15 février 1794. Elle est adressée, par prudence, à une certaine Cecilia Rossi à Venise (et, de là, à Bettine). Elle est plus calme :

« Moque-toi de ceux qui blâment ta constance. Ce sont des lieux communs de ceux qui ne savent ni sentir ni éprouver les grands sentiments, qui essayent ainsi à leur donner des ridicules. »

Denon dit de lui-même qu'il est « constant et infidèle ». Mais il tient absolument à sa Bettine :

« Des amants ? Il y en a bien peu dans le monde et en Italie moins que partout ailleurs, quoiqu'on n'y fasse autre chose que l'amour. J'y ai séjourné 12 ans (Naples et Venise) et n'y ai vu d'attachement que le nôtre. »

Denon est en plein tourbillon révolutionnaire, il grave pour David le *Serment du Jeu de paume*, est chargé par Robespierre lui-même de dessiner les futurs habits républicains. Souple et silencieux, il survit. Ce qui ne l'empêche pas d'applaudir à la chute du « plus exécrable des monstres » (Robespierre). Peu après Thermidor :

« Mon amie, quelle bonne chose que les arts et quelle belle chose en France, surtout depuis que celui qui les tyrannisait est détruit. »

En mars 1794, déjà, Denon a célébré l'exécution des « hébertistes », « 18 traîtres », laisse-t-il tomber froidement. On peut deviner sans peine que son parti, et pour cause, était plutôt girondin, même s'il a été chassé de Venise pour « jacobinisme ».

Revenir à Venise ? Il le tente en 1795 : refus (« gravures

obscènes »). Son véritable crime : avoir plu à Bettine (qui continue, bien entendu, à lui écrire régulièrement).

Bettine se marie ? Pour établir sa situation ? Devenir comtesse Albrizzi ? Aucun problème : « Je t'embrasse bien tendrement. » En janvier 1797 : « Toutes les fois que j'entre dans mon lit, je pense à toi, c'est une des fidélités que je te garde. » Denon dit bien *mon* lit, pas « un lit ».

Denon écrit maintenant à Son Excellence Mme Albrizzi, Calle Longa San Moisè, Corte Ca' Michieli, À Venise. En mai 1797 (Venise va bientôt tomber aux mains des Français), il a peur : « Le fantôme de la nuit est immense et il fait toujours nuit dans l'avenir et dans l'éloignement. » Petite revanche de loin, quand même : « Qu'une révolution à Venise doit être une étrange chose ! » Denon, avec une sorte de fierté compréhensible, avait prévenu Bettine : « Nous sommes destinés à occuper et à étonner l'Europe entière. » Voilà une affaire en cours. « Le point le plus tranquille de l'Europe en ce moment est Paris. »

Grand retournement de situation : Bettine est dans une ville occupée, Denon monte vers le pouvoir à travers Joséphine, « Mme Bonaparte ». Il envoie un beau châle à Bettine, lui rappelle leurs « dimanches matin », regarde à nouveau un dessin d'elle où elle apparaît avec un manchon, mais ne manque pas de glisser au passage : « Je ne me vanterai pas de ma chasteté » (il s'agit probablement de Mme de Krény, dans l'entourage de Joséphine).

Autoportrait :

« Il ne me reste que mon talent pour manger et ma gaieté naturelle pour me faire désirer. Si tu m'entendais sans me voir, tu me trouverais le même que huit jours avant de m'avoir quitté, mais mon visage est très vieilli.

Je suis à présent un drôle de vieillard qui cependant ne déplaît pas encore, même aux élégantes. J'ai tant vécu près de toi que tu m'as imbibé de parties attirantes aux miracles desquelles, souvent, je ne conçois rien. »

Drôle de vieillard, en effet (il a cinquante et un ans), qui est à la veille d'un retour fulgurant de jeunesse. C'est la chance de sa vie, il la saisit : l'expédition de Bonaparte en Égypte, quinze mois, de mai 1798 à octobre 1799.

À Bettine, nouvelle Cléopâtre :

« Tu n'avais jamais été aimée en Égypte, eh bien c'est peut-être sur les pyramides que je vais graver ton nom. » De toute façon, « je t'embrasse tous les jours à 9 h du matin, et le soir à minuit sonnant ». N'en doutons pas, il l'a fait intérieurement, y compris au moment des batailles.

Qu'est-ce qui a donné à ce « vieillard » l'énergie d'une aventure aussi extravagante ? La philosophie de toute sa vie, bien sûr, mais surtout Venise. C'était un défi. Il est relevé, à travers chevauchées, fusil, crayon et papier, dessins et révélation de l'Égypte endormie. « J'ai rapporté un portefeuille qui intéresse tout le monde », dit Denon. Il se ruine pour l'impression de son gros livre (*Voyage dans la haute et la basse Égypte*), c'est son coup de poker vécu comme une « crise terrible ». Il joue, il gagne, son livre va être un best-seller international et lancer la mode de l'égyptomanie.

Pendant ce temps, la sensuelle mais raisonnable Bettine a accouché d'un garçon, Giuseppino Albrizzi. Commentaire de Denon :

« Te voilà donc avec un fils et moi de retour d'Égypte. Nous avons fait tous les deux ce qu'il y avait de mieux à faire. »

Cela n'empêche pas les taquineries. Le 3 mars 1801 : « Ma chère amie, il y a ici une jeune Grecque, jolie comme une [*sic*] ange, avec des yeux comme les tiens. Au bout de quelques heures elle disait déjà Denon tout court, le lendemain j'étais son cher Denon, le troisième jour nous étions liés de la plus franche amitié. Je ne peux pas te dire combien d'*une Grecque* ce sentiment m'a fait plaisir. J'ai pensé que si l'une ne pouvait pas me voir sans m'accorder une préférence, l'autre ne pouvait jamais m'oublier. Adieu, chère Bettine, je t'embrasse de toute mon âme. »

Son livre marche très bien (« je roule déjà sur le velours »), Bettine en est d'ailleurs l'inspiratrice : « J'aime à penser que tu me reconnaîtras à chaque page, parce que je les ai écrites comme je te parlais et c'est ce qui a sans doute fait leur succès. »

Et maintenant une autre grande aventure : dans l'ombre de Napoléon, ministre itinérant de la Culture. Razzias d'œuvres d'art, après les batailles, pour la plus grande gloire du Louvre dont il est directeur.

À Bettine : « Je me suis accoutumé à vivre pressé, et cela donne à la vieillesse un certain air de verdeur qui trompe le temps et les époques. »

Étrange vieillard, cheval et musée, de plus en plus discret et suroccupé : « J'ai de petites affaires par-dessus les yeux. » Il va beaucoup à Malmaison, près de Joséphine. Quant à Bonaparte, on pourra en dire ce qu'on voudra, c'est un grand homme, ou plutôt un « astre brûlant ». « Plus je le vois, plus je l'aime. » Denon le sert donc, il a son idée, il s'y sacrifie en toute lucidité :

« Je ne vaux plus rien pour rien, je ne fais plus rien, je ne pense plus rien. »

Encore que :

« Je me subdivise. »

« Je n'ai rien perdu du côté de la gaieté, rien gagné du côté de la raison. »

« Si tu entends tirer un coup de canon, tu me verras arriver avec la fumée. »

Napoléon veut être roi d'Italie ? Qu'il le soit, on n'en est plus à une cérémonie parodique près. Mais du 16 juillet au 2 août 1805, Denon a bien autre chose à faire. Il est enfin avec sa Bettine, sur le Terraglio (campagne des Albrizzi près de Venise). Les deux amants se retrouvent donc douze ans après leur séparation. Le monde a changé de base, mais pas eux.

Le 2 décembre de la même année, il est à Austerlitz. L'année suivante, Venise passe au royaume d'Italie, donc à la France. Après la chute de Napoléon elle revient à l'Autriche et commence sa longue traversée du désert.

Denon est un peu partout, il revoit Bettine à Vérone. On le retrouve à Munich, Berlin, Tilsit, Madrid. Arrêt sur image : il assiste en 1809, avec Stendhal, aux funérailles de Joseph Haydn. On joue le *Requiem* de Mozart. Pas besoin d'insister, les symboles parlent.

« Je ne suis plus qu'un pauvre galérien, dit bientôt Denon à Bettine. Je viens de passer 28 nuits dans un sac fourré tout au milieu du feu de l'artillerie. » Une vie de fou : la canonnade d'un côté, les primitifs italiens de l'autre. Ces peintres n'intéressent personne, mais Denon (par-delà la propagande pour le compte de Napoléon) comprend leur importance. Même chose, plus tard, pour le *Gilles* de Watteau qu'il est seul à voir et à sauver chez lui, malgré David, au 5, quai Voltaire.

Après l'échec d'Espagne, vient la retraite de Russie et la fin prévisible de la tornade napoléonienne. En 1812, Denon est baron d'Empire. Le plus curieux est qu'il décide alors de publier une version très améliorée de son chef-d'œuvre de jeunesse : *Point de lendemain*. Pas de nom d'auteur, cadeau à quelques amis. Un exemplaire pour Bettine ? Rien ne le dit. Rien ne dit non plus le contraire.

Bettine, veuve, suivant une pente normale, voudrait venir vivre à Paris avec son vieux père et son fils. Elle compte sur Denon. Il est obligé de la prévenir : « J'aime ici » (il s'agit de Mme d'Houchin, ou d'Ouchin). D'autre part, Mme Albrizzi serait ici en difficulté, la vie est autrement plus difficile à Paris qu'elle ne l'imagine.

Bref, sans le dire ouvertement, Denon n'a pas très envie de l'avoir sur le dos. Elle lui en voudra un peu. Pas trop. Elle l'aime. Elle ne viendra qu'en 1817 quand Denon sera disgracié. Elle n'est finalement, malgré ses *Ritratti*, qu'une provinciale de Venise.

C'est la fin : Restauration, démission du Louvre. « Il ne sera bientôt plus question de moi. » Il a joué à fond au grand jeu de l'Histoire : il a gagné, il a perdu.

Denon n'oublie pas son amour vénitien. « J'ai une âme à part pour toi, écrit-il à Bettine. Ma tendresse à facettes te multiplie sans te diviser. » Il garde un fond de « gaieté imperturbable ».

« Te souviens-tu chère amie, quand nous étions dans cette triste chambre où on montait par ce vilain escalier, où il faisait si froid, où nous étions si heureux, si gais ? C'est que l'un par l'autre nous étions contents de nous, c'est qu'il existe un soi qui, lorsqu'on sait le respecter, est indépendant, inattaquable, et qu'il a encore un aplomb dans les orages, dans les tremblements de terre. Si je t'en parlais plus longtemps, tu croirais que je m'en occupe ; eh bien, en vérité, ce n'est chez moi que de l'instinct dont ton aimable intérêt me fait raisonner avec ton toi toute seule. »

Le 27 juillet 1824, un an avant sa mort, Denon a soixante-dix-sept ans, Bettine soixante-quatre. Il lui écrit de Paris :

« Il est sûr, chère amie, que nous nous aimons beaucoup plus que nous ne nous le disons, c'est un secret pour nous que toute l'Europe sait, mais personne ne sait que nous ayons à nous blâmer pour cela. Gardons donc notre secret et faisons mieux à l'avenir. »

Amour, ici ou là, ne dure que ce qu'il dure. Amour vrai à Venise dure toute la vie.

Dogana

Pour certains, le centre du monde est le Parthénon, pour d'autres le Mur des Lamentations ou les Pyramides, à moins qu'on ne situe la chose essentielle au Vatican, à La Mecque, dans la Cité interdite, ou encore, de façon plus modestement délirante (Dalí), sur l'emplacement de la gare de Perpignan.

Pour moi, comme pour d'autres, c'est la pointe de la Dogana, la Douane de mer, petit triangle tout au bout du Dorsoduro. Son ancien nom est la pointe de La Trinité (comme l'église, le monastère et la Scuola qui s'élevaient là) et pointe du Sel à cause des nombreux entrepôts de sel des Zattere.

Dogana

Portique et petite tour. Au sommet, deux Atlantes de bronze soutiennent la boule dorée où trône la *Fortune* de Bernardo Falcone. La Fortune varie, c'est une girouette, elle tourne avec les années et le vent.

Ruskin écrit : « La statue de la Fortune, formant la girouette debout sur le monde, donne une juste idée des conceptions du temps et des espérances et des principes des derniers jours de Venise. »

Pourquoi « les derniers jours de Venise » ? Ruskin s'éloigne, Venise revient.

Au printemps 1981, époque pour moi très sombre, j'ai jeté ici, dans l'eau bouillonnante, un exemplaire de *Paradis*, écrit surtout à Venise pendant sept ans. Geste plus dicté que volontaire.

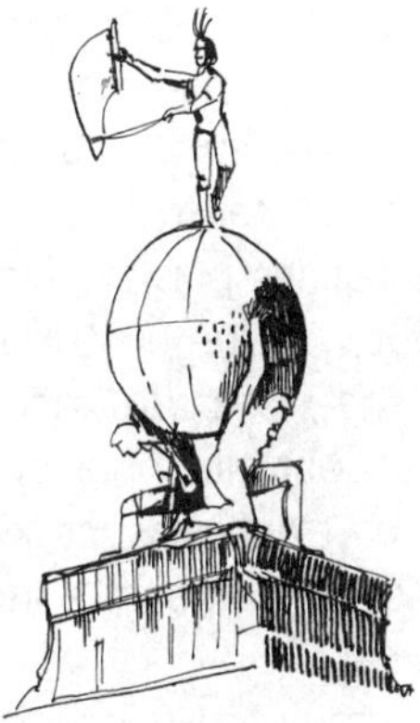

Punta della Dogana

Doges

Le Doge de Venise porte le *corno*, bonnet à pointe arrondie (non, ce n'est pas un bonnet phrygien). Ce *corno* est assorti de revers et orné de pierres précieuses. Il est tissé d'or ou d'argent, en velours, en damas.

Le Doge épouse la mer, c'est entendu, mais c'est au nom de la République tout entière. Celle-ci, d'ailleurs, limite ses pouvoirs, le surveille étroitement et le change même en momie vivante. Élu à vie, il doit être plutôt vieux (soixante-dix ans) pour débarrasser le plancher plus vite (style pape).

Il ne peut prendre aucune décision en l'absence de ses six conseillers (les six quartiers de la ville). Il ne peut se déplacer en dehors de la ville qu'accompagné de deux d'entre eux. Tout passe par le Grand Conseil (mille nobles au XIIIe siècle, deux mille au XVIe, dont, peu à peu, des roturiers). Le Grand Conseil n'a pas l'initiative des lois, mais se prononce sur les plus importantes. Il constitue une classe dirigeante unique en Europe.

Il y a aussi le Sénat, issu du Grand Conseil, dont les membres (soixante) sont élus pour un an. Les sénateurs doivent avoir plus de trente ans, et sont rééligibles. Lieu d'un brassage des générations, administration, grand commis de l'État, etc.

Il faut ajouter à cette construction le Conseil des Dix (tribunal composé de dix-sept membres devenu permanent au cours du XIVe siècle). N'oublions pas non plus la Sérénissime Seigneurie (Doge + six conseillers + trois chefs de la Quarantia Criminale), membres choisis au sein du Grand Conseil et renouvelés par tiers tous les huit mois. Ceux-là ne doivent avoir aucun lien de parenté avec le Doge, qu'en réalité ils surveillent. La Seigneurie fixe l'ordre des élections et contrôle leur déroulement. Elle répond de ses décisions devant le Sénat.

Tout ce beau monde a beaucoup d'histoires à régler. Système étouffant ? Peut-être, mais nous ne sommes pas en démocratie. Oligarchie (commandement des peu nombreux) ? Oui, mais il y a foule et un contrôle constant de tous par tous. Corruption ? Pas plus qu'ailleurs, et plutôt aimable, à ciel ouvert. Inquisition ? Minimale, peu d'exécutions, quelques assassinats, sans excès.

On n'en finirait pas d'énumérer les doges plus ou moins célèbres de Venise. Le plus beau portrait de ce genre de saint pétrifié laïque est à mon avis celui de Loredan par Giovanni Bellini. La frontière avec la papauté est ici étroite. Regardez-le : noblesse, volonté, ruse, froideur lumineuse, implacabilité, fierté. Un renard moine soldat, une sorte de pré-jésuite.

Dans la salle du Grand Conseil, au Palais ducal, on voit, dans le haut, tous les visages de ces Doges pas forcément inspirés. Un seul manque, et a été recouvert d'un voile noir. Qui est ce Zorro historique ? Un certain Marin Falier, entré au service de l'État à trente ans, et décapité alors qu'il venait d'être élu Doge, à l'âge de soixante-seize ans, en 1355. Il avait pris la tête, paraît-il, d'une conjuration populaire. Jugé immédiatement, il a été exécuté dans la cour du Palais le 17 avril, et sa tête exhibée sur la

Piazzetta. L'inscription latine, peinte en blanc sur noir, dit sobrement :

HOC EST LOCUS MARINI FALETRI
DECAPITATI PRO CRIMINIBUS.

On ne saurait mieux attirer l'attention. Diable parmi les saints, un traître garde sa place dans la série des héros de la Cité. Dans un régime totalitaire, son nom aurait été effacé, alors que là, son profil de médaille est voilé. Du coup, il vieillit moins que les autres.

Gloire inversée, noire.

On aimerait en savoir plus, on entend un cri.

Finalement, qu'est-ce qu'un doge ? Une sorte de prêtre laïque ascétique à quoi correspond assez bien cette formule de Nietzsche dans *Généalogie de la morale* : « Une unité formidable où l'on voit confondues la cruauté de l'ours blanc, la patience froide du tigre et surtout l'astuce du renard. »

Dorsoduro
(Voir *Zattere*)

E

Églises

Je n'entre presque jamais dans une église en France, alors qu'en Italie, tout le temps.

Elles sont là, un peu partout, à Venise, elles rivalisent avec les palais, elles sont en activité constante de beauté. Messes sur messes, cierges, musique, encens, mariages, baptêmes, enterrements, dalles funéraires. Elles sont riches, parées, bien tenues, fleuries, sentant bon. Ce sont des salons de prière ou de méditation sur la présence réelle. La théologie a engendré ses boudoirs. On marche sur des morts toujours vivants parmi des vivants déjà morts.

Sortir d'un *casino* après une débauche ou une séance de jeu, et aller du même pas se recueillir et s'absoudre dans une église catholique vénitienne, était monnaie courante jusqu'à la fin du XVIIIe siècle. Cette équivalence scandaleuse a été sévèrement punie. Libertinage interdit, culte réduit, pruderie bourgeoise et morale. Effacement des anges, fuite des corps glorieux. Il paraît que tout cela était pervers, n'encourageant pas l'égalitarisme social et l'économie des familles. Les mères ont alors pris beaucoup d'importance, la mélancolie et le dolorisme aussi.

Je parlerai des églises de la Sérénissime qui, à un moment ou à un autre de ma vie, m'ont fait signe.

Il y a celles de l'intérieur et celles de l'eau. Ce sont les mêmes et ce ne sont pas les mêmes. Celles de l'eau, surtout grâce à Palladio, célèbrent en douce le dieu marin grec exilé d'Athènes au cap Sounion : Poséidon (Neptune). Ce sont des temples flottants dédiés à la victoire sur la mort : saint Georges, le Redentore. Elles sont chrétiennes si l'on veut, mais du côté dont personne ne semble vouloir, triomphal, résurrectionnel. Celles de l'intérieur sont d'une force concentrée exceptionnelle et, le plus souvent, des cavernes à trésors.

San Giovanni e Paolo (ou *San Zanipolo*, contraction dialectale des prénoms Giovanni et Paolo).

Jusqu'au XIXe siècle le campo, ici, s'appelle *delle Maravegge* (*des Merveilles*) Pourquoi ? Mais surtout : pourquoi plus *depuis* ?

La place a été pavée en 1592 par les frères dominicains. La statue équestre du condottiere Colleone, par Verrochio, vous surplombe.

L'église en brique est, avec celle des *Frari*, un exemple de gothique sacré en transit vers la Renaissance. À l'intérieur, tombeaux de vingt-cinq doges et de personnages célèbres (Sébastien Venier, par exemple, le vainqueur de Lépante, et ici, avec un peu d'oreille historique, vous entendez le fracas de la bataille navale où Cervantès a perdu son bras gauche, et qui a sauvé l'Occident pour longtemps). Encore un hurlement ? Oui, celui qu'émet cette urne où est conservée la peau de Marc-Antoine Bragadin qui, en 1571, après la chute de Famagouste (dernière citadelle vénitienne de Chypre), s'est laissé écorcher vif plutôt que de collaborer avec les Turcs.

Mais je sais pourquoi je suis là : pour revoir et revoir encore en son lieu le *Polyptyque de saint Vincent Ferrier* de Giovanni Bellini (voir *Bellini*). Il y a aussi *La Gloire de saint Dominique* de Piazzetta et, dans la chapelle du Rosaire, des toiles de Véronèse. Bellini, dans l'ordre de la conversation sacrée, emporte tout, rayonne.

San Zaccaria

Église de l'intérieur mais pas loin de l'eau, comme une grande frégate amarrée. Le campo dégage une impression fermée et bizarre. C'est l'une des églises les plus décalées de Venise. Là encore, je sais ce que je veux revoir, une conversation sacrée de Bellini (encore lui) de 1505. De nouveau, paix dans les couleurs et silence parlant. Pourquoi Bellini n'est-il pas canonisé, comme devraient l'être aussi Monteverdi et Vivaldi ? Étrange.

Saint-Marc

La basilique m'impressionne mais me laisse froid. Je n'aime pas les mosaïques, le manque de perspective, l'abus des coupoles. J'admire les pavements, la Pala d'Oro, mais le Christ Pantocrator me pèse. Toutes les figures sont pareilles et s'ennuient, aucune n'a l'air de comprendre de quoi il s'agit. L'histoire évangélique est pieuse, édifiante, mais plate. Logiquement tout cela s'évapore au XVe siècle, on va pouvoir respirer dedans comme dehors.

Avec le fameux quadrige de chevaux en cuivre doré, par exemple, de pure inspiration grecque. « Ils semblent hennir et piaffer », dit Pétrarque. Ce qui est sûr, c'est qu'ils incarnent un maximum de gloire et de liberté, et qu'ils arrachent la basilique à son tassement orthodoxe. Ces chevaux n'ont pas échappé à l'œil confiscateur de Napoléon, qui les a emmenés tirer un char (quelle pitié) sur l'arc du Carrousel, aux Tuileries. Ils sont revenus ici en 1815. Les originaux sont cachés à cause de la pollution, mais les copies sont là pour dire qu'on peut s'échapper de toutes les prisons possibles.

Saint-Marc, par sa construction même, a donné l'idée aux grands musiciens vénitiens (Gabrieli, Monteverdi) du dialogue de voix et d'orchestre d'une tribune à l'autre (*Vêpres*). Les musiciens sont des chevaux.

Santa Maria Gloriosa dei Frari

C'est la plus grande église (franciscaine) de Venise. Dans son aspect actuel, brique et ornements de marbre blanc, elle date du xve siècle, mais a été « en travail » depuis 1250.

J'entre, et je sais que le cœur glorieux de la Sérénissime est là. *L'Assomption* rouge du Titien, au-dessus du maître-autel, me le dit d'emblée. Le tableau part dans tous les sens. Dieu (c'est-à-dire ce peintre) est assez fort pour nous tirer du mauvais pas et du bourbier de l'Histoire. On en fait assompter une, *celle-là*, et le tour est joué, le reste suivra. Titien, mort de la peste en 1576, avait demandé à être enterré ici. Canova, mort en 1822, a, lui, sa laide pyramide néoclassique avec son cœur dans une urne de porphyre. Leçon des temps.

Titien brille aussi dans la nef, au-dessus de l'autel Pesaro, avec son *Retable* de Ca' Pesaro. Dans la chapelle Pesaro, encore un fabuleux triptyque de Bellini, encore lui, toujours lui, *inspiré*, c'est le cas de le dire.

Ce que je regarde maintenant, ce n'est pas la « peinture », mais la respiration globale et physique qui a pris tout ce temps-là dans cette apparence-là, dans ce site-là. La vision transformée en vue. L'ardente prière.

Impossible de retrouver la tombe de Monteverdi, dans une chapelle, à gauche du maître-autel, sans une intense émotion. Je vois la dalle marquée de son nom, j'entends intérieurement la musique, *et in saecula saeculorum, amen*.

San Rocco

C'est l'église du Tintoret (une *scuola*, mais cela revient au même). Il a travaillé très vite, à son habitude (trois ans). Plafonds, murs, ce dramaturge de génie vous tord les volumes. C'est du viol, comme le prouve cette *Annonciation*, effraction de l'espace, Vierge saisie par cette fusée angélique. Tintoret a pris la salle du Grand Conseil au palais des Doges avec son tempétueux *Paradis*, ici il est chez lui, il vous refait la Passion, c'est sa navette spatiale. Il ne conteste pas Venise, il la propulse, la dote d'hélices nouvelles, l'accomplit dans sa force latente. Jouer Tintoret « contre » Titien (comme le fait Sartre) est absurde. Absorption et dépassement : chacun ses nervures. En tout cas, ce n'est pas le cinéma qui pourrait envisager de « dépasser » Tintoret, pas plus qu'une machine ne peut remplacer un sexe, un nez, une épaule, un bras, des doigts. Sa vaste et incroyable *Crucifixion* est là pour le dire. En crucifixion dramatique, Tintoret n'a pas de rival.

Santa Maria del Giglio

J'ai vu, dans cette église du XVIIe siècle, des religieuses en adoration perpétuelle devant le « Santissimo », hostie blanche dans un ostensoir d'or, c'est-à-dire devant le Saint-Esprit en personne. Le rituel est le même dans la chapelle du Saint-Sacrement, à Saint-Pierre de Rome, juste après la *Pietà* de Michel-Ange, à droite, en entrant.

Il s'agit de charger le silence au maximum. Ça marche. Tout s'allège. Interrompre le bavardage humain est une des fonctions de la transmission.

L'archange Gabriel, un lis à la main, annonce à Marie l'extravagante nouvelle. Église de Sainte-Marie-du-Lis, donc. À l'intérieur, une *Vierge à l'enfant avec saint Jean* de Rubens est d'une obscénité tranquille : une solide matrone aux seins pointant du corsage s'approprie deux garçons dodus et ravis. Attention à l'œil de l'agneau, pourtant, qui en sait long sur ces choses intimes, et qui vous regarde, vous, mortel, d'un œil noir. Mais n'est-ce pas plutôt un bouc au pied fourchu ?

Le bouc, en effet, n'est pas loin, sur le campo San Maurizio, palais Bellavite, habitait le très libre et très inconvenant Giorgio Baffo (voir *Baffo*).

Dieu et le diable excellents voisins ? Seuls les dévots ou les dévotes de l'un ou de l'autre peuvent s'en montrer surpris, mais sûrement pas un Vénitien averti.

La Salute

Je suis resté là, souvent, dans la nuit, assis sur les marches du grand escalier. Le quai élargi est grandiose. En face, au loin, le Grand Canal, ses hôtels, ses dîneurs, son bruit humain. À droite, la pointe de la Dogana. Nous sommes ici dans l'autre Venise. L'église de la santé vous salue.

C'est le 22 novembre 1630 que le Sénat de Venise décide de remercier la Vierge (encore elle) d'avoir arrêté l'épidémie de peste. La première pierre est posée le 1er avril 1631.

Il faut imaginer ce chantier s'élevant par-dessus la désolation et l'amoncellement des cadavres. Une église au-dessus de la pourriture ? C'est le style de l'endroit.

L'architecte est ambitieux. Il a trente-deux ans, et il est révolutionnaire (avant Bernin et Borromini). Il s'appelle Baldassare Longhena (1598-1682). Wittkower écrit de lui qu'il « représente le triomphe absolu dans la sculpturalité, la monumentalité baroque et la richesse des jeux de lumière ».

C'était simple et très compliqué : en face de Saint-Marc, sur l'autre rive, quoi ? Par rapport à Palladio, de l'autre côté de la Giudecca, quoi ? Il faut faire le poids sur la gauche (masse énorme), et ne pas être ridicule sur la droite. Voici un *octogone*, idée de génie.

Les *roues* de la Salute autour de la coupole, et l'ensemble des corniches à statues sont aussi des idées de génie. Deux coupoles, deux campaniles, mais l'église est *ronde*, elle tourne sur elle-même à l'intérieur, alors qu'à l'extérieur elle donne l'impression d'atterrir puissamment, comme le char céleste d'une divinité.

C'est le seul monument vénitien qu'on peut admirer pour lui-même et son *vide*. Congé à la peste, mais d'une certaine façon, congé aussi au psychisme. J'ai cru remarquer que la Salute gêne les névrosés et pétrifie les hystériques. C'est un test.

Le 21 novembre, ici, procession en hommage à l'intercession de la Vierge lors de la grande peste de 1630. Pont de bateaux sur le Grand Canal vers ce magnifique hôpital désert. Tout ce qui se passe la nuit derrière la Salute, jardins invisibles, terrasses devinées, sotoporteghos à peine éclairés, coudes brusques vers les Zattere, murs, silence, eau noire, est indéfinissable, léger, frais, suspendu, secret. Je me surprends souvent, à Venise, au détour d'un coup de soleil dans les mâts, en fin d'après-midi, à penser « les dieux sont là ». Et en effet, ils sont là.

Gesuati

Quand je suis quelques semaines à Venise, c'est mon église (deux fois par jour, le matin, le soir). L'ordre des *Gésuates* (et pas des *Jésuites*) était voué au service des hôpitaux. Il est supprimé en 1668 « pour cause de conduite immorale » (laquelle ?). Le lieu passe aux dominicains. Nouvelle église terminée en 1736 par Giorgio Massari. Nef unique, long rectangle aux angles arrondis, trois chapelles de part et d'autre. Sur les côtés, la voûte est percée de grandes fenêtres en demi-lune, et le chœur est couronné d'une coupole terminée par une lanterne. Les peintures sont dans la tradition dominicaine. Piazzetta, trois saints : Vicenzo Ferrer, Giacinto et Luigi Beltran, très agités, extatiques au sujet de l'eucharistie. Mais l'essentiel se passe au plafond avec Tiepolo, grand maître aérien de l'espace.

Plafond : une vie de saint Dominique sur des petits panneaux latéraux et, dans le vaste panneau central, l'étourdissante *Institution du rosaire.* La Vierge, un rosaire à la main, apparaît à saint Dominique (blanc et noir, selon les couleurs de son ordre, dans une symphonie de couleurs vives), le lui tend, tandis que dans le bas du tableau, et donc dans l'église elle-même, les fidèles attendent que le saint leur transmette, comme une pluie bienfaisante, cette nouvelle façon de prier.

Peu d'artistes, après Michel-Ange, ont été aussi souverains que Tiepolo dans l'art du plafond. C'est son élément, son ciel, son eau, sa vision renversée des corps, des chairs, des tissus, des matières. Chaque touche de pinceau est une note. Vous levez la tête, vous vous tordez le cou, vous le regardez grâce à un miroir dans l'allée centrale, vous recommencez, votre poids est toujours trop lourd, trop terrestre. Tiepolo, c'est du Saint-Esprit dans les cintres, du vent spirituel dans les voiles, les trombes, les effondrements calculés, les spirales, vol plané ou piqué, démonstration que la vie humaine en oiseau est possible. Ça descend vers vous, ça vous oblige à monter. Descente, ascension : c'est le fond de ce que cette religion veut dire.

Tiepolo est un ange, il devrait être depuis longtemps béatifié. Le mot « bienheureux » lui va comme une palette. Vous êtes au bord de l'eau, vous accostez, vous montez les marches, vous passez la porte de bois massif, vous entrez, vous levez les yeux, le ciel réel vous tombe d'un coup sur la tête.

Très habilement, ou bien de façon masquée autobiographique, ce peintre inouï a disposé à droite, en entrant, un tableau de silence bleu. Trois saintes de l'ordre : Catherine de Sienne, Reine de Lima et Agnès de Montepulciano. Ce sont des fruits discrets, des fleurs sans pourquoi retournées en elles-mêmes. Et voyez, là, sur la tringle du rideau tiré, en haut, cet oiseau posé comme une signature : Tiepolo.

De part et d'autre de l'autel, deux grands anges d'or porteurs de flambeaux. À gauche, une crucifixion ramassée de Tintoret, grise et violette, rappelle le drame fondateur qui permet l'envol. Un Christ très robuste y expire. Le ballet pathétique des femmes, au pied de la croix, est sobre, saisi dans la trame. Le contraste avec l'extase de Tiepolo est complet, et c'est ce qu'il fallait. Les dates parlent d'elles-mêmes : Tintoret 1518-1594, Tiepolo 1696-1770. Venise va bientôt fermer, ça suffit comme ça, on verra plus tard. On avance sans « progrès » (pas de progrès en art) dans la compréhension des substances, dont la féminine est la clé (Fragonard a vu cette percée).

Giambattista Tiepolo s'est déployé à Udine, Wurtzbourg, Madrid (où il est mort). Ses eaux-fortes (suites des *Caprici*, *Scherzi di fantasia*), sont célèbres. Son fils, Giandomenico (1727-1804), a été son collaborateur avant de faire une œuvre originale, souvent satirique et carnavalesque. Quand Tiepolo est en activité aux Gesuati, il a dix ans. C'est un petit garçon très doué. On les voit sortir tous les deux, le père et le fils, en fin d'après-midi, au soleil couchant, quand le ciel de Venise ressemble à une toile de Giambattista.

Dans la salle du chapitre de la Scuola dei Carmini, on

peut voir un plafond peint par Tiepolo en 1749 : *La Vierge et l'Enfant-Jésus remettant le scapulaire à saint Simon Stock*. Ce saint anglais du XIIIe siècle, mort à Bordeaux, avait prié la Vierge d'accorder à l'ordre des Carmes un privilège spécial. Le voici, tenu par un ange au torse nu : un *scapulaire* (du latin *scapula*, épaule), lettre, enveloppe de tissu à images brodées saintes à porter contre la peau sous les vêtements, en somme une sorte de préservatif. Comprenez : la peinture vous protège, priez et pensez. La Vierge, en haut, est très hautaine. Le saint est prosterné, un ange à côté de lui semble bondir. Comme d'habitude, l'apparition est à étages de jambes, de visages et de bras multiples (on se croirait en Inde). Pour dire exactement de quoi l'art vous sauve, Tiepolo a pris soin de peindre, en bas, des squelettes et des crânes enterrés, ainsi que quelques visages grimaçants noirâtres de damnés.

Assis sur un ponton, près des Gesuati, ou bien à la terrasse de chez *Gianni*, on peut voir, vers 20 h 30 ou 21 heures, les avions venant d'un peu partout et descendant vers l'aéroport Marco-Polo. Il y a un moment étonnant dû à la perspective. Les avions *rentrent* directement dans le portique de l'église, comme s'ils se glissaient dans une boîte aux lettres prévue à cet improbable usage. Cet effet d'optique dure quelques secondes.

San Trovaso

Nous sommes toujours dans le Dorsoduro, mais le coin de San Trovaso est marqué d'une magie spéciale : squero des gondoles et travail du bois (datant du XVIIe siècle), rio San Trovaso, église du même nom, fondée au IXe ou xe siècle, mais entièrement reconstruite au XVIIe en style palladien. L'endroit est d'une lumière tranquille et, même si vous le voyez pour la deux centième fois, continue à vous paraître nouveau, datant de la veille, mais aussi de plus en plus ancien, comme si vous aviez passé ici plusieurs vies sans histoires depuis trois siècles. Contraction du temps, fréquente à Venise, et titre d'un roman possible : *Rien n'arrive à San Trovaso.*

Le vieux puits d'hier, surélevé par rapport à la place, est souligné par un encadrement de pierre blanche. On s'assoit là, *on se souvient d'oublier*.

L'église a deux entrées, elle est large, son orgue joue souvent. Tintoret s'y est trouvé bien, comme dans une grande grange. Sa *Cène* (contrairement au dîner princier de Véronèse *Le Repas chez Lévi*) est un banquet paysan (voyez cette rustique chaise de paille). *Les Tentations de saint Antoine* (dans la chapelle funéraire du donateur au nom incroyable Antonio Milledonne) est une de ses meilleures toiles « ramassées ». Cet Antoine aux mille femmes a dû amuser Tintoret.

San Trovaso est l'église idéale pour le dimanche. Je m'assois tout au fond, j'écoute l'organiste qui sait que je l'écoute, les femmes du quartier arrivent par petits groupes avec leurs enfants. C'est banal, rituel, conformiste, hyper provincial, protégé, ni riche ni pauvre, pas du tout ridicule, ennuyeusement confortable. À cent mètres de là, c'est un autre monde (le trafic maritime, les paquebots). Ce prélude de Bach en a vu tant d'autres. Tout le monde se serre la main, le soleil luit, c'est fini.

San Sebastiano

Pas loin de la gare maritime, c'est l'église de Véronèse. En 1555, il commence par le plafond de la sacristie : *Couronnement de la Vierge*, entouré des quatre évangélistes. L'année suivante, trois toiles encastrées au plafond : la vie d'Esther. En 1558, toujours dans la nef, fresques : *L'Annonciation*, avec figures d'une sibylle et de saints. Il boucle en 1565 (dix ans, après, donc), avec les deux grandes toiles de la chapelle principale autour de saint Sébastien.

Il est enterré là en 1588, comme un pharaon, au pied de l'orgue admirablement décoré par lui trente ans auparavant. Temps, pinceau, mort, musique.

Tout est clair, frais, harmonieux, la raison jouit enfin pleinement d'elle-même au-delà d'elle-même. Ce peintre a eu le pouvoir (comme Michel-Ange et Titien), il l'a exercé pour la plus grande gloire de son art. L'église s'appelle Saint-Sébastien, mais elle aurait déjà dû être renommée Saint-Véronèse.

Le Redentore

Le terme de Rédempteur, lui, peut s'appliquer à Palladio. Dans la grande entreprise inouïe, héroïque, à jamais mémorable d'intégration-dépassement du christianisme par l'Italie et Venise, son nom doit résonner comme celui d'un libérateur. Son chef-d'œuvre (avec San Giorgio) est là, rouge et blanc, dressé sur la Giudecca et ses flots.

Exactement dans l'angle qu'il faut.

Pour qu'on voie bien de partout, depuis les navires et les rives, cette statue d'homme-dieu triomphant plantée sur la coupole avec son fanion d'immortel.

Palladio : du grec *palladium*, objet sacré à la garde duquel est attachée la conservation d'une cité. *Pallas* : nom rituel d'Athéna. *Dio* : le dieu qu'il vous faut. En réalité, né à Padoue, l'immense Palladio s'appelait André de Pierre, Andrea di Pietro (1508-1580). Ses *villas* n'ont pas d'équivalent, ses façades non plus.

Il a *voulu* l'envol stable de son *Redentore*. Stratège, il a disposé son angle imprenable : San Giorgio, le Redentore, la Douane de mer. D'un côté, Byzance et le gothique flamboyant du passé ; de l'autre, la Grèce antique ressuscitée à jamais *via* la Renaissance et la Contre-Réforme. Monstration, démonstration. Blessure infernale pour tous les passéistes et les modernistes (ces alliés du sous-sol). Pari fou, et gagné.

Au départ, il s'agit encore d'une histoire de peste (1576). Le Sénat, devant la mort d'un quart de la population, fait le vœu d'un temple au Rédempteur. Il était temps. Palladio a déjà pris San Giorgio. Sans lui, la mort persisterait dans son travail. Les travaux s'achèvent d'ailleurs en 1582, après sa disparition. La fête du Rédempteur, autrefois pont de barques traversant l'eau, a lieu le troisième dimanche de juillet. Le feu d'artifice est tiré la veille au soir.

San Giorgio Maggiore

Palladio commence là en 1566 (il a cinquante-huit ans). Victoire sur le Dragon d'abord, Rédempteur ensuite. Donc : sanctuaire chrétien transformé en temple grec. À l'intérieur, équilibre entre le plan centré du temple classique et la croix latine, d'où l'étrange profondeur du chœur. La grande coupole couronnant la croisée du transept se trouve ainsi à égale distance de l'entrée et du maître-autel. Messe autrefois chantée par un double chœur. Et voilà.

Deux toiles de Tintoret, *La Manne*, *La Cène*.

Cloître aux cyprès. Nous sommes chez les bénédictins.

Palladio a travaillé ici jusqu'à sa mort.

Sur le flanc gauche, en regardant la façade, beaucoup de mâts de bateaux, une flottille à l'arrêt.

San Giorgio est une île, une ville dans la ville, un port dans le port.

Assis sur les marches de son temple, Palladio, un matin, très tôt, éprouve son œuvre. Titre de sa méditation : *La Prise de Venise*.

San Palladio.

F

Fenice (La)

Phénix, en italien, est au féminin : *La Fenice*. S'agissant d'un théâtre, voilà un nom qui prédispose aux incendies. Ils ont eu lieu.

La Fenice commence par naître sur les cendres d'un autre théâtre brûlé, le San Benedetto, en 1674. Les travaux ont commencé tard, en juin 1790, et se sont achevés en mai 1792. Pour l'inauguration le 16 mai, on a joué un opéra de Giovanni Paisiello, *Les Jeux d'Agrigente*. Cette ouverture a donc lieu six mois après la mort de Mozart à Vienne, le 5 décembre 1791 à 0 h 55.

Le théâtre brûle en 1836, et il est reconstruit en 1837.

Il reflambe le 29 janvier 1996, pendant des travaux de restauration (incendie criminel). Il est reconstruit à l'identique (heureusement), et rouvre ses portes au moment où j'écris ces lignes (2004).

L'éloge de La Fenice n'est plus à faire : magnifique boudoir qui, en somme, n'attendait que le cinéma, comme on le voit dans *Senso* de Visconti.

L'ennui, c'est qu'il est envahi, depuis deux siècles, par une musique absurde : Rossini, Bellini, Donizetti, Verdi. À part la création de *Rake's Progress* de Stravinsky (et encore, je n'écouterais pas cet opéra tous les ans), on voit défiler Britten, Berio, Nono, Bussotti, lesquels ont leurs admirateurs (comme les Italiens cités plus haut), mais cela ne change rien à l'affaire.

Pourquoi la musique des XIXe et XXe siècles paraît-elle désormais aussi vieillotte (Wagner compris) ? Pourquoi, au contraire, Monteverdi, Vivaldi, Mozart (sans parler de Gesualdo, Purcell, Bach, Haendel, Haydn) semblent-ils, jour après jour, si jeunes, si *nouveaux* ?

Bref, de quoi s'agit-il ?

De Venise, justement, et de la lutte qui s'y mène depuis toujours entre décadence et affirmation, mélancolie et joie, pouvoir nocturne et lumières. La Fenice est typiquement un théâtre du XIXe siècle, c'est-à-dire du tunnel pour la Sérénissime. Monteverdi et Vivaldi sont alors oubliés, niés.

Comme on sait, ces deux fabuleux musiciens n'ont ressurgi que dans la deuxième moitié du XXe siècle. Ce *tournant* de la musique est encore devant nous.

Je ne suis allé que deux fois à La Fenice. La première pour une représentation du *Don Giovanni* de Mozart, il y a longtemps, où, grâce à des jumelles de nacre prêtées par une amie, j'ai pu rester de longs moments, depuis une loge, dans la bouche, les lèvres, la gorge et le souffle de Teresa Stich-Randall.

La deuxième est plus insolite. On est en 1985, le pape Jean-Paul II est en visite à Venise. On donne un concert à La Fenice en son honneur. Je n'ai pas d'invitation, je suis très mal habillé, mais, chance, je suis en compagnie d'une très jolie femme élégante. Le théâtre est bouclé par la police et l'armée, personne ne peut passer sans contrôle et fouille (l'attentat contre le pape, en 1981, justifie ces mesures d'exception). Or, peu avant le concert, je *sais* que je pourrai assister à l'événement. Mon amie, à qui j'annonce que nous allons là-bas, me regarde comme si j'étais fou, mais ça l'amuse. Nous marchons tranquillement, et il faut croire que nous devenons invisibles puisque nous traversons tous les rangs de surveillance sans qu'on nous pose la moindre question.

J'avais un simple canif dans ma poche, j'aurais pu avoir un revolver chargé.

Nous arrivons donc sans encombre devant l'escalier du théâtre. Le public en smokings et robes longues se presse avec ses invitations. Je tombe sur un contrôleur ahuri, à qui j'explique rapidement en italien que je suis écrivain et qu'il est très important pour moi, Français, d'assister à ce concert. Je vais même jusqu'à lui dire que c'est comme si Stendhal le lui demandait lui-même.

Le type me regarde, nous regarde, et non seulement fait signe de passer, mais nous conduit en catimini, jusque dans la loge impériale.

Stendhal, sésame.

Le public entre, les autorités arrivent, les cardinaux s'installent au parterre, et le pape, dans un fauteuil spécial, dans l'allée centrale. Dans notre loge, personne. Et personne ne fait attention à nous (c'est d'autant plus étonnant que je porte une veste mao grise, déjà très usée, que j'ai ramenée dix ans plus tôt de Shanghai). Seul un journaliste de télévision américain, de la NBC, viendra nous demander s'il peut installer sa caméra près de nous. La vue est imprenable. Pour assassiner une bonne fois le pape (style film de Hitchcock), il n'y a pas mieux.

Je *devais* donc assister à ce concert. Concert ahurissant, avec l'interminable cinquième symphonie de Gustav Mahler (en contrepoint, donc, Thomas Mann et *Mort à Venise* de Visconti).

La musique déferle, le pape s'ennuie. Je le vois tapoter avec nervosité sa jambe gauche avec son éventail. On fait *subir* Mahler à Jean-Paul II. C'est un attentat acoustique. Sa Sainteté est prise en otage, il n'y a plus qu'à attendre la fin de ce tintamarre avec patience et bonne humeur.

On sort, on s'éclipse, on disparaît dans la nuit, et c'est bientôt le silence des quais vers la Salute.

J'ai eu quelques moments très spéciaux dans ma vie, mais celui-là n'arrive pas à se constituer en souvenir. Il reste là, au présent, bloc surréaliste actif.

Moralité prophétique : La Fenice, pour éviter d'autres incendies, devrait être entièrement consacrée à Vivaldi et Mozart. Sans quoi, je ne réponds de rien. Brève suggestion, au moins pour tout le XXIᵉ siècle.

Florian

Pendant les premiers temps de mes séjours à Venise, j'ai naturellement beaucoup tourné autour de la place Saint-Marc, des arcades des Procuraties, de la Piazzetta, du Florian et surtout de La Fenice où j'allais dîner, dans le restaurant qui se trouve à côté, presque tous les soirs.

Je visitais tout, je regardais tout avec avidité, puis je croyais revenir au centre. Il m'a fallu deux ou trois ans avant de comprendre l'erreur. Oui, il y a bien une ville qui s'appelle Venise, avec place Saint-Marc, basilique, palais des Doges, gondoles, Florian, Quadri et même Harry's Bar ; mais *habiter* réellement Venise est une autre histoire, qui ne se confond pas non plus avec une « habitation ». C'est d'un point d'esprit qu'il s'agit. Pas immédiat. À la longue.

À partir des années 70 et surtout 80 du XXᵉ siècle, la Giudecca est montée en puissance à cause du trafic maritime de plus en plus intense. Le centre Saint-Marc s'est alors décalé dans le temps et l'espace, de même que le Lido (où je n'ai jeté qu'un coup d'œil avant de fuir). Le Dorsoduro est devenu (ou redevenu) le quartier essentiel. Donc, XVIᵉ-XVIIIᵉ plutôt que XVᵉ-XIXᵉ-XXᵉ. Étrange détour, ou retour.

Plus besoin de prendre, comme au début, des vaporettos dans tous les sens. Le lieu était trouvé, et la formule.

Allons quand même prendre un café ou savourer une

glace au Florian, fondé en 1720 sous le nom d'« À la Venise triomphante ». *Florian* est le prénom de son premier propriétaire, Floriano Francesconi. Balzac : « Le Florian est tout à la fois une Bourse, un foyer de théâtre, un cabinet de lecture, un club, un confessionnal, et convient si bien à la multiplicité des affaires du pays que certaines femmes vénitiennes ignorent complètement le genre d'occupation de leur mari, car s'ils ont une lettre à faire, ils vont l'écrire à ce café. »

C'est à Venise, à partir de 1638, qu'on a commencé à boire du café, venu de Turquie. On prétend qu'on boit du café ailleurs qu'en Italie, mais c'est une fable. Combien en ai-je bu aujourd'hui ? Six ? Il faut s'arrêter.

Fortuny Mariano
1871-1949

Il s'agit ici du célèbre Mariano Fortuny y Madrazo, originaire de Grenade.

Je veux bien répéter ce qu'il y a à dire sur Fortuny, citer Proust (« Les robes Fortuny, fidèlement antiques mais puissamment originales, faisaient apparaître comme un décor la Venise tout encombrée d'Orient », etc.), rappeler ses différents talents de peintre (passons), de photographe, de créateur de tissus, de couturier, de chimiste, de physicien, d'éclairagiste de théâtre, etc. – mais à quoi bon ? Son « écharpe Knossos » pour danseuses, sa robe en soie plissée « Delphos » inspirée des chitons de lin plissé de la Grèce antique, bref tout ce bazar fin de siècle m'intéresse cinq minutes et me donne envie de prendre le premier bateau. Le *plissage*, avec culte de la femme idéale de cette époque, m'endort. Les robes, lestées par des ganses ornées de perles de verre soufflées à Murano, me paraissent peser dix tonnes. Je choque ici des amateurs, tant pis.

Supposez que vous rencontriez une jeune fille en fleur, du nom d'Albertine. Elle est habillée en « Delphos », robe enfilée par la tête et censée mettre en valeur son corps ondoyant. Vous notez le haut de velours de soie ou de gaze légèrement côtelée. Vous allez vous perdre ensuite dans des motifs chinois, japonais, perses, arabes. Votre Albertine est confinée dans les soies, soumise au pochoir, vouée à la *patine*. Un peu plus loin, vous savez que le support a été passé au blanc d'œuf de Chine et qu'en s'enfonçant profondément dans l'épaisseur de la fibre les couleurs des dessins donnent au tissu un rien de cassant. Ce *cassant* est très important. Mais tout passe, tout lasse.

Cela dit, le produit Fortuny fait fortune. C'est Venise tout entière dans ses plis ramassée. Vous faites déborder le plissé et les cotons en relief, vous vendez à Paris, bientôt à New York. Enfin, le soir, vous pouvez allonger votre poupée Knossos ou Delphos, lui donner sa tisane, et allumer près d'elle, pour la contempler, une lampe Fortuny, fragile et transparente, peinte amoureusement à la main. Vous relisez quelques pages de Proust, vous prenez votre somnifère d'opium. Bonne nuit.

G

Gesuati

(Voir *Églises*)

Ghetto

Ici, il faut raconter les choses.

Le mot *ghetto* vient du verbe *gettare, fondre*, d'où *geto vecchio* et *geto nuovo*, pour désigner un ensemble de fonderies des XIVe et XVe siècles et leurs scories rejetées aux environs. Après l'installation forcée des Juifs, surtout à partir de 1516, le mot change de prononciation et de sens. Il n'en conserve pas moins son origine sinistre qu'on retrouve dans *gettatore*, jeteur de sort. *L'être-jeté* : toute une histoire obscure et terrible.

Nous sommes à Canareggio, près de la gare ferroviaire, dans le quartier le plus peuplé de Venise. Le *ghetto* forme un ensemble de maisons nettement plus élevées que les autres (beaucoup de monde pour peu de place autrefois).

Les Juifs sont déjà à Venise au début du XIVe siècle, comme marchands venant acheter et vendre sans avoir le droit de rester. On leur impose la *condotta*, contrat provisoire. Ils pratiquent le prêt à usure (interdit aux chrétiens) et la *strazziaria*, vente d'objets et de vêtements de seconde main.

Le pouvoir vénitien prend souvent prétexte d'irrégularités dans la tenue de leurs comptoirs pour ne leur accorder que quinze jours de résidence et, plus tard, le port de signes distinctifs ostensibles : rond jaune, turban, chapeau jaune puis rouge. Ils ne peuvent pas être enterrés en terre chrétienne : leur cimetière sera donc au Lido jusqu'à la fin du XVIIIe siècle.

Les Juifs, et ce n'est pas nouveau, déclenchent la peur de voir la banque et le commerce passer principalement par eux. Venise invente à la fois la résidence obligatoire contrôlée (le *nom*) et la méthode de ségrégation-séquestration-exploitation, aussi cynique que souple. C'est la tache noire de la Sérénissime, sa redoutable innovation. *Le Marchand de Venise* est le chef-d'œuvre ambigu qui s'est chargé de la mettre en scène (voir *Shakespeare*).

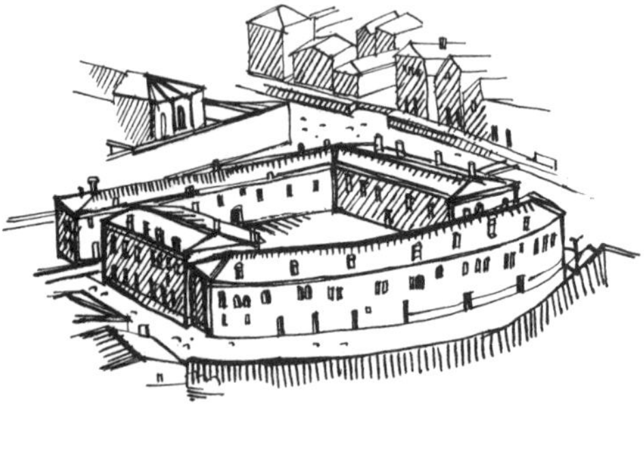

Pragmatisme vénitien du Sénat : le 29 mars 1516, une proposition de Zaccaria Dolfin est adoptée à une forte majorité. Les Juifs devront s'installer dans le Ghetto Nuovo, îlot urbain relié au reste de la ville par deux accès qui seront fermés la nuit. Ils peuvent être prêteurs sur gages ou fripiers, mais sont en même temps tenus à distance. Le résultat ? Une forteresse (on évite les violences les plus graves), et un camp de concentration vivable, à utilité monétaire.

Ils sont donc là, prêteurs à 5 %. Le mot *ghetto* deviendra européen. Les portes sont ouvertes à l'aube et fermées à minuit. Quatre gardiens chrétiens, appointés par les Juifs eux-mêmes, surveillent les entrées et les sorties. Les Juifs ne peuvent pas sortir pendant les fêtes chrétiennes.

À cela près (si on peut dire), ils peuvent vivre avec leurs familles à leur gré. Religion, nourriture, vie associative active, synagogues appelées *schole* (sur le modèle des fraternités laïques chrétiennes). Comptoirs de prêt et tailleurs sont très fréquentés par ceux du dehors, lesquels viennent aussi pour le théâtre très vivant et les fêtes (celle de Pourim, par exemple).

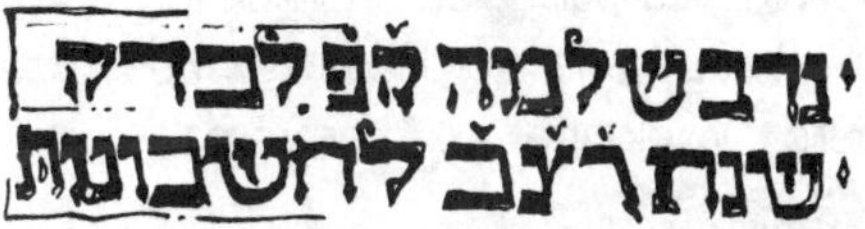

Les portes du Ghetto sont démolies par les Français le 10 juin 1797 : une des rares bonnes actions de l'armée de Bonaparte à Venise. Mais il faudra attendre l'unité italienne et Victor-Emmanuel II (1866, donc) pour que les Juifs aient les mêmes droits que les autres citoyens.

Venise la splendide a été *aussi* la ville qui a créé le Ghetto. Nous retrouvons, une fois de plus, Dieu et le Diable ensemble et, qui plus est, en transaction modérée et plus ou moins occulte. La Fortune a ses secrets. Le Ghetto, c'est ainsi, *fait partie* de Venise.

J'entre ici avec émotion et respect. Les synagogues sont admirables. Diversité et beauté intérieure, rouleaux et livres entourés et éclairés d'un rouge qui est la ferveur du cœur.

Ici la Loi, la récitation, la lettre. Ici, le navire insubmersible de l'hébreu à travers le temps. Ces synagogues sont *heureuses*. Il y a l'allemande, l'italienne, la levantine, l'espagnole (dite aussi du Ponant). Les colonnes de bois sculpté, les objets de culte, les broderies ont l'air directement issus du trésor biblique. Et voici les manuscrits : l'un d'eux se signale par des lignes censurées à l'encre noire par des rabbins sourcilleux ou de stricte observance (Spinoza a su de quoi je parle). Il s'agit du *Guide des Égarés* de Maïmonide. Un danger dans l'écrit ? Sans doute. Impossible de ne pas penser, en écho visuel, au doge hérétique voilé du palais, ou à Giordano Bruno enfermé puis brûlé. Lisez donc, et découvrez peut-être ce qu'il y a derrière. Développez et interprétez.

Gide André
1869-1951

Il est surprenant (et, finalement, non) de voir à quel point Gide reste étranger à Venise. Rien dans son *Journal*, sauf le rappel d'une petite aventure racontée dans *Ainsi soit-il ou Les jeux sont faits.*

Il prend une gondole quai dei Schiavoni, sans, dit-il, « aucun dessein ténébreux ». « Sinon j'aurais commencé par choisir d'autres nautoniers que ces deux costauds plus très jeunes. » Il s'endort un peu, se retrouve, après le Canal Grande, dans un petit canal isolé, où l'un des deux « gaillards », planté devant lui, lui réclame son portefeuille. Il a peur, se maîtrise, refuse, et se fait reconduire à son lieu de départ, non sans avoir offert des cigarettes à ses deux détrousseurs frustrés qui, d'ailleurs, se mettent à rire. Gide confesse que cet épisode l'a plutôt « amusé ».

C'est tout ? C'est tout. Rien d'autre ? Rien. C'est un peu court pour Venise.

Giorgione
v. 1478-1510
(Voir *Accademia*)

Giudecca
(Voir *Bateaux*, *Zattere*)

Goethe Johann Wolfgang von
1749-1832

En 1786, Goethe a trente-sept ans.

Voyage en Italie :

« Il était donc écrit, à ma page, dans le livre du destin, que l'an 1786, le 28 septembre au soir, à cinq heures, selon nos horloges, je verrais Venise pour la première fois, en débouchant de la Brenta dans les lagunes, et que, bientôt après, je poserais le pied dans cette merveilleuse ville insulaire, dans cette république de castors ! Ainsi donc, Dieu soit loué ! Venise n'est plus pour moi un simple mot, un vain nom, qui m'a tourmenté souvent, moi, l'ennemi mortel des paroles vides. »

Goethe pense donc qu'il y a un « livre du destin » où chacun a sa page (en tout cas, lui). Son entrée solennelle dans Venise ne passe pas inaperçue.

Il loge près de la place Saint-Marc. Il se sent merveilleusement seul :

« La solitude, après laquelle j'ai soupiré souvent avec tant d'ardeur, je peux en jouir maintenant à souhait ; car nulle part on ne se sent plus seul que dans la foule à travers laquelle on glisse, absolument inconnu de chacun. Je ne suis peut-être connu à Venise que d'un seul homme, et il ne me rencontrera pas de sitôt. »

Goethe s'est échappé, il fuit le Nord qui, lorsque Venise se civilisait, « était encore dans les ténèbres ». Il veut comprendre comment cette sortie de l'eau a pu se produire, il est subjugué par la lagune et l'organisation lente et patiente de la Cité. « Le Vénitien dut devenir un être d'une nouvelle espèce, tout comme Venise ne peut se comparer qu'à elle-même. »

Il voit tout de suite la sinuosité du Grand Canal, le pont du Rialto, « une seule arche de marbre blanc ». Sur la Giudecca, en gondole, il se voit soudain en « coseigneur de la mer Adriatique, comme tout Vénitien croit l'être quand il est couché dans sa gondole ». Et puis : « Tout ce qui m'environne est imposant : c'est le grand ouvrage des hommes unissant leurs forces, le magnifique monument, non pas d'un maître mais d'un peuple. »

Le génie du lieu, le « divin génie », est bien entendu Palladio. Ainsi du couvent de la Charité :

« Des années ne suffiraient pas pour méditer sur une telle œuvre. Il me semble n'avoir jamais rien vu de plus grand et de plus parfait, et je ne crois pas me tromper. »

À propos du Redentore :

« Palladio était pénétré de la vie des anciens, et il sentait la petitesse et l'étroitesse de son temps, comme un grand homme, qui ne veut pas se résigner, mais, autant que possible, transformer ce qui reste selon ses idées. »

(Ce qui peut se discuter, puisque Palladio a été un des grands hommes d'un très grand temps.)

On voit bien ce qui intéresse Goethe chez Palladio :

« Je comprends toujours mieux son génie et son travail, à mesure que je lis ses ouvrages, et que je considère comment il traite les anciens. Il est sobre de paroles, mais elles sont toutes de poids. Le quatrième livre, qui expose les temples antiques, est une excellente introduction pour apprendre à contempler avec intelligence les ruines antiques. »

Goethe sensible à la musique :

« Les femmes ont chanté un oratorio derrière la grille. L'église était pleine d'auditeurs, la musique très belle et les voix magnifiques. Un contralto chantait le rôle du roi Saül, le héros du poème. Je n'avais aucune idée d'une voix pareille. Quelques passages de la musique étaient d'une beauté infinie. »

(Nous sommes en 1786, l'année des *Noces de Figaro* de Mozart ; deux ans auparavant il a été très impressionné par *L'Enlèvement au sérail*.)

Le 4 octobre, Goethe est au théâtre à San Luca (aujourd'hui Teatro Goldoni, haut lieu de la commedia dell'arte) :

« Le peuple est la base sur laquelle tout repose. Les spectateurs jouent leur rôle, et la foule s'identifie avec le spectacle. Durant le jour, sur les places et sur les quais, dans les gondoles et au palais, le vendeur et l'acheteur, le mendiant, le marin, la voisine, l'avocat et son adversaire, vivent, se démènent, se trémoussent, parlent, protestent, crient, réclament, chantent, jouent, jurent et font du vacarme. Et le soir, ils vont au spectacle, et voient et entendent leur vie du jour artistement combinée, enjolivée, entremêlée de contes, éloignée de la réalité par le masque, tandis qu'elle en est rapprochée par les mœurs. Ils s'en amusent comme des enfants, ils crient, ils applaudissent et font du vacarme. Du matin au soir, ou plutôt de minuit à minuit, c'est toujours de même. [...]

« Pendant que j'écris ces lignes, j'entends sous ma fenêtre un grand tapage sur le canal, et il est passé minuit. Querelle ou plaisir, ils ont toujours quelque chose à démêler ensemble. »

Le chant des gondoliers :

« Avec une voix perçante (le peuple estime la force avant tout), assis sur le bord d'une île, d'un canal, dans une barque, il fait retentir sa chanson aussi loin qu'il peut. Elle s'étend sur le miroir tranquille. Un autre l'entend dans le lointain : il sait la mélodie, il comprend les paroles, et il répond par le vers suivant ; le premier réplique, et l'un est toujours l'écho de l'autre. Le chant se prolonge des nuits entières et les amuse sans les fatiguer. Plus donc ils sont éloignés l'un de l'autre, plus la musique peut produire un effet ravissant. La bonne place pour celui qui écoute est entre les deux chanteurs [...] C'est le chant d'un être solitaire, qui lance au loin son appel pour qu'un autre, animé des mêmes sentiments, l'entende et lui réponde. »

Ce chant, plus tard, produira une très forte émotion chez Nietzsche (il s'en souvient jusque dans son effondrement).

L'oreille, l'œil :

Il est manifeste que l'œil se forme d'après les objets qu'il voit dès l'enfance : aussi le peintre vénitien doit-il tout voir plus lumineux et plus serein que les autres hommes. Nous qui vivons sur une terre tantôt fangeuse, tantôt poudreuse, décolorée, qui assombrit tous les reflets, et peut-être même enfermés dans d'étroits appartements, ne pouvons développer chez nous ce joyeux regard. »

Le *joyeux regard* :

« Comme je voguais un jour à travers les lagunes en plein soleil, et que j'observais sur leurs bancs les gondoliers, aux vêtements bigarrés, ramant et passant d'une course légère, et se dessinant dans l'air bleu sur la plaine vert clair, j'avais la plus vive et la plus fidèle image de l'école vénitienne. La lumière du soleil relevait d'une manière éblouissante les couleurs locales, et les parties ombrées étaient si claires que, proportion gardée, elles auraient pu servir à leur tour de lumières. Il en était de même des reflets de l'eau verte ; tout était ton sur ton dans une gamme très claire, en sorte que les flots écumants et leurs flammes étincelantes étaient nécessaires pour mettre les points sur les *i*.

« Titien et Paul Véronèse avaient cet éclat au plus haut degré, et, quand on ne le trouve pas dans leurs toiles, c'est qu'elles ont perdu ou qu'on les a repeintes. »

Quel bon écrivain, ce Goethe. Et comme on voit qu'il devait nécessairement écrire une *Théorie des couleurs*. Il considère toujours la nature en train de se former, de se modeler, de s'exprimer, de se peindre, paysages, terrains, lumière, plantes, animaux, peuples, génies.

Sur les chevaux de Saint-Marc :

« Quel magnifique attelage ! Je voudrais entendre sur cette œuvre un bon connaisseur en chevaux. Ce qui me semble étrange, c'est que, de près, ils paraissent lourds, et, de la place, légers comme des cerfs. »

Goethe, à Rome, en novembre 1786 : « Je retourne très volontiers à Venise, à cette grande création, sortie du sein de la mer comme Pallas du cerveau de Jupiter. »

Il dit *Jupiter*, pas *Zeus*. Erreur.

En mars 1788, toujours à Rome (il est en train d'écrire son *Faust*) :

« Nous possédons une remarquable collection de psaumes en vers italiens, mis en musique, au commencement de ce siècle, par un noble de Venise, Benedetto Marcello. Dans un grand nombre, il a pris comme motif l'intonation des juifs espagnols ou allemands : dans d'autres il a pris pour base d'anciennes mélodies grecques, et les a traitées avec beaucoup d'intelligence, de science musicale et de retenue. Ce sont des solos, des duos, des chœurs d'une incroyable originalité. »

Prophétie de Goethe au sujet de l'engloutissement fatal de Venise :

« Venise n'a rien à craindre : la lenteur avec laquelle la mer se retire garantit à la ville des milliers d'années, et, par un sage entretien des canaux, elle saura se maintenir en possession. »

Ce souhait de « milliers d'années » est un signe de reconnaissance, le contraire de l'esprit de vengeance, un salut des Lumières à la lumière, de la connaissance à l'esprit de Beauté.

Goldoni Carlo
1707-1793

Comment ne pas aimer quelqu'un qui raconte ainsi sa naissance à Venise :

« Ma mère me mit au monde presque sans souffrir ; elle m'en aima davantage ; je ne m'annonçai pas par des cris en voyant le jour pour la première fois ; cette douceur semblait dès lors manifester mon caractère pacifique, qui ne s'est jamais démenti depuis. J'étais le bijou de ma maison : ma bonne disait que j'avais de l'esprit ; ma mère prit le soin de mon éducation, mon père celui de m'amuser. Il fit bâtir un théâtre de marionnettes : il les faisait mouvoir lui-même, avec trois ou quatre de ses amis, et je trouvais, à l'âge de quatre ans, que c'était un amusement délicieux. »

Mais le grand-père n'est pas mal non plus :

« Il donnait la comédie, il donnait l'opéra chez lui ; tous les meilleurs acteurs, tous les musiciens les plus célèbres étaient à ses ordres ; le monde arrivait de tous les côtés [...] Je suis né dans ce fracas, dans cette abondance ; pouvais-je mépriser les spectacles ? Pouvais-je ne pas aimer la gaîté ? »

Définition de sa vie par Goldoni lui-même :

« On ne peut nier que je sois né sous l'influence d'une étoile comique, puisque ma vie a été une comédie. »

Une comédie, sans doute, mais finalement au sens tragique, puisqu'il meurt à Paris dans la misère en 1793, pendant la Révolution.

« Venise est une ville si extraordinaire qu'il n'est pas

possible de s'en former une juste idée sans l'avoir vue. Les cartes, les plans, les modèles, les descriptions ne suffisent pas, il faut la voir. Toutes les villes du monde se ressemblent plus ou moins : celle-ci ne ressemble à aucune ; chaque fois que je l'ai revue, après de longues absences, c'était une nouvelle surprise pour moi ; à mesure que mon âge avançait, que mes connaissances augmentaient, et que j'avais des comparaisons à faire, j'y découvrais des singularités nouvelles et de nouvelles beautés. »

Goldoni, après une activité d'avocat, est surtout connu pour sa « réforme » du théâtre. La commedia dell'arte tient toujours le haut du pavé, mais son désordre commence à s'essouffler, sa dépendance à l'égard des acteurs et des masques (de leurs improvisations répétitives) appelle une mise en forme, un texte d'auteur. C'est ce que Goldoni comprend et exploite avec beaucoup de ténacité. Son modèle est Molière. Il se faufile, écrit beaucoup (en dialecte), fournit à la commande, a du succès.

Paris, à l'époque, n'a que trois théâtres, Venise sept. « Deux de grands opéras, deux d'opéra-comique, trois

de comédies. » Soit le public se presse pour les vêpres dans les « hôpitaux » où chantent les orphelines musiciennes, soit il s'entasse à San Samuele, Sant'Angelo, et San Luca (ce dernier est aujourd'hui le Teatro Goldoni). *Le Café* (1750), *La Locandiera* (1753), *Les Femmes de bonne humeur* (1759), *Les Rustres* (1760) comptent parmi les réussites de Goldoni.

Son grand rival Carlo Gozzi (1720-1806), conservateur et défenseur de la tradition, réagit par une cabale (*L'Amour des trois oranges*, 1761). Il accuse Goldoni de subversion sociale. Ce n'est pas faux, si on ajoute au mot *subversion* l'adjectif *bourgeoise*. Un art populaire se défait, un autre tend à le remplacer. En somme, Goldoni est déjà « français », ce qui explique pour une part, son installation à Paris, à cinquante-cinq ans, en 1762. Il a une petite pension à Versailles. Il est « l'Italien » de la Cour. En 1787, à quatre-vingts ans, il écrit ses *Mémoires*, agréables, sans plus, qu'il dédie avec effusion, et pour cause, à Louis XVI. Le livre paraît « Chez la Veuve Duchesne, Libraire rue Saint-Jacques, au Temple du Goût ».

La Veuve Duchesne, mauvais signe.

La Révolution française le plonge dans la misère, puisque sa pension est supprimée. Comédie sinistre : elle est rétablie le 7 février 1793, le lendemain de sa mort.

Goldoni a beaucoup écrit ; certaines de ses pièces sont vives et divertissantes. Il a rencontré Vivaldi en 1735, dont il dit : « Cet ecclésiastique, excellent joueur de violon et compositeur médiocre, avait élevé et formé pour le chant Mademoiselle Giraud, jeune chanteuse née à Venise, mais fille d'un perruquier français. Elle n'était pas jolie, mais elle avait des grâces, une taille mignonne, de beaux yeux, de beaux cheveux, une bouche charmante, peu de voix, mais beaucoup de jeu. »

On se frotte les yeux, mais oui, on a bien lu : « compositeur médiocre ».

Un tel jugement mérite l'enfer.

Pauvre Goldoni, il fait le malin, il se vante d'avoir retapé en un clin d'œil le livret de l'opéra *Griselda*. On comprend tout de suite que ce « prêtre roux » et sa chanteuse ne lui sont pas sympathiques (c'est un bon et sage mari, Goldoni, avec sa Nicoletta).

Et voici le « compositeur médiocre » :

« Je le trouvai entouré de musique et le bréviaire à la main. Il se lève, il fait le signe de la croix en long et en large, met son bréviaire de côté, et me fait le compliment ordinaire. »

La comédie continue : Vivaldi n'arrête pas de reprendre son bréviaire et de faire des signes de croix. Il ne retrouve pas sa partition : « Où est donc fourrée *Griselda* ? Elle était ici... *Deum in adjutorium meum intende. Domine... Domine... Domine...* elle était ici tout à l'heure. *Domine ad adjuvandum...* »

Goldoni est très content de sa *comédie* où l'on voit un prêtre ridicule, lié à une chanteuse dont la voix n'est pas très forte, et qui attend de l'aide d'un parolier pour sa musique au demeurant « médiocre ».

Pour quel public Goldoni a-t-il écrit ce genre de sottises ? Conformisme anticlérical, moralisme (un curé violoniste et une chanteuse, vous vous rendez compte), ignorance de la grande musique, prétention naïve, tout cela, malheureusement, souligne les préjugés d'une époque décadente qui court à sa perte.

Il est parfois dangereux de rencontrer des génies.

Guardi Francesco
1712-1793

Le père, Domenico, est peintre. Ils sont trois frères : Gian Antonio, Francesco et Nicolo. Francesco est le plus célèbre. C'est le beau-frère du grand Tiepolo.

Tout le monde le connaît, ce virtuose du « capriccio », ce frissonnant éphémère. Son *Départ du Bucentaure pour le Lido de Venise* (1766) est reproduit partout, comme s'il s'agissait d'un Canaletto. Mais là où Canaletto reste « photographique », Guardi devient de plus en plus rapide et aigu. Prenez-le dans ses paysages : il reste caché, fragmentaire, plein de recoins et de mouvements sur place. Il est plus sensuel et moins mécanique que Longhi. Il est dans Venise et hors de Venise. Il faut le chercher dans les détails, isoler ses personnages, ses couples, ses groupes, ou plutôt ses allures, ses étoffes, ses lueurs. Il glisse un espace intime dans l'espace public. C'est un grand coloriste, souvent profond et sombre. La nature le préoccupe plus que la société.

Voyez ce paysage de la lagune, presque rien, un arbre au bord de l'eau, mais quel arbre. Il y a les masques humains, c'est entendu, mais d'abord la campagne et les intervalles. Peintre mineur ? Mais non, humain mystérieux majeur. C'est peut-être, dans la discrétion, le plus « amoureux » des Vénitiens. Pas mondain pour un sou, plutôt pêcheur ou marin.

Comme l'écrit avec mélancolie Michelangelo Murano, dans son livre *La Peinture vénitienne au XVIIIe siècle* :

« De la considérable production picturale de Francesco

Guardi, pas une vue, pas un croquis ou un paysage de fantaisie n'était resté dans sa ville. Il faudra attendre l'offre à Venise par le baron Franchetti, de son palais et de la collection conservée à la Ca' d'Oro (1916), et le don par le prince de Liechtenstein aux galeries de Venise, pour voir quelques peintures de Guardi accoster de nouveau au milieu des lagunes. »

Guggenheim Peggy
1898-1979

La fondation Guggenheim occupe le palais Venier dai Leoni, commencé en 1749, et n'ayant jamais dépassé le premier étage. Peggy Guggenheim rachète le lieu après la Deuxième Guerre mondiale, le restaure et le modifie, y installe ses appartements privés, et y ouvre une galerie d'art (ce qu'elle a déjà fait à Londres, en 1938, et à New York, en 1942). La porte est fermée par une grille de fer forgé.

En 1976, trois ans avant sa mort, elle fait don de l'édifice et de ses collections d'art moderne à la fondation Solomon R. Guggenheim de New York qui, dès lors, administre le musée de Venise aussi bien que celui de Manhattan créé par l'oncle de Peggy. C'est la greffe « avant-gardiste » plantée sur Venise. Le temps passe, et n'est pas forcément favorable aux œuvres du lieu. Le temps passe, et la *Tempête* de Giorgione est toujours aussi révolutionnaire.

À part quelques Max Ernst (rapide mari, beau, fin et subtil de Peggy Guggenheim en 1942), et quelques admirables Picasso (dont on se demande ce qu'il fait là au lieu d'être à l'Accademia avec Titien et Tintoret), l'effet est plutôt sinistre, sorte de ghetto pour touristes et universitaires américains. Une curiosité, donc, avec quelques laideurs maladroites et datées (Leonor Fini, par exemple).

Pour tout comprendre, il suffit d'aller dans le jardin où, à part une ou deux sculptures en pénitence, on peut contempler avec stupeur le cimetière consacré par Peggy Guggenheim, elle-même enterrée là, à ses « *beloved babies* », ses enfants chéris, c'est-à-dire ses chiens. Ils sont là, alignés les uns à côté des autres, avec leurs prénoms et leurs dates de naissance et de mort. C'est, au choix, pathétique ou à mourir de rire.

Je n'ai pas pu m'empêcher d'ironiser sur cette mise en scène dans un de mes romans, *Le Lys d'or*. Le narrateur s'adresse à une de ses amies :

« Elle est là. Sous la plaque de marbre noir. Vous la trouvez minuscule, la plaque ? Elle a été incinérée, voyons. Ses cendres, donc.

« HERE RESTS PEGGY GUGGENHEIM. 1898-1979.

« Chez elle, contre le mur. Tout le monde ne peut pas s'offrir ça.

« Elle a vécu quatre-vingt-un ans, elle a connu ce qu'il y a de plus libre et de plus subversif sur la planète, oui, le musée en colimaçon de New York, c'est bien elle.

« Plaque de marbre noir, bordure de pétunias blancs. Et, juste à côté, dans les fleurs soigneusement entretenues :

« HERE LIE MY BELOVED BABIES. [...]

[...] Vous remarquez que Peggy *rests*, repose ; et que les enfants animaux, eux, *lie*, gisent. Ne confondons pas. Ils meurent d'ailleurs au mieux à quatorze-quinze ans, quand tout se gâte, à la puberté, dans le monde humain. Elle les a eus entre cinquante et un et quatre-vingt-un ans. Mathématique. [...] Ce serait trop beau. Imaginez ces chihuahuas, ces chow-chows, ces danois, ces dalmatiens, ces labradors, ces boxers, ces bassets, ces fox-terriers, ces setters, ces lévriers afghans, ces malinois, ces épagneuls, ces chiens-loups, ces groenendaels, couchés les uns sur les autres sous les pétunias blancs virginaux ! En voilà une œuvre d'art ! Irréfutable ! *Here rests P. G...* Prehistoric Goddess !... Elle a retrouvé spontanément l'enterrement classique des débuts difficiles et terrorisés de l'humanité. On vient encore de retrouver plein de nécropoles de ce genre en Mongolie. La grande mère au centre, les balbutiements autour... Écoutez : les chiens fantômes sont devenus des chats dans l'au-delà, ils ronronnent vers la poussière de leur maîtresse adorée à travers les fleurs... Touchant chuchotis... Retirons-nous doucement, ne troublons pas la foule américano-japonaise... Tact gynécologique... Douce Peggy... »

H

Harry's Bar
(Voir Hemingway)

Heidegger Martin
1889-1976

Au début de 1962 (il a soixante-treize ans), Heidegger, après bien des hésitations, s'embarque enfin pour la Grèce. C'est un cadeau de sa femme Elfride, une croisière organisée. Il se demande s'il va voir là-bas ce qu'il pense. Il aura, après bien des doutes et un maximum de concentration, sa révélation à Délos.

Mais c'est d'abord l'embarquement à Venise. Et, malheureusement, le piège. Il tombe, en groupe, sur le plus mauvais côté de la ville, son activité touristique insupportable et bâclée. D'où ce mouvement d'humeur :

« Les jours froids et pluvieux passés à Venise constituèrent un singulier prélude. L'hôtel luxueux mais sans caractère dans lequel nous étions tombés était dans un état lamentable qui correspondait à la vétusté caractéristique de la ville. Tout en étant historiquement postérieure à la Grèce de bien des siècles, et ainsi plus proche de nous dans le temps, Venise reste bien incapable d'indiquer un chemin. Elle a sombré au rang d'objet d'étude pour historiens, d'imagerie aguichante pour écrivains à court de sujet, de faire-valoir pour expositions et congrès internationaux, de dispositif industriel pour exploiter les étrangers de passage. De l'ancienne puissance et de la splendeur de la République, on ne trouve pas trace dans ce qui en subsiste, un enchevêtrement inextricable de bâtiments et de places qui se prête à être décrit et redécrit de mille manières. Même l'office religieux du dimanche des Rameaux à Saint-Marc, l'endroit par excellence où l'on aurait pu s'attendre à trouver une tradition vivante, faisait, avec sa liturgie négligée, l'effet d'un spectacle. Tout était vieilli mais non vieux ; du passé mais pas d'être été qui garde durablement consistance pour s'offrir à l'attente dans un jour neuf. »

Des jours froids et pluvieux à Venise, dans un hôtel pour touristes du côté de la place Saint-Marc, ce n'est pas la meilleure entrée en matière. Surtout si on est encombré de voyageurs affolés. Quant à la messe des Rameaux dans la basilique, elle ne fait que renforcer le sentiment d'hostilité de Heidegger à l'égard de l'Église romaine (celle de son enfance, pourtant), dans laquelle il ne voit qu'esprit juridique et étatique, au point de lui préférer n'importe quel petit monastère grec orthodoxe, dégageant, grâce à une fontaine, un sentiment de calme et de pureté.

C'est donc raté pour Venise :

« Sans doute pour qui n'a pas constamment présente à l'esprit la violence exercée par la technique dans le monde moderne, le charme de la ville, recherché par les historiens et les esthètes, peut-il jouer passagèrement et momentanément. Celui, en revanche, qui s'enquiert de trouver à l'état actuel du monde le point sensible mais encore caché par où ce monde se définit et qui sait que toute nouveauté dernier cri, la fuite dans l'historique y compris, vole en éclats si elle n'est pas ramenée à son ancienneté d'origine, pour celui-là Venise ne sera jamais que le port au quai duquel mouille le bateau en attendant d'appareiller vers la Grèce. Dire cela peut être injuste aux yeux de l'historien mais est de nécessité historiale. L'histoire passe avant l'investigation historique. Dans l'histoire le destin fait loi. »

Après ces fortes paroles de renfrognement aveuglé, Heidegger s'embarque sur le *Yougoslavia*, avec, dans ses bagages, Hölderlin, Pindare, Homère, Héraclite et Eschyle.

Son récit est de toute beauté. Il a été publié en 1989 sous le titre *Aufenthalte*, et en français, en 1992, sous celui de *Séjours*.

Ce petit livre est dédié à « la mère » (Elfride) « pour son soixante-dixième anniversaire, une marque de reconnaissance ».

Je suis arrivé à Venise pour la première fois en 1963. En 1978, j'ai pris le bateau pour la Grèce. Le jour, la nuit et les îles m'ont dit bien des choses. L'Acropole, le temple de Poséidon au cap Sounion, celui d'Athéna Aphaia à Égine, aussi. Je suis revenu à Venise avec la certitude que, *sous son masque*, elle était le lieu de la continuation de la révélation grecque. Je n'ai pas changé d'avis. Venise s'est révélée être un « séjour historial ». En réalité, on s'en apercevra un jour, le nouveau est là.

Venise est *protégée* par son masque. Je pense que j'aurais réussi à en convaincre Heidegger par un vrai séjour, là, à l'écart, un « séjour auprès de l'invisible invulnérable ».

Pas sans Hölderlin, Pindare, Homère, Héraclite, Eschyle (et bien d'autres), mais pas non plus sans musique et peinture. Au cœur du poison « technique », mais aussi dans le salut inespéré qu'il permet.

Non, nous ne sommes pas forcément « perdus dans les entraves de la planification qui compte ».

Oui, il y a toujours une « fête de la pensée ».

Oui encore, comme le dit Hölderlin, les îles sont les « prunelles du monde enchanté ».

En rentrant conforté de Grèce, Heidegger note que ce pays de l'origine encore impensée est devenu, dans le départ, « une seule île fermée aux autres mondes connus et inconnus : en partir revint à y arriver ».

Ainsi, pour moi, de Venise.

Pindare :

Le plus précieux est l'eau ; mais l'or aussi
comme le feu qui flamboie
répand dans la nuit la clarté.

Hemingway Ernest
1899-1961

On aime Hemingway, parce qu'il a dit une fois : « Et toujours l'Italie, meilleure que n'importe quel livre. »

Au-delà du fleuve et sous les arbres, son roman « vénitien », est son livre le plus étrange, très mal accueilli par la critique américaine lors de sa parution, en 1950. C'est l'hiver, il y a du vent, la lagune est plus ou moins gelée pour une chasse finale au canard, on est le plus souvent au Harry's Bar et à l'hôtel Gritti. Le colonel Richard Cantwell, cinquante et un ans (comme Hemingway à l'époque), va bientôt mourir d'une crise cardiaque, mais pour l'instant il est très amoureux d'une jeune comtesse italienne de dix-neuf ans, Renata. Ils boivent, ils mangent, ils s'embrassent et dialoguent beaucoup (trop). Le colonel raconte ses deux guerres mondiales, il se sent vieux et usé, cette aventure est pour lui la dernière. Dans la réalité,

Renata s'appelle Adriana Ivancich, elle peint et écrit des poèmes. Elle a sans doute aimé ce « papa », débarqué à Venise avec un curieux mélange de brutalité et de délicatesse (tout l'art de Hemingway est là). Confrontation entre la vieille Amérique toute jeune (les réflexions de l'ordonnance du colonel, par exemple sur la basilique Saint-Marc, un « ciné-palace »), et la toute jeune et très vieille Europe (Renata-Adriana).

Venise ? « Ma ville. Bon Dieu quelle ville adorable ! »

Apparition de la jeune comtesse au Harry's Bar :

« Elle pénétra alors dans la salle, resplendissante de jeunesse et de longue et fière beauté, et de cette désinvolture que lui donnaient ses cheveux ébouriffés par le vent. Elle avait le teint pâle, presque olivâtre, un profil à briser le cœur de n'importe qui, y compris le vôtre, et sa sombre chevelure formait une masse vivante qui recouvrait ses épaules. »

Venise, la Sérénissime, se confond avec cette jeune fille-là.

La *main* du colonel est blessée. Il saura malgré tout s'en servir. Mais cette blessure, bien entendu, attire sa partenaire.

Hemingway, dans son roman et dans ses lettres, insiste sur la dimension « incestueuse » de cette rencontre. L'expression « ma fille » revient sans arrêt, d'où, sans doute, la réaction négative de la critique américaine.

Un inceste ? Et alors ? Réponse de Renata-Adriana : « Je ne crois pas que ce serait une chose si terrible dans une ville aussi vieille et qui en a tant vu. »

Mais c'est surtout le chapitre 13 qui a dû choquer le vieux fond de puritanisme américain :

« Ils passèrent dans la gondole, et ce fut de nouveau le même enchantement : la coque légère et le balancement soudain quand on monte, et l'équilibre des corps dans l'intimité noire une première fois puis une seconde, quand le *gondoliere* se mit à godiller, en faisant se coucher la gondole un peu sur le côté, pour mieux la tenir en main.

« Voilà, dit la jeune fille. Nous sommes chez nous maintenant et je t'aime. Embrasse-moi et mets-y tout ton amour. »

Pourtant, rien n'est dit de façon directe, on reste dans un style fleuri, mais c'est peut-être encore plus obscène :

« Le vent était très froid et leur cinglait le visage, mais, sous la couverture, il n'y avait plus ni vent ni rien ; rien que cette main délabrée qui cherchait l'île dans la grande rivière aux berges hautes et escarpées.

« "Oui, dit-elle, comme ça c'est bien."

« Il l'embrassa, alors, et il cherchait l'île, la trouvant, la perdant, et la retrouvant enfin pour de bon. Pour le bon et pour le mal ; pensa-t-il, et pour le bon et pour tout. »

Une jeune comtesse de dix-neuf ans n'a pas un clitoris mais une « île ». De même, jouir est comparable à un « oiseau qui s'envole » :

« Elle ne dit rien, et lui non plus, et quand le grand oiseau se fut envolé loin par la fenêtre close de la gondole, et perdu, disparu, ils restèrent silencieux. Il lui soutint la tête doucement, de son bras valide, et de l'autre il tenait maintenant les hauteurs. »

Les « hauteurs » de la jeune fille « à la fois fraîche et tiède » sont ses « seins dressés ».

Hemingway s'amuse dans le style troubadour. Mais pour l'Amérique de l'époque (et même d'aujourd'hui), il est exclu qu'une jeune fille de bonne famille se fasse caresser ainsi par un vieux dégoûtant dans une gondole, d'autant plus exclu, d'ailleurs, que c'est elle qui le lui demande.

Mary Welsh, la dernière femme de Hemingway, semble avoir toléré la liaison Hemingway-Adriana dans la mesure où elle était présentée comme « platonique » et bonne pour son œuvre. Mais au passage, dans *Au-delà du fleuve*..., Hemingway règle ses comptes avec sa troisième femme, la journaliste Martha Gellhorn :

« Elle est oubliée, lui dit le colonel. Peut-être se pendra-t-elle toute seule un de ces jours, après s'être regardée une bonne fois dans la glace. »

Propos apparemment léger, mais qui résonne de façon dramatique quand on sait qu'Adriana Ivancich, bien après la mort de Hemingway (et après s'être mariée, etc.), s'est suicidée en se pendant à un *arbre*.

Venise encore tragique, donc.

Dans ses lettres, Hemingway dit qu'il aime Adriana « à en mourir », et que Venise est la ville « où il a laissé son cœur ». Elle est venue le voir à Cuba, ils se sont isolés dans la « tour Blanche » où ils avaient fondé une « société anonyme », elle a dessiné pour lui la jaquette de son roman (« Jamais je n'ai été plus fier de toi et il semble que je le sois depuis toujours »). Le 3 juin 1950, Hemingway lui écrit (il signe toujours *Papa* ou *Mister Papa*) :

« Tout d'abord, ma chère fille, je pense que tu écris un splendide italien et je le comprends. Le style est pur et beau et il n'est jamais fleuri (orné) à moins que tu sois en colère. Je ne m'inquiète jamais quand tu es en colère car je pense que quand j'avais vingt ans j'étais en colère presque tout le temps. Je me rappelle aussi que quand nous avons une possibilité de nous voir aucun de nous deux n'est très longtemps en colère. »

Et cet examen de sa vie, par l'auteur, déjà, du *Vieil homme et la mer* :

« J'essaie d'obtenir une bonne discipline par principe et c'est bon pour moi car j'en ai besoin moi aussi. À présent j'écris une lettre égoïste parce que sans toi je me sens seul et je n'ai pas envie de dire ces choses à personne d'autre. Depuis que j'ai eu l'âge de ton frère, j'ai été chef de famille. J'ai payé toutes les dettes de mon père ; vendu des terres ; mis de mon mieux un terme aux extravagances de ma mère ; subvenu à ses besoins et à ceux de ses autres enfants ; me suis battu dans toutes les guerres ; ai élevé mes enfants ; me suis marié et dé-marié ; ai payé toutes les factures et écrit aussi bien que possible. Je te prie donc de croire que je suis un animal à moitié raisonnable et que je n'encouragerais jamais quelque chose qui pourrait être mauvais pour ton frère ou pour toi. Je suis prévenu en ta faveur parce que je suis amoureux de toi. Mais dans n'importe quelle situation, dans n'importe quelles circonstances où seraient en jeu mon bonheur ou ton bonheur, je voudrais toujours que ton bonheur gagne et retirerais le mien de la course.

« À présent je dois m'arrêter là ou peut-être as-tu déjà cessé de lire.

« Je t'aime énormément.

« Mister Papa. »

On ne peut pas dire qu'à sa façon Hemingway n'ait pas été amoureux de Venise.

J

James Henry
1843-1916

Henry James, pour ce passage de *Vacances romaines* :

« La lumière ici est en vérité une puissante magicienne et, avec tout le respect dû à Titien, Véronèse et au Tintoret, plus grande artiste qu'eux tous. Il faut voir sur place le matériau qu'elle traite : brique boueuse, marbre rosé et souillé, loques, crasse, délabrement. La mer et le ciel semblent se croiser à mi-chemin, mélanger les nuances avec une douce irisation, un composé scintillant de flots et de nuages, une centaine de reflets ponctuels et indéfinissables, et puis projeter cette texture sur tout objet visible. »

L

La Boétie Étienne de
1530-1563

Cet ami de Montaigne, pour la déclaration suivante dans *Le Discours de la servitude volontaire* :

« Celui qui verrait chez eux les Vénitiens, poignée de gens qui vivent si librement que le plus malheureux d'entre eux ne voudrait pas être roi et qui, ainsi nés et nourris, ne connaissent d'autre ambition que celle d'aviser au mieux pour le maintien de leur liberté [...] qui verrait, dis-je, ces hommes et s'en irait ensuite, en les quittant, dans les domaines de celui que nous appelons le grand-seigneur, trouvant là des gens qui ne sont là que pour le servir et qui dévorent leur vie entière au maintien de sa puissance, penserait-il que ces deux peuples sont de même nature ? ou plutôt ne croirait-il pas qu'en sortant d'une cité d'hommes, il est entré dans un parc de bêtes ? »

Lions

Une entrée *Lions*, pour ce passage du livre de l'écrivain croate Predrag Matvejevitch *L'Autre Venise*, qui comporte de belles reproductions de vues et de cartes anciennes :

« Les lions de Saint-Marc sont de différentes sortes : ailés, assis (*in moleca*), triomphants. Les historiens nous rappellent que l'armée de Bonaparte, quand elle est entrée dans Venise, a tenté de les interdire par décret : le 30 floréal 1797, le général de division Victor Perrin s'est élevé contre l'usage de ce symbole : "La municipalité de Venise expose avec pompe des représentations de saint Marc dans l'espoir de soumettre à nouveau ses honorables et honnêtes citoyens à la terreur de l'Inquisition. C'est un pas vers le machiavélisme." Le général ignorait que saint Marc, à la différence de saint Pierre et de saint Paul, n'était jamais allé à Rome et que le culte qu'on lui vouait fut, entre autres, une manière de résister à la suprématie pontificale. Ce jacobin ne savait pas non plus de quelle trempe est la foi des Vénitiens. Les lions de saint Marc sont demeurés les protecteurs de la ville et les défenseurs de ses biens, gardiens du Golfe de Venise, garants du pouvoir de la Sérénissime. »

Matvejevitch s'intéresse aux plantes, aux fleurs, à la rouille, aux personnages, parfois secondaires qui ont fait *aussi* la gloire de Venise. Et puis cette remarque sur Vivaldi :

« Dans ses moments les plus difficiles, il composait la nuit une "musique sur l'eau", dont il n'arrivait pas à noter toute la partition. On disait que le vent la jouait intégralement sur l'écume des flots. C'est la plus belle composition du "frère rouge", comme l'appelaient ses contemporains. »

Frère rouge, ou plutôt prêtre rouge, prêtre *roux*. Je me suis toujours demandé pourquoi la légende d'un Vivaldi ne pouvant à cause de sa santé, ou ne voulant plus, servir la messe, a la vie si dure et est sans cesse reproduite partout. Tout juste si Vivaldi n'est pas présenté comme un défroqué vivant avec sa camarade chanteuse. Comme quoi le jacobinisme est une passion. Mais la vérité est que Vivaldi est un *lion*.

Loyola Ignace de, saint
1491-1556

Le fondateur des jésuites a beaucoup tourné dans Venise en voulant s'embarquer pour Jérusalem. Il est souvent malade, ne mange pas et subsiste en mendiant. Heureusement, beaucoup de visions le consolent.

Loyola, homme de l'ombre s'il en fut, arrive en son temps pour faire le lien mystique de rigueur entre la

Renaissance et l'explosion de la Contre-Réforme. Il est contemporain de Palladio.

Pour entrer dans Venise, dévastée par la peste, il faut alors un billet de santé :

« Ses compagnons décidèrent d'aller à Padoue pour y prendre un billet de santé et il partit avec eux. Mais il ne pouvait pas marcher à leur pas, tant ils cheminaient vite, et ils le laissèrent, presqu'à la nuit, au milieu d'une grande plaine. Et là, le Christ lui apparut de la manière qu'il avait accoutumé de lui apparaître, et il le réconforta beaucoup. Animé par ce réconfort, le jour suivant, au matin, sans contrefaire un billet d'entrée comme, je crois, ses compagnons firent, il parvint à la porte de Padoue et entra. Les gardes ne lui demandèrent rien du tout. Il lui arriva la même chose à la sortie. Ses compagnons en furent profondément stupéfaits, eux qui venaient d'obtenir un billet de santé pour aller à Venise, billet dont il n'avait eu aucun souci. »

« Quand ils arrivèrent à Venise, les gardes vinrent à leur barque afin d'inspecter un à un tous ceux qui s'y trouvaient. Il fut le seul à être laissé tranquille. »

Loyola est l'homme invisible. Savez-vous d'ailleurs qui est ce mendiant couché sous les Procuraties, que vous avez failli bousculer tout à l'heure, et qui dort à la belle étoile ?

« Il avait dans son âme la grande certitude que Dieu saurait lui permettre d'aller à Jérusalem et cela lui donnait une telle confiance que ni les raisonnements qu'on lui opposait ni les motifs de crainte qu'on lui suggérait ne pouvaient susciter en lui le doute. »

Finalement, un riche Espagnol le repère, l'invite à dîner. Il est impressionné par ce mendiant qui ne parle pas, répond brièvement, écoute beaucoup, et, après le repas se met à parler de Dieu. On le prie donc de rester (devinez qui vient dîner chez nous ce soir : le futur saint Ignace de Loyola). L'hôte attentif l'emmène chez le Doge, qui permet son embarquement pour Chypre.

Étonnant Loyola :

« Arrivé à Gênes, il prit la route de Bologne sur laquelle il souffrit beaucoup, surtout la fois où il s'égara et se mit à longer un cours d'eau qui était en contrebas tandis que son chemin montait. Et ce chemin, plus il le suivait, plus il le voyait se rétrécir. Et il devint tellement étroit qu'il ne pouvait plus ni avancer ni faire demi-tour. Il se mit alors à marcher à quatre pattes et il chemina de la sorte un bon moment avec une grande peur : chaque fois qu'il faisait un mouvement, il croyait qu'il allait tomber dans le cours d'eau. Ce fut là la plus grande fatigue et la plus grande épreuve physique qu'il eût jamais connues. Mais à la fin il se tira d'affaire. Pour entrer à Bologne, il devait passer sur un petit pont de bois. Il tomba de ce pont et se releva couvert de boue et trempé. Il fit rire les nombreuses gens qui se trouvaient là. »

« Il resta quelque temps à Bologne, y fut malade, puis s'en alla à Venise, toujours de la même façon. »

Nous sommes en 1537. Le sac de Rome a eu lieu en 1527, et Venise ne reconnaît pas la domination espagnole de Charles Quint. Loyola est donc en transit suspect. « À Venise, à cette époque, il s'appliquait à donner les *Exercices* et se livrait à d'autres entretiens spirituels. » Cela ne va pas de soi. La nouvelle doctrine n'est-elle pas dangereuse, voire hérétique ? « À Venise il souffrit encore une autre persécution. Beaucoup de gens disaient qu'il avait été brûlé en effigie en Espagne et à Paris ; les choses allèrent si loin qu'on lui fit un procès. La sentence donnée lui fut favorable. »

Les « Compagnons » sont enfin ordonnés prêtres à Venise, par l'autorisation du nonce du pape, Verallo, qui deviendra cardinal. On les ordonne *ad titulum paupertatis*, et ils font tous vœux de pauvreté et de chasteté.

« Ce fut surtout quand il commença de se préparer pour être prêtre, à Venise, et tandis qu'il se préparait à dire la messe et aussi pendant toutes les pérégrinations de cette époque, qu'il eut de grandes visitations surnaturelles, du genre de celles qu'il avait l'habitude de recevoir. »

Il y aurait beaucoup à dire sur l'expérience intérieure de Loyola, son *Journal*, ses visions, sa parole du dedans (*loquela*), ses larmes.

Où donc est maintenant le danger ? Quelle forme peut prendre le diable ?

« En arrivant à Rome, il dit à ses Compagnons qu'il voyait les fenêtres fermées, entendant par là qu'ils auraient à subir beaucoup de contradictions. Il ajouta : "Il faut que nous nous tenions fermement sur nos gardes et que nous n'engagions pas de conversation avec les femmes, sauf si elles sont de haut rang." »

Terminons par cette anecdote charmante, que le lecteur moderne ne pourra pas s'empêcher de lire entre les lignes. Elle s'appelle Isabelle Roser :

« Cette pieuse femme, très dévouée à saint Ignace – elle l'aida de ses deniers longtemps –, lui donna par la suite beaucoup d'ennuis. Elle vint à Rome en 1543, quand la Compagnie avait pris corps, voulut se consacrer à diverses œuvres fondées par saint Ignace et même, en 1545 (année du Concile de Trente), elle demanda d'être agrégée au nouvel Institut et de prononcer des vœux solennels. Non seulement elle ne fut pas exaucée, mais encore, s'étant rendue insupportable par son caractère et ses exigences, elle finit par recevoir l'invitation formelle de quitter Rome. Elle regagna Barcelone, devint franciscaine au couvent de Sainte-Marie-de-Jésus et mourut paisiblement, tout à fait réconciliée avec saint Ignace. Mais lui, instruit par l'expérience, demanda au Pape que jamais la Compagnie ne fût autorisée à créer une branche féminine. »

M

Manet Édouard
1832-1883

Que fait Manet à Venise à l'automne 1875 ? On sait qu'il a vécu une forme de dépression nerveuse après la Commune de Paris, et, de ce point de vue, il est intéressant de savoir qui va voyager avec lui et sa femme : son ami Tissot, parti, après 1871, vivre à Londres. Manet, en 1875, a quarante-trois ans. Il lui reste huit ans à vivre.

Il est donc un mois à Venise, en octobre. On ne connaît de lui que deux tableaux de ce séjour, dits du « Grand Canal » (le second est aussi appelé « Venise bleue »). Il a dû y en avoir davantage, mais peut-être les a-t-il détruits.

Le peintre Charles Toché l'a rencontré par hasard au Florian, et il a raconté ses souvenirs à Vollard :

« À Venise, j'allais le rejoindre presque tous les jours. Les lagunes, les palais, les vieilles maisons décrépites et patinées par le temps lui offraient des motifs inépuisables. Mais, de préférence, il recherchait les coins peu connus. Je lui avais demandé si je pourrais le suivre dans ma gondole. "Tant que vous voudrez ! me dit-il. Quand je travaille, je ne m'occupe que de mon sujet." »

Le Grand Canal de Venise n'est pas précisément un « coin peu connu » ? Ce n'est pas l'avis de Manet, c'est-à-dire de l'*angle* qu'il choisit pour ses toiles. Cela se passe près du rio del Santissimo. Il s'agit de bien autre chose que de « vieilles maisons décrépites et patinées par le temps ». Mrs Havemeyer (qui a appelé un des deux tableaux *Venise bleue*) raconte ceci :

« Manet m'a dit être resté longtemps à Venise. Je crois qu'il y a passé l'hiver, et son insatisfaction l'ayant totalement découragé et déprimé, il était sur le point d'abandonner et de rentrer à Paris le dernier après-midi de son séjour. Il prit une assez petite toile, et sortit sur le Grand Canal, pour faire une esquisse en souvenir de son séjour ; il fut, me dit-il, tellement heureux du résultat de ce travail, qu'il décida de rester un jour de plus pour le terminer. »

Cette information est en grande partie fausse. Manet n'était nullement « collé » au motif, et on sait qu'il retravaillait ses toiles (plusieurs des bâtiments que l'on voit dans l'un des deux tableaux vénitiens sont imaginaires). Le lieu, oui, mais la pensée, davantage.

Donc, le Grand Canal est un « motif » :

« Et l'enthousiasme de Manet pour ce motif ! L'escalier de marbre blanc qui s'enlevait sur le rose fané des briques de la façade, sur le cadmium et les verts des soubassements ! Dans l'eau agitée au passage des barques, des oscillations d'ombre et de lumière qui faisaient s'écrier à Manet : "Ce sont des culs de bouteilles de champagne qui surnagent." Un jour que je l'accompagnais dans sa gondole, comme nous admirions, à travers la rangée de pieux gigantesques et tordus, bleus, blancs, les dômes de l'incomparable Salute, chère à Guardi : "Je mettrai là-dessus, s'écria Manet, une gondole conduite par un batelier en chemise rose, au foulard orangé, un de ces beaux gars, brun comme un Abencérage." »

(Pour le lecteur d'aujourd'hui, rappelons que les Abencérages étaient une tribu maure du royaume de Grenade au XVe siècle, qui a inspiré à Chateaubriand, en 1826, une lourde nouvelle, *Les Aventures du dernier Abencérage*.)

Vollard ne demande qu'à marcher : « Devant un tableau de Manet, on a la sensation de la touche posée d'emblée, définitivement. »

Attention, là, Toché trouve que Vollard exagère :

« Attendez ! C'était aussi mon opinion avant de l'avoir vu au travail. Je n'ai su que plus tard combien, au contraire, il peinait pour obtenir ce qu'il voulait. Pour ne parler que des pieux du Grand Canal, Manet recommença sa toile, je ne sais combien de fois. La gondole et son batelier l'arrêtèrent un temps inimaginable. C'est le diable, disait-il, pour arriver à la sensation qu'un chapeau tient bien sur la tête du modèle, ou qu'un bateau a été construit avec des bois coupés et ajustés suivant des règles géométriques. »

Péladan, en 1884, traite Manet de « malheureux épris de clair » et de « coloriste chimérique ». Les bourgeois croient qu'il copie (mal) la réalité. Les spiritualistes ne peuvent pas supporter sa conception directe du réel. Qui, aujourd'hui encore, sait vraiment voir l'*Olympia*, *Le Déjeuner sur l'herbe* et le *Bar aux Folies-Bergère*, sans parler des incroyables fleurs de la fin ?

Même question pour Cézanne, à qui Manet fait si souvent penser. Son trait dominant ? La pudeur, bien sûr, pas question de « travail », pas de « pensum », une affirmation discrète et intense.

Ces deux tableaux vénitiens sont splendides. Ils devraient s'appeler « entrée triomphale du temps retrouvé à Venise ». La gondole transporte un mort ressuscité qui, après des désolations multiples, rentre chez lui, dans une sorte de Jérusalem céleste. C'est une victoire, une célébration, où les pieux peints blancs et bleus spiralés sont des cierges ou des candélabres. Ulysse revient dans sa patrie (mais il se nomme aussi Giorgione, Titien, Tiepolo, Véronèse). Rien de mythologique, pourtant, l'eau vibrante, une barque, des façades vivantes, un acteur sans visage et sa *rame*. Ce marin est debout derrière son tombeau flottant, hiératique (aussi impressionnant que le jardinier Vallier chez Cézanne). Les pieux font tenir le tableau en intervalles de hauteurs. Ils sont coiffés à la doge (ou allumés en plein jour, si on veut). Ils sont musicaux, bois, eau, pierre. Nous ne sommes pas en 1875, mais maintenant, il y a très longtemps et pour très longtemps.

Mann Thomas
1875-1955

Il y a un singulier plaisir à passer (grâce à un dictionnaire) de Loyola à Manet, de Manet à Mann.

Thomas Mann est le mauvais œil de Venise, son Docteur Faustus ténébreux, son Goethe à l'envers, sa montagne noire, sa prophétie maudite. *Mort à Venise* (1912) a peut-être joué un rôle occulte dans son obtention du Nobel en 1929. Ce damné mélancolique, honneur des lettres allemandes en temps de barbarie (et traité justement de « noble goy » par Freud), empoisonne depuis longtemps l'air de la lagune. Son complice, comme on sait, a été, en 1970, Luchino Visconti.

Au fond, deux visions de Venise s'affrontent presque constamment. L'une, bonapartiste et germano-autrichienne (thèse de l'effondrement inéluctable), l'autre, éblouie, française (paradis et résurrection, Proust, Manet, Monet).

C'est simple à comprendre. Version germano-autrichienne : j'ai eu la main sur un trésor, je tombe, *donc* ce trésor doit disparaître avec moi. Version « française » sensuelle : on m'a menti et caché une merveille, *donc* j'ouvre les yeux et les oreilles, je le dis.

Mort à Venise, 1912 : cette date est tout un programme. On va vers la boucherie et la destruction de l'Europe aggravée en 1939.

Gustav von Aschenbach, écrivain célèbre et désabusé, s'est établi à Venise pour y trouver calme, repos et inspiration. Ce qu'il va rencontrer, dans une ville où rôde le choléra, c'est sa décadence et sa perte. La ville sombre, il sombre. Ce crépuscule a un dieu : Tadzio, un jeune Polonais d'une beauté angélique et inaccessible, messager d'une passion panthéiste et mystique qui ne peut conduire, c'est fatal, qu'au néant. Proust rêve de jeunes filles à Venise, Mann d'un jeune garçon : c'est étrange, puisque Thomas Mann n'a pas une réputation d'homosexuel. Sentimental, en tout cas : Venise révèle.

Le livre est très bien composé, il s'agit d'un mythe, il suffit de citer.

La poursuite en gondole :

« Il arrivait que Tadzio et les siens prenaient quelque part une gondole et Aschenbach, après s'être dissimulé derrière un bâtiment en saillie ou une fontaine pendant qu'ils montaient, faisait comme eux peu après qu'ils avaient quitté la rive. C'est d'une voix étouffée, en mots précipités, qu'il donnait l'ordre au rameur, avec la promesse d'un généreux pourboire, de suivre discrètement à quelque distance cette gondole, là-bas, qui tournait précisément le coin ; et il sentait un frisson dans le dos quand le batelier, avec l'empressement canaille d'un entremetteur, lui garantissait sur le même ton qu'il allait être servi, consciencieusement servi. »

Inutile de dire qu'Aschenbach est « mollement adossé aux coussins noirs » dans une embarcation noire en train de filer une autre embarcation noire. On est dans un labyrinthe, les murailles sont « délabrées », l'eau est trouble. Rien ne manque : « Un mendiant accroupi sur les marches de l'église, clamant sa misère, tendait son chapeau en montrant le blanc de ses yeux comme s'il était aveugle ; un marchand d'antiquités, debout devant son antre, invitait le passant avec des gestes serviles à s'arrêter dans l'espoir de le duper. »

(Cette fois, vous êtes dans le réalisme misérabiliste d'Aragon dans *Les Voyageurs de l'impériale*, livre écrit en 1938, dix ans après son suicide manqué à Venise, et dont l'action se déroule en 1914 : on n'en sort pas [voir *Aragon*]).

Ici, je souligne :

« C'était Venise, *l'insinuante courtisane*, la cité qui tient de la légende et du *traquenard*, dont l'atmosphère *croupissante* a vu *jadis* une luxuriante efflorescence des arts et qui inspira les accents *berceurs* d'une musique aux *lascives* incantations. Il semblait à l'aventureux promeneur que ses yeux buvaient à la *source voluptueuse d'autrefois* et que son oreille recevait la *flatterie* de ses anciennes mélodies ; il se souvint aussi que la ville était *malade* et s'en cachait par *cupidité*, et il épiait avec une passion plus effrénée la gondole qui flottait là-bas devant lui. »

Il ne reste plus qu'à mourir dans une vision ineffable : Tadzio, l'ange de beauté tentateur, marche sur la plage du Lido, Aschenbach s'écroule :

« Séparé de la terre ferme par une étendue d'eau, séparé de ses compagnons par un caprice de fierté, il allait, vision sans attache et parfaitement à part du reste, les cheveux au vent, là-bas, dans la mer et le vent, dressé sur l'infini brumeux. Une fois encore l'image immobile se détacha et soudain, comme à un souvenir, à une impulsion, gracieusement incliné par rapport à sa première position, il tourna le buste, une main sur la hanche, et par-dessus l'épaule regarda la rive. Aschenbach était assis là-bas, comme le jour où pour la première fois repoussé du seuil, son regard avait rencontré le regard de ces yeux couleur d'aube. Sa tête, glissant sur le dossier de la chaise, s'était lentement tournée pour accompagner le mouvement de celui qui s'avançait là-bas ; maintenant elle se redressait comme pour aller au-devant de son regard, puis elle s'affaissa sur la poitrine, les yeux retournés pour voir encore, tandis que le visage prenait l'expression relâchée et fervente du dormeur qui tombe dans un profond sommeil. Il semblait à Aschenbach que le psychagogue pâle et digne d'amour lui souriait là-bas, lui montrait le large ; que, détachant la main de sa hanche, il tendait le doigt vers le lointain, et prenant les devants s'élançait comme une ombre dans le vide énorme et plein de promesses. Comme tant de fois déjà il voulut se lever pour le suivre.

« Quelques minutes s'écoulèrent avant que l'on accourût au secours du poète dont le corps s'était affaissé sur le bord de la chaise. On le monta dans sa chambre.

« Et le jour même la nouvelle de sa mort se répandit par le monde où elle fut accueillie avec une religieuse émotion. »

Notez bien « religieuse émotion ».

Manuce Alde
1450-1515

Teobaldo Manucci change son nom en Aldo Manuzio, puis en Aldus Manutius, ce qui fait, en français, Alde Manuce. C'est le grand imprimeur et humaniste vénitien. Il s'installe à Venise, endroit stratégique, en 1490.

La typographie, imaginée par les Chinois au XIe siècle

et réalisée par Gutenberg à Mayence en 1448 (Bible dite « à 42 lignes »), se développe rapidement à Venise où vivent de nombreux érudits grecs (pour la plupart, réfugiés byzantins). Les manuscrits sont rares, mais le public de marchands aisés existe. Manuce a lui-même appris le latin à Rome et le grec à Ferrare. Il a quarante ans. Son entreprise va être de la plus grande importance.

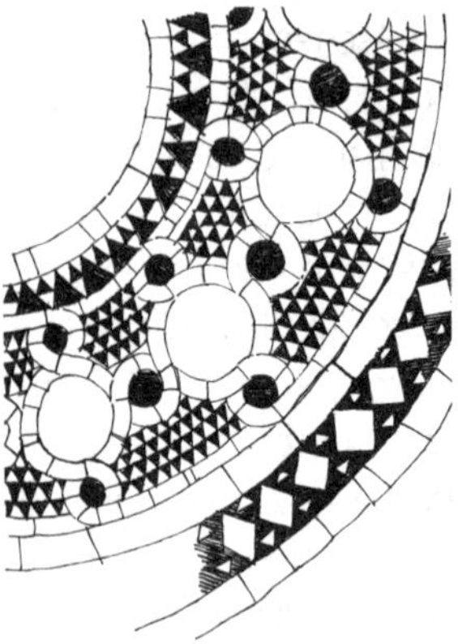

Il faut comprendre ce temps de découverte et d'éblouissement, la fondation, en 1500, de l'Académie aldine, qui compte parmi ses membres le cardinal Pietro Bembo ou Érasme (en Hollande). Les *lettres* surgissent dans toute leur beauté et leur élégance nouvelles. Le livre sera souvent en petit format (transportable et à étudier), l'*italique* fait passer la main et la voix dans le rythme. On s'inspire de l'écriture de Pétrarque, mais aussi de celle des chancelleries. Dans l'esprit de

Manuce, l'italique devait imiter l'écriture grecque de l'époque (nombreuses ligatures). Le premier livre dans lequel ce caractère est employé est un « Virgile », en 1501.

La première publication de Manuce est une grammaire grecque et latine, en 1495. La même année, il commence l'impression de l'œuvre d'Aristote. En 1497, dictionnaire gréco-latin.

Nous pensons savoir de quoi il s'agit quand nous parlons d'« humanisme », comme s'il s'agissait de quelque chose d'*acquis*. Mais nous savons bien que nous sommes aujourd'hui dans un temps d'extrême misère spirituelle proche de la barbarie : le latin ? le grec ? de quoi parlez-vous ? est-ce nécessaire ? Thucydide, vraiment ? Dante, vraiment ?

Les éditions de Manuce se reconnaissent immédiatement à leur emblème : un *dauphin* (agilité) enlacé à une *ancre* (stabilité). À gauche les lettres AL. À droite DUS. Symbolisme du *Festina lente*, hâte-toi lentement. Imprimerie marine, à Venise.

Il est sur le point de publier une Bible en trois langues, qui lui aurait assuré la gloire d'être le premier auteur d'une *polyglotte*, lorsqu'il meurt en 1515, à près de soixante-dix ans.

Au vu de ce qu'est devenue l'édition au début du XXIe siècle, on peut rêver à ces débuts résolus et obscurs, artisanaux et aristocratiques. On ne doit pas considérer comme un hasard que quelques-uns des principaux personnages de ces aventures aient été, ou restent, des clandestins de Venise.

Marc, saint

C'est quand même lui le grand personnage de Venise. Son corps est là, au fond de la basilique qui porte son nom. Son lion symbolique ailé, avec livre, est partout présent. « Pax tibi, Marce, Evangelista meus. »

C'est le deuxième des quatre écrivains divins, Matthieu, Marc, Luc, Jean (« Mamalujo », comme s'amuse à dire Joyce). Il naît probablement à Jérusalem, est converti par Pierre (qui l'appelle « mon fils » à la fin de sa première Épître), fonde l'Église d'Alexandrie, et meurt martyr en 67 en Égypte.

Il semble être le même que le Jean-Marc qui, d'après les Actes des Apôtres, accompagne à Chypre et dans l'Asie Mineure, Paul et Barnabé (dont il est le cousin). Après le martyre de Pierre, il prêche sa foi en Aquilée, dont il est le premier évêque.

Aquilée est cette ville d'Italie, sur l'Adriatique, détruite par Attila en 452, et dont les habitants ont fondé Venise. Avant d'aller en Égypte, Marc est donc là. Ce qui autorise la légende comme quoi un ange, alors qu'il passait dans la lagune, lui aurait adressé les paroles fondamentales (« Que la paix soit avec toi, Marc, mon évangéliste »), annonçant par là le lieu de son repos éternel. Son trajet est ainsi Jérusalem-Venise virtuelle-Alexandrie-Venise. Le vol de sa dépouille en Égypte n'est par conséquent que la réalisation de la prédiction divine. Ce transfert a lieu en 828, et il est l'exploit de deux marchands vénitiens, Rustico et Buono, qui ramènent en barque les restes de Marc cachés dans de la viande de porc pour échapper aux contrôles musulmans. Voilà du grand humour catholique. Un détail de la Pala d'Oro, à Saint-Marc, montre ces navigateurs avisés. Tintoret, lui, a carrément fait entrer un chameau sur la place au milieu d'éclairs semant la panique (ce tableau ahurissant est à l'Accademia).

Marc passe en Égypte après la mort de Pierre, et fonde le siège patriarcal d'Alexandrie. Il a servi d'interprète à Pierre, à Rome, puisqu'il parle également le grec, le syriaque et le latin. Il a écrit son Évangile en grec, sans doute encore à Rome, sous les yeux de Pierre dont il recueille les souvenirs. On a longtemps considéré à tort son texte comme une abréviation de celui de Matthieu. Mais ses récits, vifs et colorés quoique ramassés, ont une grande originalité.

Venise saisit là l'occasion de substituer Marc à Théodore, ancien patron de la ville (c'est lui qu'on voit sur la colonne de droite de la Piazzetta en regardant San Giorgio, debout, terrassant un dragon-crocodile). La

Sérénissime s'affranchit ainsi de Byzance et affirme sa suprématie. Même distance d'équilibre par rapport à Saint-Pierre de Rome.

La première église consacrée à Marc est terminée en 832. Sa fête est fixée au 25 avril.

Le finale de l'Évangile de Marc, *Apparition de Jésus ressuscité*, est très inspiré et canonique, mais n'appartient pas forcément à la rédaction primitive qui s'interrompt brusquement de la façon suivante. Marie de Magdala, Marie, mère de Jacques et Salomé, se rendent au tombeau avec des aromates pour oindre le corps. Elles voient que le tombeau est ouvert, elles entrent dedans, elles voient un jeune homme assis à droite vêtu d'une robe blanche, elles sont saisies de stupeur :

« Mais il leur dit : "Ne vous effrayez pas. C'est Jésus le Nazaréen que vous cherchez, le Crucifié : il est ressuscité, il n'est pas ici. Voici le lieu où on l'avait mis. Mais allez dire à ses disciples et à Pierre, qu'il vous précède en Galilée ; c'est là que vous le verrez, comme il vous l'a dit." Elles sortirent et s'enfuirent du tombeau, parce qu'elles étaient toutes tremblantes et hors d'elles-mêmes. »

Saint Marc, celui qui a écrit *ça*, est enterré *là*. « Et elles ne dirent rien à personne, car elles avaient peur... »

Il y a de quoi.

Le tableau de Pâris Bordone, *L'Anneau de saint Marc*, retient ici l'attention.

La légende veut que saint Marc et deux autres saints aient pris une gondole pour aller combattre les démons au Lido. Tableau : le gondolier, conduit par un magistrat, gravit les degrés d'une estrade où le doge trône au milieu du Conseil des Dix et tend l'anneau de saint Marc au chef de la cité. Selon une autre version, cette posture représente un *Pêcheur apportant au doge l'anneau ducal qu'il a trouvé dans le ventre d'un poisson.*

Le doge, le jour de l'Ascension, jette son anneau dans l'eau, depuis le *Bucentaure*, pour épouser la mer. Anneau de saint Marc ou anneau ducal ? Peu importe, puisque le vrai titre est ici : *Une chance sur quelques milliards.*

L'ordre de Saint-Marc, et sa décoration, collier d'or autour du cou, médaillon avec la figure du lion ailé, a disparu depuis longtemps. Le saint, lui, paraît désormais en plongée profonde. Mais, après tout, il l'aura été pendant neuf siècles. Attendons.

Marco Polo
1254-1324

Avec Marco Polo (le plus jeune de la famille des marchands Polo), nous allons les premiers en Chine, et retour à l'aéroport Marco-Polo.

Nous sommes maintenant entre 1271 et 1295. Niccolo, Maffeo et Marco Polo arrivent par voie de terre en Chine septentrionale et se présentent devant l'empereur mongol. Celui-ci n'est autre que Kūbilaÿ Khān (1214-1294), petit-fils de Gengis Khān. Coleridge l'a rendu célèbre dans un poème d'opium admirable et interrompu. C'est le fondateur de la dynastie des Yuan. Après avoir établi sa capitale à Pékin (1264), il achève la conquête de la Chine (1279). Son règne est une grande époque de prospérité. Il est tolérant à l'égard du bouddhisme et du christianisme.

Voilà l'homme qui se prend d'amitié pour Marco Polo, lequel va rester seize ans à son service. L'empereur le fait gouverneur de la région de Yanggiu (Yangzhou). Marco est un bon observateur marchand et administratif. Il rentrera en parcourant toute l'Asie par la Mongolie, et retour par Sumatra. Il ne semble pas qu'il ait su parler le chinois, à la différence de son successeur jésuite, Matteo Ricci, qui s'y collera tout de suite.

Quinzai, l'actuelle Hangzhou, stupéfie ce jeune Vénitien par l'abondance et la variété de ses produits. Il note les importations, les exportations, les taxes. Il a l'œil sur le sucre, les épices (surtout le poivre), la soie, le coton. Après vingt-cinq ans de Chine, ce très étrange Marco décide de rentrer à Venise où il arrive en 1295. Il habite du côté de Cannaregio, ignoré de ses concitoyens. Il parle mal l'italien.

Heureusement qu'il a été prisonnier à Gênes, en 1298, dans la même cellule que Rusticello de Pise. Il lui raconte ses souvenirs, l'autre écrit en ancien français, et cela donne le *Livre des merveilles* (*Il Milione* en italien).

Marco Polo meurt en 1324, trois ans après Dante. C'est

donc au début du XIVe siècle que l'Occident commence, très vaguement, à entendre parler de la Chine. L'Amérique va beaucoup plus concentrer l'attention. Les jésuites ont beau essayer d'attirer le regard sur cet autre continent, à l'est, on les écoute à peine. Pour l'Égypte, la Grèce et l'Italie, vous obtenez les clichés d'usage, Pyramides, Socrate et jeux Olympiques, déferlement touristique et culturel, et enfin le super cliché de la mort de Venise :

« Venise, qui n'est pas une civilisation, est plus qu'une cité : comme Alexandrie, comme Byzance. Qu'elle ait plus longtemps que toute autre vécu dans la fête, et soit morte masquée, vaut peut-être qu'on s'y arrête. » (Malraux, *L'Irréel*.)

Peut-être ?

Monet Claude
1840-1926

J'ai utilisé dans *La Fête à Venise* les lettres extraordinaires de la femme de Claude Monet, Alice :

« Claude Monet et sa femme, Alice, arrivent à Venise pour la première et la dernière fois, le jeudi 1er octobre 1908. [...]

« Les lettres d'Alice Monet à sa fille, Germaine Salerou, nous renseignent presque heure par heure sur ce séjour. "Je vis dans un rêve, cette arrivée à Venise, si merveilleuse, le calme qui vous gagne, les attentions multiples de Mary Hunter, ce palais admirable, un vrai conte de fées... Ici, comme je m'y attendais, c'est le grand luxe, mais calme et facile... Trop beau pour être peint, dit Monet, j'espère bien qu'il changera d'avis... Monet dit que c'est *inrendable* et que personne n'a jamais donné l'Idée de Venise... Monet désire sortir de si grand matin que je ne peux te griffonner que cette page... Les jours filent, filent, toujours dans le rêve et le ravissement... Ici, c'est toujours le même émerveillement, et Monet bien au travail, notre vie absolument réglée... Il veut revenir l'an prochain... Chaque jour, il commence de nouvelles toiles, tant que le beau temps durera, il ne pensera pas à partir... Aujourd'hui pas l'ombre d'une brume, un soleil radieux, aussi travaille-t-il bien fort. À 8 heures, chaque jour, nous sommes installés au premier motif jusqu'à 10 heures : il nous faut donc nous lever à 6 heures ; puis autre motif de 10 heures à midi. De 2 à 4, dans le canal, de 4 à 6, par notre fenêtre, tu vois que les heures sont remplies et, vraiment, je ne sais comment à son âge, il fait cela sans fatigue... Monet a maintenant 12 toiles en train et se passionne de plus en plus... Pendant que j'y pense, le matin, dans le thé, Monet prend en ce moment de la confiture d'orange anglaise... Vraiment nous avons passé de cruelles heures avec la pluie torrentielle, Monet ne voulant pas bouger de cette chambre d'hôtel et ne pouvant même pas y travailler par la fenêtre... Hier, nous avons eu une journée merveilleuse et même si étouffante que j'avais mis une robe de toile, et j'avais chaud comme en plein été. Ce matin, c'est le brouillard. En ce moment, pendant que je te griffonne ces lignes et que Monet, tout en ronchonnant, s'est mis à peindre, je vois passer un vrai défilé de bateaux de pêche avec ces voiles si admirables rouges ou bleues avec des images de saints ou des chevaux ou même la lune. Voici un grand trois-mâts, puis de vrais navires, un qui fait escale ici pour l'Égypte et prend des voyageurs, quel spectacle et les reflets de tout cela dans l'eau nacrée... Tu sais la peine qu'il vous fait quand on le voit ainsi douter de lui-même... Nous avons été ravis des nouvelles de Renoir et espérons bien le trouver tout à fait valide, Monet se fait une fête de le revoir... Tu me demandes, ma Germaine, ce que je fais pendant les heures de travail de Monet. Tu vas être bien étonnée car, à part le courrier, qui me prend la matinée, pendant les séances à San Giorgio où je peux être assise près de Monet sur la terre ferme, je passe le reste du temps à côté de lui en gondole, nous laissant bercer par les flots de bateaux qui passent, vapeurs pétrole, etc., et ne peux rien faire ni bouger pendant que Monet peint. Les heures passent dans cette contemplation, depuis le déjeuner, c'est-à-dire 2 heures, jusqu'à 6 heures 30 ; alors nous faisons un tour à pied chez le marchand de couleurs ou de tabac ou aux cartes postales... Hier soir, nous avons eu un coucher de soleil merveilleux, comme j'aimerais te le faire admirer : le ciel tout rouge et bleu, mais si doux, les flots de feu et de nacre, le croissant de lune apparaissant dans les lagunes silencieuses et nous deux bercés dans la gondole... Notre vie est réglée comme du papier à musique... Il me faut, je t'assure, un grand courage pour supporter de pareils moments d'emballements ou de désespoirs, n'en voyant pas la fin... Ma foi, avec Monet, vraiment, c'est à ne jamais savoir ce qu'on fera. Combien souvent m'a-t-il dit de faire les malles, qu'il ne toucherait plus à un pinceau et une heure après il travaillait et quelquefois même commençait une autre toile... Je suis bien de ton avis pour ne rien dire à Mme Renoir, si potin et bavarde... Je suis heureuse ici de voir Monet si plein d'ardeur, et faisant de si belles choses et, entre nous, autres que les éternels nymphéas, et je crois que ce sera un bien grand triomphe pour lui... Le soir, nous avons été aux marionnettes, quelle chose curieuse ! Il y avait des ballets où vraiment ces marionnettes font des pointes comme de vraies danseuses. Monet a trouvé cela merveilleux... 28 novembre, deux mois de notre départ de Giverny : vraiment nous faisons de grandes noces, je crois que cela aussi annonce le départ... Hier, nous avons voulu faire une petite noce... Monet travaille, il travaillait encore à 8 toiles hier... C'est trop, car c'est sans arrêt depuis 8 heures du matin jusqu'à 5 heures, sauf une heure pour le déjeuner. Hier soir, il était si fatigué que cela me tourmentait, mais il est si heureux..." »

Monet, à Venise, a peint trente-sept toiles. Contrairement à ses prévisions et à son désir, il n'y reviendra pas. Alice meurt trois ans après, le voilà enfermé à Giverny avec ses « éternels nymphéas ».

Monet Claude

Les *Venises* de Monet se trouvent aujourd'hui à Londres, Cardiff, Chicago, San Francisco, Boston, Washington, New York, Indianapolis, Berne, Tokyo, Nantes, ou dans les collections privées. Le tableau de Nantes est le cadeau d'adieu, le 3 décembre 1908, gondole amarrée à des piquets, noir et mauve, deuil et foi, vite vue, force chinoise. Nymphéas ou pas, il s'attache là et il reste là. Les deux *Crépuscules*, bleu, jaune et rouge sur San Giorgio, sont éclatants et fous. Le deuxième (maintenant au Japon) est le plus réussi, je trouve.

On sent que, dans cet éventail de plein air, Monet a voulu vérifier sa vie entière à toute allure : peupliers, bords de Seine, meules, verticales, horizontales, cathédrales, changements de bassins, reflets de reflets, remontées à l'envers, brassées de fleurs, enfants, robes, ombrelles, chapeaux, coquelicots, déjeuners, chaleurs et fraîcheurs, diffusions, buées, explosions, buissons d'atomes. « Les Vénitiens » : l'expression revient sans cesse, à la fin, dans les propos de Cézanne. Ils avaient, Monet et Cézanne, la certitude de retrouver fiévreusement la vérité obscurcie par un déluge de conformisme et de mensonge. Gloire au lieu pour le lieu. Ici.

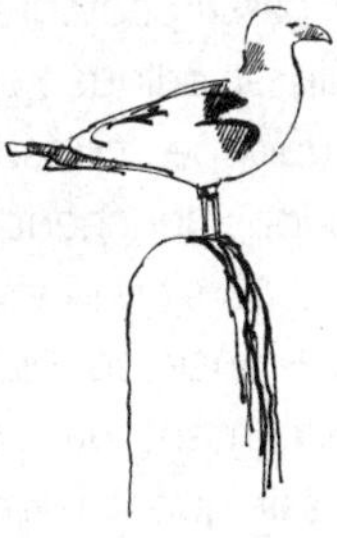

C'est en 1908, dans un de ses Carnets, que Proust trouve la révélation de sa *Recherche*. Il est venu à Venise huit ans auparavant.

Montaigne Michel de
1533-1592

Montaigne arrive à Venise le 5 novembre 1580 dans la soirée. Il vient de Padoue, le long de la rivière (la Brenta), « ayant à nos côtés, note son secrétaire, des plaines très fertiles de blé et fort ombragées d'arbres, entre-semés par ordre dans les champs où se tiennent leurs vignes, et le chemin fourni de tout plein de belles maisons de plaisance ».

À Ca'Fusina, il faut prendre une gondole « vers la mer où Venise est assise ». Il va rester une semaine et ne pas voir grand-chose. C'en est même étonnant.

Le lendemain de son arrivée, un dimanche, Montaigne rencontre l'ambassadeur du roi de France, Arnaud du Ferrier, « qui lui fit bonne chère, le mena à la messe et le retint à dîner avec lui » :

« Ce vieillard, qui a passé septante-cinq ans, à ce qu'il dit, jouit d'un âge sain et enjoué ; ses façons et ses discours ont je ne sais quoi de scolastique, peu de vivacité et de pointe ; ses opinions penchent fort évidemment, en matière de nos affaires, vers les innovations calviniennes. »

L'ambassadeur de France se plaint du côté « soupçonneux » du gouvernement de Venise. On comprend pourquoi, quand on sait que, malgré son ambassade au

Concile de Trente et son séjour à Venise, il se convertira deux ans plus tard, à son retour en France, au protestantisme (devenant le chancelier d'Henri de Navarre, futur Henri IV, lequel abjurera le protestantisme un an après la mort de Montaigne, son « Paris vaut bien une messe » étant du Montaigne pur jus).

Avoir été en poste à Venise et se convertir au protestantisme est quand même un comble. C'est sans doute ce que Montaigne veut dire en parlant d'esprit « scolastique » avec peu de « vivacité et de pointe ».

Disons, plus crûment, que cet ambassadeur cocasse est intellectuellement aveugle et sourd. En 1580, Venise éclate de beauté et de force (c'est l'année de la mort de Palladio).

De Venise, Montaigne ne dit rien. Son secrétaire note simplement :

« Les raretés de cette ville sont assez connues. Il disait l'avoir trouvée autre qu'il ne l'avait imaginée et un peu moins admirable. Il la reconnut, et toutes ses particularités, avec extrême diligence. La police, la situation, l'arsenal, la place Saint-Marc et la presse des peuples étrangers, lui semblèrent les choses les plus remarquables. »

Le lundi 7 novembre au soir, une ancienne courtisane retirée du métier, Veronica Franco, lui envoie un petit livre de lettres composé par elle. Montaigne répond par le don de deux écus.

En somme, il vit dans l'Antiquité imaginaire, sans voir qu'elle vient de connaître sa résurrection et son dépassement à Venise. Sa personne lui paraît sans doute plus importante que le lieu. Ce que confirme son secrétaire, très attentif à la santé de son maître :

« Le mardi après dîner il eut la colique qui lui dura deux ou trois heures, non pas des plus extrêmes à le voir, et avant souper il rendit deux grosses pierres l'une après l'autre. »

Quand ce n'est pas la colique ou la pierre, ce sont des migraines ou des fluxions de ventre. On comprend que, dans ces conditions, la luxure n'est pas au rendez-vous.

Montaigne est choqué par les dépenses inutiles et ostentatoires. Finalement l'« innovation calvinienne » le travaille plus qu'il ne croit (et la France avec lui). Il est remarquable que le secrétaire enchaîne sur les questions d'argent :

« Il louait pour son service une gondole pour jour et nuit, à deux livres, qui sont environ dix-sept sols sans faire nulle dépense au barquerol » (au gondolier, pas de pourboire : non seulement Montaigne a la colique mais il est radin). « Les vivres y sont chers comme à Paris ; mais c'est la ville du monde où on vit à meilleur compte, d'autant que la suite des valets nous y est du tout inutile, chacun y allant tout seul, et la dépense des vêtements de même ; et puis qu'il n'y faut nul cheval. »

Voilà, c'est tout pour Venise. On dirait le compte rendu de voyage d'un petit provincial près de ses sous. Montaigne a quarante-sept ans, ce n'est pas une beauté, il retarde. L'autre Bordelais qui s'est plaint des putains de Venise n'est autre que Montesquieu, et un autre Français aura lui aussi des soucis dans ce genre d'affaire : Rousseau (voir *Rousseau*). Bordeaux mettra très longtemps avant d'envoyer à Venise un correspondant de choc.

En avril 1581, Montaigne est à Lorette, où la maison de la Vierge est censée avoir été transportée depuis Jérusalem par des anges.

Montaigne a son idée, il a préparé son coup : il est venu avec un tableau pour l'accrocher là, en signe de dévotion (nous sommes ici très loin des « innovations calviniennes »). Un ex-voto, donc. Et pas n'importe lequel : on y voit, dit Montaigne lui-même, « quatre figures d'argent attachées : celle de Notre-Dame, la mienne, celle de ma femme, celle de ma fille. Au pied de la mienne, il y a sculpté sur l'argent : *Michael Montanus, Gallus Vasco,*

Eques regii ordinis, 1581 ; à celle de ma femme : *Francisca Cassania uxor* ; à celle de ma fille, *Leonora Montana filia unica* ; et sont toutes de rang à genoux dans ce tableau, et la Notre-Dame au haut, au-devant ».

Il faut lire, en français : « *Michel de Montaigne, Français de Gascogne, chevalier de l'Ordre du Roi*, 1581 » : « *Françoise de Chassaigne sa femme* » ; « *Leonor de Montaigne, leur fille unique* ».

Cet ex-voto, d'une grande portée humaniste, a malheureusement disparu, mais il est mentionné avec précision dans le registre des dons (1576-1599) du sanctuaire de Lorette. « Ce fut le 25 avril que j'offris mon vœu. »

Plus fort encore : Montaigne note que, en ce lieu très fréquenté (et avec miracles), « un jésuite allemand m'y dit la messe et m'y donna à communier ».

Encore plus fort : les prêtres, à l'époque, n'acceptent pas l'argent qu'on leur offre.

« J'offris à plusieurs prêtres de l'argent ; la plupart s'obstinèrent à le refuser : et ceux qui acceptèrent, ce fut avec toutes les difficultés du monde. »

Montaigne et un jésuite allemand, à Lorette, après Venise : ce tableau méritait le détour.

Monteverdi Claudio
1567-1643

Place à la splendeur.

Et à l'un des cas les plus étranges de l'histoire humaine (ou divine).

Monteverdi Claudio

On n'imagine pas quelle était la gloire de Monteverdi au moment de sa mort, le 29 novembre 1643.

Philippe Beaussant (*Claudio Monteverdi*, Fayard, 2003) écrit :

« Il était à ce moment-là le musicien le plus célèbre, non seulement d'Italie mais d'Europe : "*Oracolo della musica*", l'oracle de la musique. Les ambassadeurs en poste à Venise s'empressèrent d'annoncer la nouvelle à leurs souverains. On lui fit, dans la basilique San Marco dont il avait dirigé la musique pendant trente ans, des obsèques solennelles. Et comme ce n'était pas assez, après qu'il eut été enterré dans une chapelle de Santa Maria dei Frari, où il est toujours, tout Venise s'assembla dans l'église : "Avec une pompe presque digne d'un roi, on dressa un catafalque dans l'église des Padri dei Frari, entouré d'un si grand nombre de bougies que l'église semblait un ciel illuminé d'étoiles." »

On enterre Orphée lui-même, ou, plutôt, on célèbre sa montée au paradis. On oublie toujours de souligner que Monteverdi a été ordonné prêtre catholique en 1632, deux ans après une épidémie de peste dramatique, la « mort noire », et qu'on parle à partir de là du « révérend don Claudio Monteverdi ». C'est en soutane à collet blanc qu'on le voit dans les portraits de sa vieillesse et dans celui de Bernardo Strozzi (visage anguleux, regard noir sans fond, oiseau légèrement penché sur la gauche). C'est ce prêtre sombre et lumineux (l'autre musicien de Venise étant le « prêtre rouge », Antonio Vivaldi), qui publie, en même temps que ses œuvres religieuses et spirituelles, ses nombreuses participations révolutionnaires à l'opéra naissant.

Il y a des sourds que cette apparente contradiction étonne. Ceux-là, très nombreux, n'entreront jamais dans Venise. Ils peuvent y passer sans entendre, c'est-à-dire sans voir.

Aussitôt après sa mort (vengeance du diable), l'oubli s'installe. « Le baroque, écrit Beaussant, est incompréhensible au XIXe siècle. »

C'est surtout dans la deuxième moitié du XXe que cette chape de surdité commence à se fissurer. On pourrait dire : dévastation oblige.

On ne sait rien des débuts de Monteverdi, né à Crémone, sinon qu'il fut aussi un musicien de viole et de chant. Les grands musiciens, pendant très longtemps (et cela est décisif), ont été en même temps de grands instrumentistes (ou chanteurs). Il suffit de citer Purcell (voix), Vivaldi (violon), Bach (orgue et clavecin), Haendel (clavecin), Mozart (pianoforte et piano). Dans le cas de Monteverdi, ce don se redouble d'une culture littéraire très étendue.

Musique sacrée, musique profane : l'une se nourrit de l'autre, et réciproquement. Pas de séparation, une même éclosion permanente. Les madrigaux et les vêpres surgissent de la même science, virtuosité et simplicité. Dieu est comme la Nature, la Nature comme Dieu. D'un côté des exclamations, des inclamations, des éclats, une agitation, des lamentations, des suffocations, bref la respiration elle-même ; de l'autre (mais c'est du même côté) des louanges, des acclamations, des glorifications, des célébrations. Le latin s'envole, l'italien module.

Nous sommes en pleine poésie chantée, rythmée, et cosmique. L'*Orfeo*, écrit à Mantoue, rejoint les grandes compositions vénitiennes, *Le Combat de Tancrède et de Clorinde*, *Le Retour d'Ulysse dans sa patrie*, *Le Couronnement de Poppée*. Tout est couleur dans cette musique de voix éternisées, la scène dramatique rejoint la confidence fugitive, la *Jérusalem délivrée* du Tasse chante la liberté de Venise, la *récitation* (Apollon, Orphée, Ulysse) est un art de divinisation. J'écoute Monteverdi, et je suis immédiatement enveloppé, transporté, pas, trot, galop, épées, sang, mort, résurrection, cheval, cavalier. Et puis trinité, foule d'anges. Tout est ouvert, tout est permis. « Monteverdi, écrit encore Beaussant, a la faculté d'être neuf et même prophétique sans jamais renier l'ancien, de dire oui sans jamais nier et encore moins renier. »

Douleur : la femme de Monteverdi s'appelait Claudia, elle est morte avant son arrivée à Venise en 1613 (à quarante-six ans). Sa chanteuse préférée, Caterina Martinelli, dite la Romanina, pour laquelle il écrivait particulièrement et qui a habité chez lui, est morte, elle aussi à Mantoue, à l'âge de dix-huit ans.

Tout cela s'entend dans le *Lamento d'Arianna*, le *Ballo delle Ingrate*, le *Lamento della Ninfa*, et dans tous les opéras. Mais surtout dans le bouleversant *Combat de Tancrède et de Clorinde*, fureur et tragédie de la guerre des sexes, avec son cri *« Ahi ! Vista ! Ahi ! Conoscenza ! »*. Vue désaveuglante et connaissance : trop tard.

Amour : madrigaux, nature, espaces enchantés, magie, petits airs, souffles, Pétrarque, puissance. *« Hor ch'el ciel e la terra e'l vento tace. »* Vert sombre, vert clair, la belle nature italienne avec sa suprême fleur, Venise. Et puis la Vierge, qui n'est autre, comme l'a vue Dante, que cette fleur. Et puis Dieu, ou plutôt la Trinité, c'est-à-dire le Père, le Fils et le Saint-Esprit. Un en trois personnes, trois personnes en une.

Là-dessus, Monteverdi est intarissable et inépuisable. Il tient le nœud de la vérité temporelle, il ne le lâche plus. Douleur, Amour, Gloire :

GLORIA PATRI ET FILIO ET SPIRITUI SANCTO
SICUT ERAT IN PRINCIPIO ET NUNC ET SEMPER
ET IN SAECULA SAECULORUM AMEN.

Il y a là comme la formule d'un retour éternel, qui doit donc être répétée et répétée sans cesse : Venise est ce lieu de la répétition (comme quoi il est absurde, comme le fait Stravinsky, de reprocher à Vivaldi d'avoir écrit six cents fois le même concerto, alors qu'il ne s'agit jamais du même rigoureusement le même, et qu'il aurait pu en écrire six mille ou soixante mille sans qu'on s'en lasse jamais, du moins moi).

C'était comme ça au commencement (ou au principe),

c'est comme ça maintenant (poinçon du *nunc*), ce sera comme ça toujours (*semper*).

Reste à dérouler le large et virevoltant escalier des siècles, dans les siècles des siècles (volutes), pour indiquer, au large, une sérénité de ciel et de mer (*amen*).

Comme si Monteverdi voulait dire : nous planons sans fin dans le jour, et nous sommes vivifiés par le feu.

Il meurt le 29 novembre 1643, soixante-seize ans, « suite à une fièvre maligne de neuf jours ». Caberloti, selon une métaphore courante à l'époque, l'appelle « le Cygne fait homme ».

Il suffit d'entendre comment il fait chanter Pétrarque (je donne la citation en français, déjà loin de l'incroyable finesse italienne) :

Maintenant que le ciel et le vent se taisent,
et que les animaux et les oiseaux sont endormis,
le chariot étoilé de la nuit s'avance et tourne,
et dans son lit l'océan repose sans vagues,
je veille, je pense, je brûle, je pleure
et celle qui est la cause de ma douce peine est toujours devant moi.

Mélancolie ? Mais non, il faut *voir* comment Monteverdi joue avec *« mille volte »* :

« Mille fois par jour je meurs, mille fois je renais. » Le poème d'amour devient métaphysique.

Le chant du phénix, en somme.

Aucune ville au monde n'a reconnu de son vivant et célébré un artiste comme Venise Monteverdi. Il était au cinquième rang dans toutes les manifestations officielles, par exemple les processions de Saint-Marc. Impossible de ne pas l'entendre en marchant sur les quais ou en arrivant par bateau, quand toutes les cloches sonnent, devant la Douane de mer. Du passé ? Nullement, le présent même. Vivaldi et Mozart devraient être, eux aussi, enterrés à Santa Maria dei Frari.

Morand Paul
1888-1976

Morand publie *Venises* en 1971. Il a quatre-vingt-trois ans.

« Toute existence est une lettre postée anonymement ; la mienne porte trois cachets : Paris, Londres, Venise ; le sort m'y fixa, souvent à mon insu, mais certes pas à la légère. »

Le nom de Venise au pluriel, une constellation dans le temps, le rassemblement de toute une vie et, finalement, un chant funèbre : c'est un des plus beaux livres de Morand, et souvent, à son insu, le plus lucide.

Funèbre : « Venise résume dans son espace contraint

ma durée sur terre, située elle aussi au milieu du vide, entre les eaux fœtales et celles du Styx. »

Étrangement religieux, dans un finale situé dans un cimetière de Trieste (où il a décidé d'être inhumé aux côtés de sa femme d'origine grecque) :

« Là, j'irai gésir, après ce long accident que fut ma vie. Ma cendre, sous ce sol ; une inscription en grec en témoignera ; je serai veillé par cette foi orthodoxe vers quoi Venise m'a conduit, une religion par bonheur immobile, qui parle encore le premier langage des Évangiles. »

Pas un mot de Palladio chez Morand. De même que l'ambassadeur de France à Venise, du temps de Montaigne, se convertit au protestantisme, de même Morand dit avoir été conduit par Venise à la « foi orthodoxe ». Pas d'antiquité grecque, donc, et pas de catholicisme. Titien, Tintoret, Véronèse, Tiepolo, Monteverdi, Vivaldi ont par conséquent œuvré pour rien. Question française.

Malgré tout :

« Je reste insensible au ridicule d'écrire sur Venise, à

l'heure où même la primauté de Londres et de Paris n'est plus qu'un souvenir, où les centres nerveux du monde sont des lieux sauvages : Djakarta, Saigon, Katanga, Quemoy, où l'Europe ne se fait plus entendre, où seule compte l'Asie ; Venise l'avait compris, installée à ses portes, pénétrant jusqu'en Chine ; c'est à Marco Polo que Saint-Marc devrait être dévoué et non le contraire. »

Saint-Marc ? Hélas, une « mosquée dont le pavement déclive et boursouflé ressemble à des tapis de prière ».

Quelque chose ne va pas, mais quoi ?

L'Histoire et la politique, sans doute, et les préjugés d'un milieu social en cours de disparition, mais surtout, l'ensemble du livre en témoigne, la présence massive de Proust.

Proust a « pris » la Venise de la jeunesse de Morand, il en a fait l'aimant irrésistible de sa *Recherche*.

Morand écrit :

« Les canaux de Venise sont noirs comme l'encre ; c'est l'encre de Jean-Jacques, de Chateaubriand, de Barrès, de Proust ; y tremper sa plume est plus qu'un devoir de français, un devoir tout court. »

Cela n'empêche pas Morand d'évoquer, avec le talent qu'on lui connaît, les années 1914, 1918, 1920 (« Ouverture du Harry's Bar, avant Orson Welles et Hemingway »), 1922 (mort de Proust), 1929, etc. Mais l'horloge est arrêtée à l'heure « Proust », rien à faire. L'Académie française *ne peut pas* rattraper Proust.

De temps en temps, malgré sa mauvaise humeur à propos des temps modernes, Morand est éblouissant. Ainsi, à propos de la Salute :

« La courbe de ses volutes déroulées comme des

vagues prêtes à crouler, jeux du soleil autour d'une coupole gris-vert dont la sphère permet toutes les nuances de couleurs rompues. »

Mais enfin, Proust, toujours Proust :

« Il semble inimaginable qu'à la fin de 1919 Proust rencontra encore de la difficulté à placer dans les journaux une chronique sur Venise, espérant humblement qu'"elle va être prise". Toute sa vie, Proust se promit Venise ; il espérait, disait-il, à la fin de la Grande Guerre, pouvoir y retourner avec Vaudoyer ou avec moi, son œuvre terminée ; il y rêvait de loin depuis son enfance, pareil à sa grand-mère qui, elle, n'y alla jamais... »

Et aussi :

« Proust avait la vocation de Venise (et pas seulement celle des cravates d'*Au Carnaval de Venise*, boulevard des Capucines, où Charles Haas se fournissait). Comment fuir l'Exposition universelle de 1900, se demandait-il, comment arriver seul, si souffrant, jusqu'à la cité magique ? Il eût fallu un compagnon, il n'en trouvait pas ; une lettre de lui, datée d'octobre 1899, n'est qu'un cri vers Venise [...]. Dans l'index de la *Recherche*, édition de la Pléiade, Venise revient cent fois ; on y suit l'ivresse de Proust pour la ville enfin conquise [...]. Où était la Venise de Proust, sinon en lui-même ? À travers toute la *Recherche*, Venise restera symbole de liberté, d'affranchissement, contre la mère, d'abord, ensuite contre Albertine ; *Venise, c'est l'image de ce que la passion l'empêche de réaliser* ; Albertine lui cache Venise comme si l'amour offusquait tous les autres bonheurs... »

Il est d'autant plus curieux de voir Morand déclarer que, « pour la santé de l'âme, mieux vaut choisir une autre ville que l'androgyne Venise », « quand l'on ne sait où finit la terre, où commence l'eau », comme Elstir le dit à Albertine.

Ce qui s'explique lorsqu'on lit son récit d'une « Sérénade à trois » située au début des années 60 du dernier siècle : « une déconvenue, une mésaventure ».

Morand a été convié par une amie à un rendez-vous galant dans une petite maison de la Piazzetta. Il doit entrer discrètement le soir, après dîner. Il arrive, va vers la chambre à coucher. Elle est fermée à clé. Il frappe, il appelle, on ne lui répond pas, il regarde par le trou de la serrure, mais il est bouché par une chemise. Il comprend enfin que deux femmes (dont son amie) sont en train de faire l'amour pour l'exclure tout en étant entendues par lui :

« L'oreille à l'embrasure, les mains sur le marbre froid du chambranle. Je retiens mon souffle : elles sont deux. Je les entends qui se contentent ; les plaisirs de la porte ; ce lapement, ce n'est pas l'eau qui lèche le seuil de la maison... J'eus droit à toute la gamme, jusqu'au couinement du lapin enlevé par le rapace... »

Compétition avec Proust.

Et puis, tout à coup, en 1970 :

« Venise... au lieu d'un séminaire de *morbidezza*, une école d'énergie... Venise-la-Rouge, où pas un bateau ne bougeait du temps de Musset, n'offrait ce soir-là qu'un enfer de sirènes, de vagues fouettées, de ciel effiloché par des *jets* : tout flambait, hurlait, fumait de sueur.

« Comme nous accostions devant le *Danieli*, la nuit tomba, sans arrêter cet ouragan permanent ; les moustaches d'écume aux proues ne s'affaissaient qu'aux marches des pontons. Cette stridence des hors-bord gémissant à cinq mille tours, ce trafic palpitant, tout s'inscrivait en faux contre la délectation de littérateur qu'on nomme la Mort ; tout semblait crier : "Assez de débris, assez de reliques, assez d'ossements, trêve de crépuscules ! Assez d'entendre lamenter une ville si gaie !" »

Voilà le Morand que j'aime, et voilà d'ailleurs ma Venise (en 1970, je suis déjà là depuis sept ans). Encore une dizaine d'années, et je vais terminer, un soir d'automne chaud et noir, le manuscrit de *Femmes*.

« On sauvera Venise ; des bureaux s'y consacrent, dirigés par des savants de tous les pays... Cela s'appelle le Bureau d'études des masses maritimes et terrestres... »

Paul Morand, voyageur français.

Mostra

On a tendance à oublier, et pour cause, l'enthousiasme qu'a provoqué l'invention du cinéma et de son industrie fulgurante dans les pays totalitaires.

C'est en tout cas le 6 août 1932, en plein régime fasciste de Mussolini, que la *Mostra* de Venise est inaugurée par le comte Volpi.

Mussolini vient de déclarer que « le cinéma est l'arme la plus forte ». Lénine ne pensait pas autrement, et Hitler non plus. L'Amérique, depuis, a réglé le problème de façon démocratique, le Spectacle étant devenu mondial.

C'est le sculpteur Antonio Maraini qui est à l'origine de ce projet sensationnel :

« Jamais, à ce que je sache, on n'avait organisé un programme prévoyant la présentation soir après soir de films dans leurs éditions et langues originales : on ne l'avait jamais fait en présentant une série de films l'un après l'autre, dans l'espace de quelques jours, de façon à parcourir presque l'ensemble de la production la plus récente et la plus élevée de la cinématographie. »

C'est bien un événement international, affirmant le cinéma comme un des beaux-arts. Le septième, dit-on, à égalité avec les autres.

Mais pourquoi, tout de suite, *à Venise* ?

Du passé des arts faisons table rase : le nouvel art synthétique et supérieur est proclamé. Il s'inscrit tout normalement, en tant qu'« arme la plus forte », pour un renforcement de la Société en tant que telle.

En 1934, c'est l'idylle générale (comme quoi tout le monde a bien compris la commande) : dix-sept nations, cinquante-huit maisons de production. René Clair a déjà été distingué, c'est au tour de Flaherty. Comme l'écrit un journaliste : « "L'Exposition" s'affirme comme un rendez-vous mondain, ponctué de fêtes cosmopolites, et comme une compétition artistique, avec la création de la coupe Mussolini. »

Cette « coupe Mussolini », tout le monde a l'air prêt à la boire jusqu'à la lie. Il y a bien une légère houle contre *La Grande Illusion* de Renoir, pacifiste de gauche, mais on lui invente une petite coupe du Jury international, la grande coupe Mussolini allant, comme on pouvait s'y attendre, à un péplum. En 1938, Walt Disney enchante la *Mostra* avec *Blanche-Neige*, les Anglais donnent une grande fête pour la présentation de *Victoria the Great*. La *Mostra* couronne Leni Riefensthal (*Olympia*) et un film produit par Vittorio Mussolini. Les Anglais et les Américains commencent à se poser des questions, et les Français envisagent de créer un contre-festival à Cannes : 1939 interrompra ce grave business.

Pendant la guerre, discrète semaine du cinéma italo-allemand. Mais, dès 1946, les grandes manœuvres reprennent : *Les Enfants du paradis*, et retour des Américains. Venise a désormais son satellite en progression à Cannes. C'est le temps des stars : Gina Lollobrigida, Sophia Loren, toilettes, seins, chapeaux, exhibitionnisme, glamour, paparazzi. Mais tous les grands cinéastes sont là : Fellini, Antonioni, Rosi, Visconti, Welles, Huston, Aldrich, Bresson, Clouzot, Carné, Dreyer, Wajda. Ouverture aux cinémas asiatiques, japonais, indien, taïwanais. Un des sommets est l'attribution du Lion d'or à Kurosawa en 1951 : « Le triomphe de *Rashômon* à Venise, dit-il, a modifié ma vie en me permettant de suivre ma route. »

Dans les années 1960, « nouvelle vague » : Resnais Lion d'or en 1961 pour *L'Année dernière à Marienbad*, apparition de Pasolini, Bertolucci, Tarkovski. En 1968, on s'en souvient peut-être, léger malaise. Mais tout reprend de plus belle en 1979, avec Cassavetes et Louis Malle. On n'arrête pas une aussi belle invention de contrôle général des imaginations.

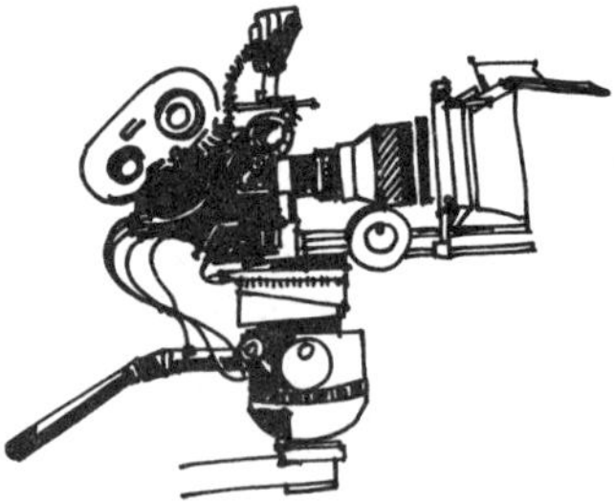

Je regarde une photographie de Liz Taylor, en 1961, dans une gondole, devant San Giorgio. C'est la grande époque du péplum. Deux ans plus tard elle sera une « inoubliable Cléopâtre » avec Richard Burton en Antoine. Sur le moment, personne ne rit, sauf Palladio, plus jeune que jamais, et Shakespeare. La photo et le film sont incroyablement vieillis, irregardables, sauf avec une compassion bouddhiste. Même état d'esprit consterné en voyant le décolleté bronzé de Sophia

Loren en 1958. Ou Monica Vitti au temps de *L'Eclipse*. Ou Liz Taylor (encore elle) sur la plage du Lido. Ou Orson Welles, en 1962, en motoscafo, cigare au bec, sur le Grand Canal. On pourrait continuer comme ça, place aux nouvelles images, disparition des images. Autant en emporte le vent dans les ailes du Lion sous le vent.

Mozart Wolfgang Amadeus

1756-1791

(Voir *Da Ponte*)

Musset Alfred de

1810-1857

(Voir *Sand*)

N

Nietzsche Friedrich
1844-1900

En 1887, pour la deuxième édition du *Gai Savoir*, Nietzsche ajoute, en appendice, six des huit poèmes qu'il avait publiés en 1882 sous le titre *Idylles de Messine*. Le titre, cette fois, est *Chants du prince hors-la-loi*. *Hors-la-loi*, en allemand, c'est *vogelfrei*, « libre comme l'oiseau », mais aussi, dans l'ancien droit allemand, « sans protection juridique ». Un homme qui est banni et mis hors la loi peut être librement abattu, comme un oiseau. Grand danger, donc, pour l'esprit libre qui vole *selon*.

Le poème qui nous intéresse ici est intitulé *Mon bonheur !*, que l'on peut aussi traduire par *Ma chance !* Bonne et heureuse chance :

Mon bonheur !

Je revois les pigeons de Saint-Marc :
La place est silencieuse, le matin s'y repose.
Dans la douce fraîcheur indolemment j'envoie mes chants.

Comme un essaim de colombes dans l'azur
Et les rappelle des hauteurs,
Encore une rime que j'accroche au plumage
— mon bonheur ! mon bonheur !

Calme voûte du ciel, bleu-clair et de soie,
Tu planes protectrice sur l'édifice multicolore
Que j'aime – que dis-je ? – que je crains et envie...
Comme je serais heureux de lui vider son âme !
La rendrais-je jamais ? —
Non, n'en parlons pas, pâture merveilleuse du regard !
— mon bonheur ! mon bonheur !

Clocher sévère, avec quelle vigueur de lion
Tu t'élèves ici, victorieux, sans peine !
Tu couvres la place du son profond de tes cloches – :
Je dirais en français que tu es son accent aigu[1]
Si comme toi je restais ici
Je saurais par quelle contrainte, douce comme de la soie...
— mon bonheur ! mon bonheur !

Éloigne-toi, musique ! Laisse les ombres s'épaissir
Et croître jusqu'à la nuit brune et douce !
Il est trop tôt pour les harmonies, les ornements d'or
Ne scintillant pas encore dans leur splendeur de rose,
Il reste beaucoup de jour encore,
Beaucoup de jour pour les poètes, les fantômes et les solitaires.
— mon bonheur ! mon bonheur !

1. En français dans le texte.

Nietzsche Friedrich

Presque tout de suite après, Nietzsche évoque sa révélation de Zarathoustra :

Sils-Maria

J'étais assis là dans l'attente – dans l'attente de rien,
Par-delà le bien et le mal jouissant, tantôt
De la lumière, tantôt de l'ombre, abandonné
À ce jeu, au lac, au midi, au temps sans but.
Alors, ami, soudain un est devenu deux –
Et Zarathoustra passa auprès de moi…

Nietzsche, Proust : transformation de la perception et de la pensée du Temps.
Au cœur de ces deux expériences révolutionnaires, une ville : Venise.
Il est remarquable que ces deux aventures, très différentes, aient lieu toutes les deux à la fin du XIXe siècle et à l'orée du XXe, quand Venise semble avoir « disparu »

dans une décadence irréversible. Remarquable aussi que le campanile, évoqué par Nietzsche *en français* comme un « accent aigu », soit le même que Proust voit dominé par un ange d'or, et qui s'effondre en 1902, pour être reconstruit par la suite. Un signal pour plus tard, une ponctuation d'espoir.

Le correspondant de Nietzsche, à Venise, est un musicien, Friedrich Köselitz, rebaptisé par lui Peter Gast, sur qui il fonde de grands espoirs de rénovation musicale. Il doit s'opposer à Wagner, écrire un opéra dont le titre sera *Le Lion de Venise*.

Ainsi, le 13 mars 1880, à Venise, Nietzsche commence à dicter à Köselitz les aphorismes d'*Aurore* (sous le titre *L'Ombra di Venezia*). La ville lui paraît d'abord hostile : « Venise est la ville de la pluie, des vents et des venelles obscures. Ses plus grandes qualités sont le calme et un pavé excellent. » Un peu plus tard : « Venise a le tort de ne pas être une ville pour promeneurs – il me *faut* mes 6-8 heures de marche en pleine nature. »

Sils-Maria, Gênes, Nice, Turin : on suit avec une étrange empathie tous les déplacements de Nietzsche. Mais Venise a un autre nom : Musique. « Lorsque je cherche un autre mot pour exprimer le terme "musique", je ne trouve jamais que le mot Venise. »

Ombre de Venise, ombre de Wagner. Ce dernier meurt à Venise le 13 février 1883, et c'est là, pour Nietzsche, une « heure sainte ». Car, ne nous y trompons pas : si Wagner est le géant malfaisant à abattre, il est aussi « comme homme, animal, dieu-et-artiste, mille fois au-dessus de la compréhension et de l'incompréhension des Allemands ». Nietzsche ajoute : « Des Français aussi, peut-être ? » (Voir aussi *Wagner*.)

D'avril à juin 1884, Nietzsche est de nouveau à Venise : « Me voici dans la maison de Köselitz, dans le calme de Venise, où j'écoute de la musique qui est elle-même, à maints égards, une sorte de Venise idéale. »

En avril 1886, il est seul dans l'appartement de Köselitz : « Par-delà, peut-être, le bien et le mal, mais non le dégoût, l'ennui, la *malinconia* et les douleurs oculaires. » Il n'empêche : le « phénix de la musique » est là, quelque part, il vole près de nous « paré d'un plumage plus léger et plus brillant qu'autrefois ». Cette musique nouvelle, ou plutôt éternelle, est « sereine et profonde comme un après-midi d'octobre... personnelle, exubérante et tendre comme une douce petite femme ».

Nietzsche *souffre* littéralement de l'absence de musique. Il n'y a presque rien dans les concerts, il se rabat sur la *Carmen* de Bizet, il n'a pas accès au grand répertoire européen des XVIIe et XVIIIe siècles, ce qui nous paraît aujourd'hui difficile à imaginer. Scène impossible : Nietzsche appuyant sur un bouton, et ayant à sa disposition instantanée tous les enregistrements de Monteverdi, Vivaldi, Bach, Haendel, Haydn, Mozart. La *preuve* dont il a besoin, et qui lui manque.

D'où la tentation mélancolique :

Accoudé au pont,
j'étais naguère debout dans la nuit brune.
De loin un chant venait jusqu'à moi ;
des gouttes d'or ruisselaient

sur la surface tremblante de l'eau.
Des gondoles, des lumières, de la musique –
Tout cela voguait enivré vers le crépuscule...

Mon âme, l'accord d'une harpe,
se chantait secrètement à elle-même, invisiblement touchée,
un chant de gondolier,
tremblante d'une béatitude diaprée.
— Quelqu'un l'écoutait-il ?

Ce « chant des gondoliers », deux autres visiteurs allemands en ont été profondément touchés : Goethe et Wagner (voir ces noms). Nietzsche lui-même s'en souvient après son effondrement : larmes, évocation d'un paradis perdu, grande émotion misérable.

Ce que contredit cette lettre de Rapallo, en décembre 1882 :

« La terre est ronde, et il faut qu'elle tourne : faisons de la "bonne musique" *à cet effet*, vieil ami !... Vive le Dieu de l'Italie ! »

C'est dès 1879 que Nietzsche envisage de venir à Venise. D'où cette lettre de Bâle, le 1er mars :

« Mardi 25 mars, à 7 h 45 du soir, j'arrive à Venise et vous *m'embarquerez*. N'est-ce pas ? Vous me louerez un *logement particulier* (une chambre avec un bon lit chaud) : du *calme*. Si possible une altana ou un toit plat chez vous ou chez moi, où nous pourrons nous asseoir ensemble.

« Je ne veux rien *voir* autrement que par hasard. Mais m'asseoir sur la place Saint-Marc et écouter la fanfare militaire au soleil. Tous les jours de fête j'entendrai la *Messe* à San Marco. Je veux flâner bien tranquillement dans les jardins publics.

« Manger de bonnes figues. Et des huîtres. Le plus grand silence. J'apporterai quelques livres. Des bains chauds chez Barbere (j'ai l'adresse). »

De tous les désirs de détente exprimés ici, celui d'aller écouter la *messe* est quand même le plus curieux, venant de quelqu'un qui sera bientôt l'Antéchrist. Encore une singularité vénitienne.

Finalement, il ne peut pas venir, ce sera pour l'année suivante.

Le 30 mars 1885 :

« J'ai découvert que Venise seule m'a plu et m'a été bienfaisante – ou plutôt, je devrais employer d'autres termes (et plus modestes). »

Le mot *silence* revient constamment. Nietzsche, bien entendu, a lu Goethe, mais il découvre le président de Brosses et son voyage de 1739 (en musique, le compositeur Hasse, mais aussi Vivaldi) (voir *Brosses, de*).

Quelque chose d'essentiel s'est passé là. « Je respirerai plus librement *sur la lagune.* »

Le 2 juillet 1885 :

« La dernière nuit que j'ai passée près du pont de Rialto m'a apporté une musique invraisemblable, un adagio du temps jadis, qui m'a ému aux larmes comme s'il n'y avait jamais eu d'adagio jusqu'alors. »

Le 22 septembre :

« Venise dont j'ai la *nostalgie*… La chambre du rez-de-chaussée sur le *Canal Grande*, en face de la fabrique de mosaïque, est-elle encore libre ? Ayez la bonté de diriger un peu votre promenade de ce côté. »

Pas besoin d'argent : « À Venise, la pauvreté a mine honorable et s'accorde à la ville ; à Nice c'est le contraire. »

Venise, c'est le printemps :

« Les cloches de Pâques carillonnant au-dessus de Venise, les couleurs du couchant sur la Piazza, voilà ce que jusqu'à présent était pour moi le *printemps* ! »

« Le printemps, Venise, votre musique… »

« Un seul endroit sur terre, Venise. »

L'iconographie d'une époque est trompeuse (surtout pour le XIXe siècle, et ses photos en noir et blanc).

La mort photographique ment : elle nous oblige à voir en Nietzsche un fanatique moustachu, et en Proust un petit monsieur genre Chaplin frileusement recroquevillé dans un fauteuil au bord du Grand Canal. Bientôt, leurs mères viendront prendre soin de ces grands malades décalés et sombres. Ajoutez une sœur, et le bouclage est complet.

Nietzsche, en forme et rasé de près, assis au soleil sur la place Saint-Marc (au Florian si vous voulez), Proust, le souffle léger, marchant à grands pas sur les quais (lui aussi sans moustaches), voilà qui est plus près de ce qu'ils ont vécu et écrit que des épinglages de pseudo-identité morbide.

Venise, c'est le printemps, l'allégement, la joie, la résurrection, *Pâques* :

« Le doux son des cloches sur la cité de la lagune se confond avec ma notion de "Pâques". »

(Cela en mai 1888, à Turin.)

Nietzsche célébrant Pâques : mais oui, *justement*.

Ailleurs, pas de musique, tout est lourd, grossier, blessant, gestes, mimiques, accents. Tout le monde chante en parlant et, en général, chante mal. Trop fort, trop vite, trop mensongèrement, mauvaise poésie, sentimentalisme, niaiserie, vulgarité générale.

« Y a-t-il quelque chose de perdu, d'oublié ? À la gravité bornée des Allemands en matière musicale, il serait bon d'apporter le *génie de l'allégresse.* »

« La vie sans musique n'est qu'une erreur, une besogne éreintante, un exil. »

La musique (donc Venise) est régénération et exaltation (voir *Monteverdi, Vivaldi*). Ce qui ne veut pas dire, *au contraire*, absence de rigueur :

« Les principes les plus rigoureux et la musique gaie vont de pair. »

Je suis rigoureux, donc gai. Approximatif et flou, donc triste.

Nietzsche a beaucoup insisté sur les signes précurseurs de son *Zarathoustra* :

« Transformation soudaine, profonde et décisive de mes goûts, *surtout en musique.* » Son « éternel retour » suppose une « régénération » totale de l'art d'« écouter ».

Écoute Venise, ceci est un *dithyrambe* :

« Une pareille couleur d'émeraude, une pareille tendresse divine, n'avaient pas encore trouvé avant moi d'expression. »

Tout se ramène ainsi à *goût* ou *dégoût* :

« J'ai une tendance désagréable, presque nerveuse, au dégoût, qui m'a beaucoup compliqué l'existence. »

P

Palais ducal

C'est un monde en soi, dont je ne détaillerai pas les beautés. Ce matin, le journal m'apporte, en pleine page, des nouvelles de Venise. Titre : « La mort de Venise ». Sujet : l'arrivée de l'Orient-Express dans la gare de la Sérénissime. Couplet attendu : « une ville fantôme pour un train fantôme ». Développements : la ville s'enfonce, elle est désertée par ses habitants, les hordes de touristes l'achèvent dans une décomposition générale. Un metteur en scène connu va même jusqu'à affirmer : « Tout sonne de plus en plus faux à Venise. »

Le même jour, un philosophe français, de réputation mondiale, m'apprend qu'il se considère comme un « survivant », que la survie, seule, l'intéresse, et que, d'une certaine façon, nous sommes tous des survivants. Inutile, donc, de parler désormais de Renaissance. Et malheur à celui qui, avec une légèreté coupable, se considérerait comme un revivant, c'est-à-dire comme un phénix des hôtes de ces eaux, pauvre ludion raté, arrogant, ridicule.

Eh bien, non. Plus l'écran de fumée s'épaissit, plus

Venise brille. Elle se masque au point de feindre la disparition ? C'est sa ruse. Le tourisme qui se presse au Palais ducal ? Ruse. La submersion et la désertification humaine ? Ruse. Je me souviendrai toujours de la splendide exposition Titien qui a eu lieu ici. Les visiteurs se précipitaient pour photographier les tableaux sans les voir (ils étaient, pour la plupart, trop grands pour eux). La foule américaine, européenne et japonaise se rassemblait à l'entrée pour regarder les postes de télévision racontant l'exposition en images, *comme si la peinture était une image.*

Le vieux Titien, à la fin, peignant avec ses mains : *Pietà* d'un côté, *Apollon et Marsyas*, *Viol de Lucrèce* de l'autre. Les doigts dans la couleur, en direct. Pas de photo.

Le Palais me fait toujours penser à cette phrase merveilleusement énigmatique de Nietzsche : « La chance, large et lent escalier. » On peut imaginer l'intense activité qui a régné dans ce lieu, il suffit d'entendre, de voir. Voyons les salles : les Quatre Portes, l'Anticollège, le Collège, le Sénat, le Conseil des Dix, les Collections d'armes, les Trois Chefs, les Inquisiteurs, le Grand Conseil, le Scrutin, les Philosophes, les Appartements du Doge.

La salle des Philosophes fait rêver. Celle du Grand Conseil est magnifiée, en surplomb, par l'immense *Paradis* de Tintoret, réalisé entre 1588 et 1594 (7 × 22 m). Tintoret, en termes de défi et d'insolence suprême, n'a craint personne. Voilà votre destin dans le meilleur des cas, a-t-il dit aux passants et puissants de son temps. Vous n'y voyez plus rien, dit-il aux touristes. C'est là, un soir, lors d'un concert où était jouée à juste titre la *Missa Solemnis* de Beethoven, que j'ai eu l'idée de la respiration de mon *Paradis* : pas de ponctuation, les voix, la coulée, la flamme.

Mais il n'y a pas que la Bible, les Évangiles ou *La Divine Comédie*. Dans la salle de l'Anticollège, Tintoret a peint quatre chefs-d'œuvre (qui devaient, à l'origine, être placés dans le vestibule Carré). Sujets homériques, fond grec : *La Découverte d'Ariane*, *Pallas éloigne Mercure*, *La Force de Vulcain*, *Mercure et les Grâces*. Puissance, charme et délicatesse érotique, madrigaux guerriers et amoureux : un petit quatuor sublime.

J'ai étonné et inquiété un gardien, dans la salle du Grand Conseil, un matin tranquille (où étaient passés les touristes ?) en donnant de la voix pour tester l'acoustique de la salle et convoquer les morts. C'est une habitude que j'ai dans les lieux de culte. Évidemment, j'arrête vite. Ça ne se fait pas.

Palladio
1508-1580
(Voir un peu partout, mais particulièrement *Goethe* et *Églises*)

Pleynet Marcelin
né en 1933

Marcelin Pleynet, poète et essayiste, a été et reste, depuis des années, un acteur essentiel des revues *Tel Quel* et *L'Infini*. Il n'a cessé, tout au long de sa vie, de se rendre et de vivre à Venise dont on retrouve maintes traces dans ses écrits. Il est l'auteur de plusieurs livres sur la peinture, notamment d'un très beau *Giorgione*.

Le 15 avril 1971, il est à San Giovanni e Paolo pour les obsèques de Stravinsky. Il écrit dans son Journal de cette année-là :

« Qu'est-ce qu'un mort de plus dans ce jeu de musique ? L'occasion pour une cérémonie, un cérémonial, décorum d'encens, de brocart et d'or. Courant devant moi, un grand garçon blond en manche de chemise traverse le campo San Giovanni et Paolo, une rose à la main. Derrière le cercueil suivent quantités de gerbes de fleurs ou aucune fleur. La cérémonie religieuse a lieu dans l'église même où Venise célébrait les funérailles de ses doges, sur un des bas-côtés les mausolées de la famille Mocenigo, l'un d'eux est de Pietro Lombardo. L'église est immense, ivoire et rose, au centre, autour de la dépouille mortuaire, un petit espace séparé a été réservé à la famille, aux officiels et aux intimes, ainsi isolés du public d'ailleurs peu nombreux, et distrait. Le *Requiem Canticles*, que dirige Robert Craft, est à peine écouté. Dans un coin, près d'un pilier, Pound semble comme toujours absent. Curieux de le voir dans cette ombre et dans l'ombre de ce mort, il se lève lorsque le pope arrive, puis il se rassoit et ne bougera plus de toute la cérémonie. C'est ainsi une fois encore un peu de sa propre histoire qu'on expédie là et où il vient lui aussi à Venise faire dimension, et aujourd'hui, comme en creux, en volume. Curieuse figure que le siècle a séché et, jusqu'au travers de l'asile psychiatrique, comme vidé de ses poisons et déjà oui, de toute histoire. Je sors – comment dit-on ? – sur la pointe des pieds. Mais je suis venu. Je suis là. Je reviendrai. »

Pound Ezra
1885-1972

Ezra Pound est mort à Venise le 1er novembre 1972. Il avait quatre-vingt-sept ans. Il est venu ici au début du XXe siècle, il est revenu, reparti, et finalement revenu. Sa vie de découvreur, ses erreurs, son engagement dans l'histoire fasciste mussolinienne, ses discours à la radio italienne contre les États-Unis pendant la guerre, son emprisonnement dans une cage de fer à Pise, son internement psychiatrique à Washington, sa vieillesse silencieuse de plus en plus pétrifiée, tout cela semble faire partie d'une légende de malheur.

Malédiction de la poésie ? N'allons pas trop vite, même si Pound a répondu à quelqu'un qui l'interrogeait qu'il était, pour finir, en enfer. Quel enfer ? demande l'autre. Pound indique alors son cœur, et dit : « Ici, ici. »

Cet Américain décalé est un poète admirable, un des plus grands du XXe siècle et de tous les siècles. Venise (comme la Chine) apparaît sans cesse dans ses monumentaux *Cantos*.

En 1908, Pound est souvent au Lido, se baigne, et projette même de devenir gondolier. Il s'est fait confectionner un papier à lettres où on lit : *Ezra Pound, 861 Ponte S. Vio – Venise* (j'ai longtemps habité à deux pas de là).

O soleil vénitien
Toi qui as nourri mes veines
Ordonné le cours du sang
Tu as appelé mon âme
Du fond des lointains abîmes.

Pound est un des premiers à se préoccuper de l'histoire de la musique vénitienne, comme il est le premier à s'intéresser à Dante, aux troubadours et à l'écriture chinoise. En 1937, il se demande où sont passées les partitions de Vivaldi, alors complètement oublié. Il organise des petits concerts pour l'entendre. Son éblouissement italien va malheureusement lui faire croire à une restauration sociale possible contre le règne de la marchandise et son incarnation américaine. Or on ne « restaure » jamais rien, sauf des illusions rétroactives. Aveuglement, donc, mais aussi intense lumière brisée qui éclate dans sa poésie : « Le paradis n'existe qu'en fragments inattendus. »

Que les dieux pardonnent ce que j'ai fait
Que ceux que j'aime pardonnent ce que j'ai fait.

Erreur, échec, vanité ? La fin mélancolique et fermée de Pound peut le laisser penser avec son aveu même : « Il y a quelque chose de pourri derrière les *Cantos.* »

Mais il a dit aussi d'un de ses héros, Sigismundo Malatesta, ceci, qui peut s'appliquer à lui : « Un échec qui vaut toutes les réussites de son époque. »

Au poète Allen Ginsberg qui vient le voir à Venise pour lui dire son admiration, Pound déclare : « Ma pire erreur, qui a tout gâché depuis le début, a été mon stupide préjugé banlieusard d'antisémitisme. »

Magnifique formule : l'antisémitisme est en effet un préjugé *banlieusard*.

À propos de l'usure, qu'il a violemment accusée de tous les maux, il note :

« J'étais à côté du sujet, prenant un symptôme pour une cause,

« La cause est l'Avarice. »

Ce sont là pratiquement les derniers mots qu'il ait écrits (le 4 juillet 1972).

Tous ses amis sont morts : Joyce, il y a longtemps, et puis Hemingway, Cummings, Williams, Eliot.

Il meurt le 1er novembre 1972 pendant son sommeil. Le 3, on le transporte à San Giorgio, chez les franciscains, et, bien qu'il ne soit pas catholique, son cercueil est placé entre quatre chandeliers géants. Sa fidèle compagne, Olga Rudge, est là ainsi que sa fille et sa petite-fille. Sa femme, Dorothy, est restée en Angleterre, trop faible pour voyager. Presque personne, donc, quelques amis. Après un bref office funèbre, son cercueil est transporté par des gondoliers vêtus de noir jusqu'à l'île des morts de San Michele.

Il est là, sous terre, non loin de Stravinsky et de Diaghilev.

On trouve, dans les *Cantos*, la formule peu cartésienne suivante :

Amo, ergo sum.

J'aime, donc je suis.

L'apparition de Pound, au printemps, sur les Zattere, était un événement mythique. Grand, droit, maigre, très beau, cheveux blancs et barbe blanche, chapeau ou pas, doge fendant lentement l'air au bord de l'eau, il paraissait venir d'une autre planète ou de l'autre côté du miroir, vieux lion indomptable. Quelquefois, assis sur le ponton, je l'observais à dix mètres. Il restait silencieux, le visage tourné vers le mur, la petite et nette Olga parlant avec deux amis.

Et puis, un matin de grande lumière, le voilà assis, seul, sur une chaise sous la fenêtre de la chambre où j'écris mon *Paradis* (nourri de Bible, de Dante, des Grecs, de Chine et de lui). Il est près du quai, contre une rangée de géraniums, il ne bouge pas, il contemple fixement ses mains, les triture, les pose alternativement l'une sur l'autre. Un regard, des mains. À ce moment-là, il est exactement en attente sur une corniche du Purgatoire. Les cloches sonnent à toute volée, il se lève, s'en va.

Cette scène dérobée est une des plus émouvantes de ma vie.

Je répète :

O soleil vénitien
Toi qui as nourri mes veines
Ordonné le cours du sang
Tu as appelé mon âme
Du fond des lointains abîmes.

Proust Marcel
1871-1922

Tous les chemins de la vie de Proust et de la *Recherche du temps perdu* mènent à Venise. La Sérénissime est ainsi le principal personnage de ce monument de mots. L'enfance est le vrai temps, les passions sont la nécessaire expérience du temps perdu, Venise est le temps retrouvé. Le titre général pourrait être *La Recherche de la vraie Venise.*

Proust n'est pourtant venu que deux fois à Venise, en 1899 et 1900. La première fois avec sa mère, et sous l'influence massive de Ruskin, la deuxième, très mystérieuse, en octobre 1900, seul.

Du premier voyage date la célèbre photo sur la terrasse de l'hôtel Europa (« Proust à Venise durant l'été et l'automne 1899, il y découvre Ruskin en compagnie de Reynaldo et Marie Hahn »), petit bonhomme à chapeau, moustachu, ramassé dans un fauteuil d'osier, profil droit, oreille droite tout à coup très visible et qui, si on y fait attention, *troue* la photo.

Il y a une étrange incubation de Proust par rapport aux splendeurs du catholicisme. Ce sont les cathédrales et les églises romanes, tout un trésor qui pourrait être livré à l'abandon, à l'ignorance, à l'oubli. *La Bible d'Amiens*, de Ruskin dont il fait la traduction sans savoir l'anglais, aidé par Marie Nordlinger, joue là un rôle capital. Mais il s'agit aussi bien de Bourges ou de Chartres. Pour Venise, ce sont les volumes initiateurs de Ruskin, *Saint Mark's Rest* (*Le Repos de saint Marc*) et *Les Pierres de Venise*. En mai 1899, à vingt-huit ans, Proust est donc près de Saint-Marc, ses livres à la main.

« Nous allions vers Saint-Marc où je copiais les mosaïques du baptistère, ma mère m'ayant jeté un châle contre la fraîcheur, foulant tous deux la mosaïque de marbre et de verre, les dalles inégales du pavement. »

Ces « dalles inégales », on s'en souvient, jouent un rôle essentiel dans la révélation du *Temps retrouvé*. Que la mère de Proust, née Jeanne Weil, se présente là sous forme d'épouse mystique, n'est évidemment pas le fruit du hasard.

Proust visite Venise conduit par Ruskin (Carpaccio, par exemple, et sa célébration de saint Jérôme à San Giorgio degli Schiavoni). Il ne voit pas Palladio, puisque Ruskin ne le voit pas. Ruskin est un protestant de tendance socialiste. Il ne faut donc pas compter sur lui pour s'enchanter de la Renaissance ni des débordements sensuels de la Contre-Réforme. La fin de son existence est tragique : il meurt silencieux, cloîtré, et tout à fait fou.

Le souci de Proust, à ce moment-là (il ne se lancera

dans son grand œuvre que huit ans plus tard), est, grâce à Ruskin et à son observation concrète, de sortir de la contemplation *passive* qui domine son époque, sur un mode décadent et esthétisant : « La Venise agonisante de Barrès, la Venise carnavalesque et posthume de Régnier, la Venise insatiable d'amour de Mme de Noailles, la Venise de Léon Daudet. »

Ce n'est pas ça. Il y a autre chose. Un code secret.

Venise doit parler de l'intérieur, pas comme un spectacle.

Saint-Marc, par conséquent. Le Baptistère.

« Cette heure d'orage et d'obscurité où les mosaïques ne brillaient plus que de leur propre et matérielle lumière et d'un or interne, terrestre et ancien. »

Il a vu, jour après jour, l'inscription du livre que tient le lion ailé, « Pax tibi, Marce, Evangelista meus ». Marc, en latin, se dit *Marce*. De là à *Marcel*, il n'y a qu'un coup d'œil ou d'oreille dont l'évidence ne semble pas être apparue aux commentateurs. Saint-Marc, saint Marcel. De plus, en italien, Marcel, c'est Marcello (cela pour les rencontres sexuelles probables du deuxième voyage). Proust est un nouvel évangéliste, il le sait. Un évangéliste par-delà le vice et la vertu, comme Nietzsche l'est par-delà le bien et le mal. C'est à Padoue qu'il contemple les fresques de Giotto à l'Arena, *Les Vices et les Vertus*, et, d'une façon ou d'une autre, il s'en souvient dans toute son œuvre.

Qu'est-ce qui empêche le narrateur d'aller *enfin* à Venise ? Et, au fond, qu'est-ce qui nous empêche de découvrir la vraie Venise intérieure, celle de notre langage personnel ? Les passions : mondanités, snobisme, cruauté, manie sexuelle, mensonge, envie, jalousie. Bref, « le monde ». Or Venise est « un monde au sein d'un monde ». Elle fait signe vers ce qui, en nous, est inaltérable et ne passe pas.

On ignore les raisons pour lesquelles Proust s'est rendu, en octobre 1900, au monastère des Arméniens à San Lazzaro. Peut-être tout simplement *Lazare*, une sortie du tombeau (cette information a été découverte par un consul de France, et publiée seulement en 1931). On se trompe en croyant que la « religion de la Beauté » sature la question métaphysique. La Beauté, Proust y insiste, pointe vers une Vérité supérieure, préférable à la vie elle-même. La découverte du « temps retrouvé » qui permet d'écrire et de justifier toute la *Recherche* rend la mort indifférente. C'est Venise, oui, mais transsubtantiée dans le verbe. D'où, au cours du récit, les « intermittences de Venise » qui aboutissent à un « psaume surveillé » (sur ce sujet, voir *Les Intermittences de Venise* dans le beau livre de Julia Kristeva, *Le Temps sensible*.

« À chaque midi, quand ma gondole me ramenait pour l'heure du déjeuner, souvent j'apercevais de loin le châle de maman posé sur sa balustrade d'albâtre avec un livre qui le maintenait contre le vent. Et au-dessus des lobes circulaires de la fenêtre s'épanouissait comme un sourire, comme la promesse et la confiance d'un regard ami. »

La mère de Proust est morte depuis longtemps quand Albertine, dans la *Recherche*, meurt à son tour, et permet au narrateur d'entrer enfin dans son rêve éveillé vénitien, c'est-à-dire dans le grand finale triomphant de son écriture. Auparavant, nous avons le choix entre une scène entre Proust et sa mère, ou entre le narrateur et sa mère : c'est lui qui veut partir de Venise, ou bien elle qui part. Sur quoi la magie de la ville s'effondre dans une « angoisse sur laquelle toute la beauté de l'univers n'est pas un baume ». Autrement dit : la mère permet et empêche Venise (ses plaisirs sensuels), de même que la jalousie à l'égard d'Albertine faisait sans cesse remettre à plus tard le voyage désiré. Angoisse d'un côté, angoisse de l'autre. Et désir exprimé, puis censuré, de rencontrer à Padoue, puis à Venise, la « femme de chambre de la baronne Putbus », personnage qui évoque la présence de Gomorrhe dans ce « monde » passionnel qu'est Sodome et Gomorrhe.

Le narrateur de la *Recherche* raconte qu'il drague à Venise, dans les calli, des « femmes du peuple », d'« humbles ouvrières », des « filles du peuple » (« ce que j'aimais, c'était la jeunesse »). Nous pouvons le croire ou non, et penser qu'il s'agit plutôt de garçons, aucune importance. Ce qu'il faut retenir, c'est que cette activité vénale est entravée (sauf culpabilité intense) dans le même lieu que la mère, par ailleurs abondamment « profanée ». La seule femme célébrée à Venise est donc la mère au Baptistère, cette mère juive adorable, elle-même encastrée dans sa propre mère, qui excite les désirs homosexuels et rend toute autre femme interdite.

Contrairement au naturalisme borné qui voudrait sans cesse nous représenter Venise comme une ville « croupissante » genre « Aubervilliers », et, par esprit de vengeance, n'en retenir que les détails sordides ou décomposé, Proust écrit ceci de fondamental :

« Ce sont les choses splendides qui y sont chargées [à Venise] de nous donner des impressions familières et quotidiennes. »

La splendeur familière et quotidienne ? C'est être absolument à contre-courant (de nos jours, surtout).

On est loin, à la fin de la *Recherche*, des premiers émois vénitiens, de Ruskin, des promenades en gondole avec Reynaldo Hahn chantant Musset mis en musique par Gounod (« Dans Venise la rouge/Pas un bateau qui bouge »), loin, très loin du XIXe siècle que Proust, en somme, *achève*.

Il faut lire, à partir de là, le chapitre III d'*Albertine disparue* (« ma mère m'avait emmené passer quelques semaines à Venise »), et l'ensemble du *Temps retrouvé* (la mémoire involontaire, l'œuvre à faire, la résurrection du passé).

L'Ange d'or du campanile de Saint-Marc (celui-là même qu'a vu Nietzsche avant qu'il s'effondre en 1902 pour être reconstruit plus tard) ouvre la voie.

Il faudrait tout citer, je m'arrête.

Ceci, cependant :

« Sans que j'eusse fait aucun raisonnement nouveau,

trouvé aucun argument décisif, les difficultés, insolubles tout à l'heure, avaient perdu toute importance. Mais cette fois, j'étais bien décidé à ne pas me résigner à ignorer pourquoi, comme je l'avais fait le jour où j'avais goûté d'une madeleine trempée dans une infusion. La félicité que je venais d'éprouver était bien en effet la même que celle que j'avais éprouvée en mangeant la madeleine et dont j'avais alors ajourné de rechercher les causes profondes. La différence, purement matérielle, était dans les images évoquées ; un azur profond enivrait mes yeux, des impressions de fraîcheur, d'éblouissante lumière tournoyaient près de moi et, dans mon désir de les saisir, sans oser plus bouger que quand je goûtais la saveur de la madeleine en tâchant de faire parvenir jusqu'à moi ce qu'elle me rappelait, je restais, quitte à faire rire la foule innombrable des wattmen, à tituber comme j'avais fait tout à l'heure, un pied sur le pavé plus élevé, l'autre pied sur le pavé plus bas. Chaque fois que je refaisais rien que matériellement ce même pas, il me restait inutile ; mais si je réussissais, oubliant la matinée Guermantes, à retrouver ce que j'avais senti en posant ainsi mes pieds, de nouveau la vision éblouissante et indistincte me frôlait comme si elle m'avait dit : "Saisis-moi au passage si tu en as la force, et tâche à résoudre l'énigme de bonheur que je te propose." Et presque tout de suite je la reconnus, c'était Venise, dont mes efforts pour la décrire et les prétendus instantanés pris par ma mémoire ne m'avaient jamais rien dit et que la sensation que j'avais ressentie jadis sur deux dalles inégales du baptistère de Saint-Marc m'avait rendue avec toutes les autres sensations jointes ce jour-là à cette sensation-là, et qui étaient restées dans l'attente, à leur rang, d'où un brusque hasard les avait impérieusement fait sortir, dans la série des jours oubliés. De même le goût de la petite madeleine m'avait rappelé Combray. Mais pourquoi les images de Combray et de Venise m'avaient-elles à l'un et à l'autre moment donné une joie pareille à une certitude et suffisante sans autres preuves à me rendre la mort indifférente ? »

R

Régnier Henri de
1864-1936

Il ne faut pas sous-estimer Régnier, ce n'est pas si mal. Daté, soit, mais pas si mal. Depuis 1948, il a sa plaque sur le mur de brique de la Ca' Dario, donnant sur le campiello Barbaro :

> IN QUESTA ANTICA CASA DEI DARIO
> HENRI DE REGNIER
> POETA DI FRANCIA
> VENEZIAMENTE SCRISSE E VISSE
> ANNI 1899 E 1901

Après quoi viennent les vers suivants gravés dans le marbre :

Car sinueuse et délicate
Comme l'œuvre de ses fuseaux
Venise ressemble à l'agathe
Avec ses veines de canaux...

Belle faute d'orthographe : *agathe*, le prénom, au lieu d'*agate*, la pierre.

Régnier a écrit *L'Altana ou La Vie vénitienne* et *Esquisses vénitiennes* (ce dernier livre publié en 1906, puis en 1928).

On est ici en plein symbolisme dépassé par Proust.

Tout de même :

« C'est de la plus haute chambre de l'un de ses plus anciens palais, durant des journées de convalescence, que j'ai senti le plus singulièrement le charme de Venise. Dans mon lit, que je ne quittais guère, j'éprouvais un étrange plaisir à penser qu'au-dessous de moi s'étageait la vieille demeure et sa façade reflétée dans l'eau du Grand Canal, qui, aux jours de forte marée, monte les marches du seuil marin et envahit le vestibule dallé. J'étais heureux de songer qu'alentour s'étendait la Ville merveilleuse dont, pourtant, je ne voyais, de mon oreiller, par la fenêtre ouverte, qu'un mur rouge contre lequel se dressait un cyprès. »

Et aussi :

« Je vous aime, ô Zattere, pour toute votre longueur lumineuse ou nocturne, de la pointe de la Dogana où vous commencez à la Calle del Vento où finit votre quai de pierre, bordé de façades diverses ! Je vous aime dans toute votre étendue parce que, sur votre dalle, il fait bon marcher vite ou doucement ou s'arrêter, selon l'heure et la saison, à l'ombre ou au soleil, ô Zattere ! »

Rolin Dominique

Dominique Rolin est la dédicataire de ce *Dictionnaire amoureux*.

Venise apparaît dans presque tous ses livres, en grande partie écrits dans cette ville qu'elle appelle le plus souvent, par discrétion et un goût prononcé pour la clandestinité, « la ville étrangère ».

Elle y a beaucoup vécu, dans le plus parfait incognito (un record), avec le personnage qu'elle appelle Jim, c'est-à-dire moi.

On se reportera donc à ses livres, surtout *Les Éclairs* (1971), *Trente ans d'amour fou* (1988), *Le Jardin d'agrément* (1994), *Journal amoureux* (2000), *Le Futur immédiat* (2002), *Plaisirs* (2002).

Dans ce dernier livre d'entretiens avec Patricia Boyer de Latour, elle raconte notre arrivée à Venise, venant de Florence, en 1963 :

« Donc, nous arrivons par la route un soir... Nous prenons un vaporetto, il faisait très beau, c'était le plein été. Et là, ç'a été "la" révélation, comme si tout d'un coup on nous offrait un lieu qui devait nous appartenir de toute éternité. À partir du Grand Canal, le vaporetto s'arrêtait à chaque station dans l'obscurité, la lumière du ciel mêlée aux lumières des réverbères. Jim portait deux valises énormes et nous avions réservé dans un petit hôtel près de la place San Marco. Au moment où nous découvrons cette place, devant la basilique Saint-Marc, nous avons été pris d'un sentiment quasiment religieux, comme si nous étions transportés dans un univers qui nous cernerait intimement. Il a posé ses valises et nous sommes restés dix minutes sans pouvoir parler... Puis nous sommes descendus à l'hôtel, nous avons dîné et... nous avons pris un café au Florian ! (*Rires.*) Nous sommes allés ensuite jusqu'au bord du quai. Il y avait à l'amarrage des gondoles serrées les unes contre les autres et soulevées par les vagues. On aurait dit des cygnes noirs. Je m'en souviens encore comme d'une découverte prodigieuse... Et ce fut tout pour ce jour-là !

« Le lendemain matin, Jim s'est mis, comme chaque jour, au travail. Moi, je voulais apprendre la ville... Je me promenais donc jusqu'à l'heure du déjeuner ; l'après-midi, je rentrais vers six heures du soir, et nous ressortions pour dîner. Il allait tous les matins au Florian pour écrire à une table, toujours la même, loin de la lumière du jour et de la foule. Il a besoin de se fixer comme s'il y avait une sorte de rapport intime entre la circulation de son sang et de son esprit avec ce qui l'entoure. Je partais à l'aventure, seule.

« J'aimais me perdre en suivant ces veines quasiment sanguines que sont les voies menant à la Giudecca, insoupçonnable pour moi, et dont personne ne m'avait parlé. Au moment où j'y suis arrivée pour la première fois, j'ai eu un coup au cœur... en découvrant cette ouverture sur les Zattere et sur la largeur du canal. À tel point que je me suis dit qu'on ne pouvait pas rester dans notre petit établissement enfoncé en pleine ville. Je suis entrée dans l'hôtel qui se trouvait là, j'ai demandé le prix des chambres à une vieille dame. Et là, elle m'ouvre une fenêtre sur la Giudecca... Quelle stupeur ! (*Rires.*) J'ai pensé : mais c'est ici qu'il faut vivre ! Tout se passait comme si notre vie nous attendait là depuis toujours. À la fin de cette matinée, je suis allée le rejoindre en lui disant : "Il faut que tu voies ça." Et nous avons tout de suite retenu une chambre pour l'année suivante, la chambre aux trois fenêtres (une à l'ouest sur le petit canal perpendiculaire, deux sur la Giudecca dont l'une réfléchit toute la chambre et l'autre la circulation des bateaux) que l'on nous a gardée chaque fois. »

C'est elle qui était avec moi, en 1985, lors de l'extravagant concert donné à La Fenice en l'honneur du pape (voir *Fenice*).

Les Éclairs :

« Portés par l'air vif dans ce premier matin de la ville retrouvée, nous avançons, lui et moi, sans accorder d'attention tout d'abord à ce qui se passe alentour. Simplement ceci : débarrassés d'un impondérable massif d'oublis qui nous reliait à ce que nous étions hier, nous nous sentons propres, comme si nous venions d'être inventés pour les besoins d'une action qu'on nous laisse ignorer encore. Dans notre dos, émergeant de la perspective des murs et des toits coulés parmi les feuillages retombants, le soleil se lève, étire en avant nos ombres au ras du sol. Notre marche aussi en direction de la station maritime dont on aperçoit l'escalier défendu, la muraille aveugle, est une invention ferme et souple d'un dehors au seuil duquel on nous a déposés. On peut dire que nous sommes irresponsables, *frais* ; nous rions sans motif, chacun pour soi, au fond de la gorge, dans un silence que nous n'avons jamais connu jusqu'ici. »

Et, encore dans *Les Éclairs*, cette apparition d'Ezra Pound : « Ce rêve nous rappelle, à lui et moi, l'apparition de l'ancien au bout du quai dans la nuit. Ses cheveux blancs brillent sous les lampadaires. Il tient la tête un peu renversée, le regard est fixe, dur, ailleurs, fermé, loin. Sans s'occuper de la femme qui le suit, il avance avec une économie rythmée des muscles et des articulations : ainsi font les grands vieillards. Le squelette – la mort – est au premier plan. Appuyé sur sa canne, il marque la mesure de ses pas, fermes, à peine saccadés. Il passe devant nous. Il est clair, précis, élégant. Son visage barbu et très blanc est une construction d'écume. Il s'éloigne. Il monte les marches du pont. Au sommet, il s'arrête. Peut-être regarde-t-il le rivage brillant de l'île un peu brouillé dans le lointain. Ou peut-être regarde-t-il en lui-même en s'aidant du lointain. Ensuite il glisse son bras sous celui de la femme qui l'a rejoint : ensemble ils descendent l'autre côté du pont. À peine a-t-il disparu du champ de notre regard, nous voici forcés de répéter mentalement son passage. Sur les pierres, entre le ciel et l'eau, il avance sans plus marcher. Il glisse. Il entraîne avec lui la foule de ses silences et de ses discours, de ses mots, de ses phrases, de ses plans, de son écriture de palais, de guerre, de canaux, de jardins, de cours. »

Rosalba, dite Rosalba Carriera
1675-1757

C'est une pastelliste de génie, née et morte à Venise. Je l'évoque dans *La Fête à Venise*, livre qui tourne autour du trafic secret d'œuvres d'art, avec, comme personnage principal, une toile de Watteau :

« — Watteau n'est jamais venu à Venise ?

« — Non. En revanche, une Vénitienne s'est beaucoup intéressée à lui. Très bon peintre, d'ailleurs (il est étrange que la nébuleuse gynocratique n'y ait pas pensé pour sa propagande, je lui donne l'idée, après Camille Claudel surpassant Rodin, pourquoi pas celle-là). Rosalba. Rosalba Carriera. Elle a fait deux portraits de Watteau, un où il est encore jeune (Francfort), l'autre, à la fin de sa vie (Trévise). Son portrait de Louis XV (Berlin) est splendide. On peut la contempler, elle, par elle-même, au musée des Offices à Florence. Elle s'est donné l'apparence d'une bonne bourgeoise bien sage. Mais il faut aller vite à la *Bacchante* de Munich pour soupçonner sa vraie personnalité. Elle écrit de Watteau en 1728 : "J'ai toujours été de ceux qui admirent cet habile homme." Elle est venue en France en 1720-21, elle l'a donc connu. Rosalba, rose d'aube, fine touche. Elle devrait monter à la Bourse. Je vais m'en occuper et faire deux ou trois visites pour voir s'il ne reste pas quelque chose d'elle dans un placard. »

Rousseau Jean-Jacques
1712-1778

Rousseau arrive à Venise le 4 septembre 1743, comme secrétaire de l'ambassade de France.

Modeste Jean-Jacques :

« Irréprochable dans un poste assez en vue, je méritai, j'obtins l'estime de la République, celle de tous les ambassadeurs avec qui nous étions en correspondance, et l'affection de tous les Français établis à Venise. »

Le plus frappant est que Rousseau, à Venise, *ne voit rien*. Très loin, donc, de son prédécesseur, en 1739, le président de Brosses (voir *Brosses, de*). Deux centres d'intérêt, pourtant, très révélateurs : les prostituées, la musique.

La musique :

« J'eus bientôt pour cette musique la passion qu'elle inspire à ceux qui sont faits pour en juger. En écoutant des barcarolles (chansons de gondoliers), je trouvai que je n'avais pas ouï chanter jusqu'alors, et bientôt je m'engouai tellement de l'opéra, qu'ennuyé de babiller, manger et jouer dans les loges, quand je n'aurais voulu qu'écouter, je me dérobais souvent à la compagnie pour aller d'un autre côté. Là, tout seul, enfermé dans ma loge, je me livrais, malgré la longueur du spectacle, au plaisir d'en jouir à mon aise et jusqu'à la fin. »

Un jour, au théâtre Saint-Chrysostome (le plus célèbre des opéras de Venise à l'époque), il s'endort profondément. Les airs brillants et bruyants ne le réveillent pas.

Mais voici une douce harmonie et des « chants angéliques ». Rousseau se croit au paradis. Il s'agit d'un air ravissant qu'il entend encore au moment où il écrit :

Conservami la bella
Che si m'accende il cor.

« Conserve-moi la beauté qui m'enflamme ainsi le cœur... »

Rousseau copie la partition :

« Je voulus avoir ce morceau : je l'eus, et je l'ai gardé longtemps ; mais il n'était pas sur mon papier comme dans ma mémoire. C'était bien la même note, mais ce n'était pas la même chose. Jamais cet air divin ne put être exécuté que dans ma tête, comme il le fut en effet le jour qu'il me réveilla. »

On espère trouver le nom de Vivaldi dans les *Confessions*, mais il n'y figure pas. Certes, il est mort en 1741 à Vienne, mais peut-être son nom entame-t-il déjà une longue marche à travers l'oubli. Quelle musique entend Rousseau aux Mendicanti ? Il ne le dit pas, mais il s'enchante :

« Une musique à mon gré bien supérieure à celle des opéras, et qui n'a pas sa semblable en Italie ni dans le reste du monde, est celle des *scuole*. Les *scuole* sont des maisons de charité établies pour donner l'éducation à de jeunes filles sans bien, et que la République dote ensuite, soit pour le mariage, soit pour le cloître. Parmi les talents qu'on cultive dans ces jeunes filles, la musique est au premier rang. Tous les dimanches, à l'église de chacune de ces quatre *scuole*, on a durant les vêpres des motets à grand chœur et en grand orchestre, composés et dirigés par les plus grands maîtres de l'Italie, exécutés dans des tribunes grillées uniquement par des filles dont la plus vieille n'a pas vingt ans. Je n'ai l'idée de rien d'aussi voluptueux, d'aussi touchant que cette musique : les richesses de l'art, le goût exquis des chants, la beauté des voix, la justesse de l'exécution, tout dans ces délicieux concerts concourt à produire une impression dont je doute qu'aucun cœur d'homme soit à l'abri. »

Étrange Rousseau : pendant qu'il est à Venise, il ne nous apprend rien sur le temps qu'il fait, la lagune, les quais, les bateaux, la ville elle-même ; rien non plus sur l'architecture, la peinture, la nourriture, la vie courante, sans parler des églises et de ce qui peut s'y passer. Le catholicisme n'a jamais existé, l'Histoire a disparu dans la subjectivité. Reste la musique : il loue un clavecin, joue avec des « symphonistes », fait même exécuter quelques parties de ses *Muses galantes* à Saint-Jean-Chrysostome, dansées par une « jolie et surtout aimable fille », Bettina. En revanche, il n'a pas l'air de se rendre compte qu'il est dans un grand port qui flotte sur l'eau.

Rousseau est sauvé par la musique à Venise (c'est son seul point commun avec Nietzsche qui le met sur sa liste noire en tant que « plébéien masqué »). Son génie mélodique éclate dans *Les Rêveries du promeneur solitaire*. Proust, qui n'a entendu, à Venise, que Gounod chanté par Reynaldo Hahn, l'a lu, comme il a lu Chateaubriand ou Nerval.

Voyons maintenant les expériences amoureuses.

Jean-Jacques a trente-deux ans, il n'est pas en avance pour son âge. Il faut, réputation vénitienne oblige, aller aux courtisanes.

« J'ai toujours eu du dégoût pour les filles publiques, et je n'avais pas, à Venise, autre chose à ma portée, l'entrée de la plupart des maisons du pays m'étant interdite à cause de ma place. »

(Comprendre : ma place de secrétaire d'ambassade. Mais un masque et un peu d'énergie auraient pu arranger les choses. Il est vrai que la police aurait été très vite avertie, ce qui aurait compliqué le jeu, pas forcément dans le mauvais sens.)

Rousseau nous dit qu'il s'est laissé entraîner, sans goût, dans sa première aventure, *per non parer troppo coglione* (« pour ne pas avoir l'air trop couillon »). Il va chez la Padoana :

« La Padoana était d'une assez jolie figure, belle même, mais non pas d'une beauté qui me plût. Je fis venir des *sorbetti*, je la fis chanter, et au bout d'une demi-heure je voulus m'en aller en laissant sur la table un ducat ; mais elle eut le singulier scrupule de n'en vouloir point qu'elle ne l'eût gagné, et moi la singulière bêtise de lever son scrupule. Je m'en revins au palais si persuadé que j'étais poivré, que la première chose que je fis en arrivant fut d'envoyer chercher le chirurgien pour lui demander des tisanes. »

Jean-Jacques se fait des idées : la Padoana n'est pas « gâtée » et il n'est pas « poivré ». Il reste bouleversé pendant trois semaines, aucun symptôme. Le chirurgien finit par lui dire que, de toute façon, conformé comme il est, il a peu de chances de se faire infecter. Cette « malformation » de Rousseau a fait couler beaucoup d'encre (y compris sur la question de ses enfants livrés à l'Assistance publique, et qui n'étaient pas forcément de lui).

La seconde aventure, c'est la délicieuse Zulietta. Elle commence par prendre Jean-Jacques pour un autre, un de ses anciens amants, Brémond, auquel il ressemble. Elle se jette sur lui, l'embrasse, l'aime, lui donne des ordres, l'appelle « Zanetto » (Jeannot), le prévient qu'elle ne veut pas être aimée « à la française » (c'est-à-dire, si on comprend bien, avec lenteur et détails). Il ne doit pas la « manquer », sans quoi elle ne le « manquera » pas.

Il prend rendez-vous, il arrive à l'heure, elle est en déshabillé galant (« manchettes et tour de gorge bordés d'un fil de soie garni de pompons couleur de rose, animant une fort belle peau ») :

« Ne tâchez pas d'imaginer les charmes et les grâces de cette fille enchanteresse, vous resteriez trop loin de la vérité. Les jeunes vierges des cloîtres sont moins fraîches, les beautés du sérail sont moins vives, les houris du paradis sont moins piquantes. Jamais si douce jouissance ne s'offrit au cœur et aux sens d'un mortel. »

Hélas, hélas, nous allons au *fiasco* (hantise, aussi, de Stendhal) :

« Ah ! si j'avais pu goûter cette jouissance pleine et entière un seul moment !... Je la goûtai, mais sans charme. J'en émoussai tous les délices, je les tuai comme à plaisir. Non, la nature ne m'a point fait pour jouir. Elle a omis dans ma mauvaise tête le poison de ce bonheur ineffable dont elle a mis l'appétit dans mon cœur. »

Étonnant aveu, qui explique, par ailleurs, bien des choses.

Zulietta le console, les opérations reprennent, et soudain Jean-Jacques s'aperçoit que la divine Zulietta « a un téton borgne ». Ce téton le regarde, il le méduse, il se voit en compagnie d'un monstre.

« Je poussai la stupidité jusqu'à lui parler de ce téton borgne. Elle prit d'abord la chose en plaisantant, et, dans son humeur folâtre, dit et fit des choses à me faire mourir d'amour. Mais gardant un fond d'inquiétude que je ne pus lui cacher, je la vis enfin rougir, se rajuster, se redresser et, sans dire un mot, s'aller mettre à la fenêtre. Je voulus m'y mettre à côté d'elle ; elle s'en ôta, fut s'asseoir sur un lit de repos, se leva le moment d'après, et se promenant par la chambre en s'éventant, me dit d'un ton froid et dédaigneux : *"Zanetto, lascia le donne, e studia la matamatica"* ["Jeannot, laisse les femmes et étudie les mathématiques"]. »

Extraordinaire passage qui renvoie Rousseau aux mathématiques.

Jean-Jacques prend congé de l'offensée en voulant un rendez-vous pour une prochaine fois. Dans trois jours, lui dit Zulietta avec un air ironique, en ajoutant qu'il doit avoir besoin de repos. « Je courus, je volai chez elle à l'heure dite. » Mais l'adorable Zulietta est partie la veille pour Florence :

« Si je n'avais pas senti tout mon amour en la possédant, je le sentis bien cruellement en la perdant. Mon regret insensé ne m'a point quitté. Tout aimable, toute charmante qu'elle était à mes yeux, je pouvais me consoler de la perdre ; mais de quoi je n'ai pu me consoler, c'est qu'elle n'ait emporté de moi qu'un souvenir méprisant. »

Voilà, c'était le petit roman révélateur de Jean-Jacques Rousseau, *Fiasco à Venise*. Là-dessus, bizarrement, il accepte de partager une fille avec un autre homme proche de lui, Carrio. Il tombe ainsi sur une petite fille d'onze à douze ans « que son indigne mère cherchait à vendre ». Elle s'appelle Anzoletta.

« Mes entrailles s'émurent en voyant cette enfant. Elle était blonde et douce comme un agneau : on ne l'aurait jamais crue Italienne. »

(Comme s'il n'y avait pas des Vénitiennes blondes, et même d'un blond vénitien.)

La morale reprend alors ses droits : Rousseau et son ami pourvoiront à l'entretien de la douce enfant, lui offriront une épinette et un maître à chanter. Ils iront passer des soirées avec elle, pour causer et jouer « très innocemment ». Nous sommes, depuis le début, aux antipodes de Casanova (lequel a dix-neuf ans à l'époque).

L'épisode vénitien de Rousseau a duré dix-huit mois. Un peu de musique, pas de femmes.

Ruskin John
1819-1900
(Voir *Proust*)

S

Sade Donatien de
1740-1814

Au début de juillet 1772, Sade est en fuite vers l'Italie avec sa belle-sœur, Anne-Prospère de Launay (voir *Anne-Prospère de Launay, L'Amour de Sade, Lettres retrouvées et éditées par Pierre Leroy, avec un avant-propos de Philippe Sollers*, Gallimard, 2003). On ne sait rien de ce voyage scandaleux où Sade se fait appeler « comte de Mazan » et présente la sœur de sa femme comme étant sa femme.

Un double feuillet, seulement, de la main du marquis, titré *Ce qu'il faut voir à Venise*, donne la liste de soixante-sept lieux et de monuments. Certains sont cochés avec cette précision : « Les croix sont ce que nous vîmes. »

On voit ainsi indiqués les stations des deux amants dans la ville, notamment l'église Saint-Marc (première sur la liste), la place du même nom, le Palais ducal, l'Arsenal, « la Pietà où l'on fait de la musique », San Giovanni e Paolo, l'église et la scuola San Rocco, la Salute, la Giudecca, le Redentore, San Giorgio Maggiore.

On retrouve Venise dans *Juliette ou les prospérités du vice* :

« C'est, sans contredit, un spectacle aussi magnifique qu'imposant que celui d'une ville immense flottant au milieu des eaux ; il semble, comme Brécourt le dit quelque part, que la sodomie ait choisi là son saint asile, afin d'éteindre aussitôt, dans la mer, les bûchers dont le fanatisme voudrait la punir : il est certain qu'elle gît là comme dans son temple, et qu'il est bien peu de villes en Italie où elle règne avec plus d'empire. »

De l'avis général, au contraire, Rome était une ville beaucoup plus sodomite que Venise (où la prostitution féminine a pu être considérée comme un art local et international).

Sade poursuit :

« L'air qu'on respire à Venise est mou, efféminé, il invite au plaisir, quoique souvent peu sain, surtout quand la marée est basse. Alors, les gens riches vont le plus qu'ils peuvent dans les campagnes riantes qu'ils possèdent en terre ferme ou dans les îles voisines de la ville. Malgré cette mauvaise qualité de l'air, on y voit cependant beaucoup de vieillards, et les femmes s'y flétrissent moins vite qu'ailleurs.

« Les Vénitiens sont communément grands et bien faits, leur physionomie est gaie, spirituelle, et cette nation bien connue mérite d'être aimée. »

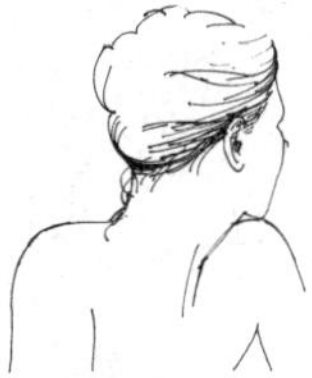

On peut vérifier là la grande connaissance que Sade a de l'Italie, comme en témoigne par ailleurs son *Voyage d'Italie*, trop peu connu, où il raconte son voyage de 1775 et 1776. *Juliette* est nourrie des observations que Sade a tirées de ses notes. Voici, par exemple, la *Vénus* du Titien dans deux versions légèrement différentes :

« C'est une belle blonde, les plus beaux yeux du monde, les traits cependant plus marqués que délicats. Elle est étendue toute nue sur un matelas blanc ; d'une main elle éparpille des roses, de l'autre elle couvre celle que lui donne la nature. Son attitude est voluptueuse, et on ne se lasse pas d'examiner les beautés de ce sublime tableau » (*Voyage d'Italie*, Florence).

Cette Vénus est bien entendu vénitienne. La voici, dans *Juliette*, présentée de façon plus crue :

« La *Vénus* du Titien est une belle blonde, les plus

beaux yeux qu'on puisse voir, les traits un peu trop prononcés pour une blonde, dont il semble que la main de la nature doive adoucir les charmes comme le caractère. On la voit sur un matelas blanc, éparpillant des fleurs d'une main, cachant sa jolie petite motte de l'autre. »

J'ai fait remarquer que dans *Juliette et les prospérités du vice* on peut entendre le mot « prospérité » comme un écho du prénom de sa Vénus de cœur, Anne-*Prospère*. Sade amoureux à Venise est une révélation récente. Que j'aie été associé à cet éclairage nouveau n'est peut-être pas dû au hasard.

Sand George
1804-1876

Nous sommes en 1834, au plus fort de ce qu'il est convenu d'appeler la « liaison orageuse » de George Sand et d'Alfred de Musset. Elle a trente ans, lui vingt-quatre. Il est malade, elle se jette sur le médecin qui le soigne, un certain Dr Pagello.

Sand George

La rupture entre Musset et Sand (on entend d'ici les cris) a eu lieu à l'hôtel Danieli. Musset est alors rentré seul à Paris (il meurt treize ans plus tard). George Sand devient ainsi « l'infidèle de Venise ».

George Sand n'est pas dépourvue de talent descriptif, comme le prouve ce passage sur la fête du Redentore (dans *Lettres d'un Voyageur*, 1837) :

« ... nous nous retrouvâmes à la fête ou *sagra* du Rédempteur. Chaque paroisse de Venise célèbre magnifiquement sa fête patronale à l'envi l'une de l'autre ; toute la ville se porte aux dévotions et aux réjouissances qui ont lieu à cette occasion. L'île de la Giudecca, dans laquelle est située l'église du Rédempteur, étant une des plus riches paroisses, offre une des plus belles fêtes. On décore le portail d'une immense guirlande de fleurs et de fruits ; un pont de bateaux est construit sur le canal de la Giudecca, qui est presque un bras de mer en cet endroit ; tout le quai se couvre de boutiques de pâtissiers, de tentes pour le café et de ces cuisines de bivouac appelées *frittole*, où les marmitons s'agitent comme de grotesques démons, au milieu de la flamme et des tourbillons de fumée d'une graisse bouillante, dont l'âcreté doit prendre à la gorge ceux qui passent en mer à trois lieues de la côte. Le gouvernement autrichien défend la danse en plein air, ce qui nuirait beaucoup à la gaieté de la fête chez tout autre peuple ; par bonheur, les Vénitiens ont dans le caractère un immense fonds de joie ; leur péché capital est la gourmandise, mais une gourmandise babillarde et vive, qui n'a rien de commun avec la pesante digestion des Anglais et des Allemands ; les vins muscats de l'Istrie à six sous la bouteille procurent une ivresse expansive et facétieuse.

« Toutes ces boutiques de comestibles sont ornées de feuillage, de banderoles, de ballons en papier de couleur qui servent de lanternes ; toutes les barques en sont ornées, et celles des riches sont décorées avec un goût remarquable. Ces lanternes de papier prennent toutes les formes : ici ce sont des glands qui tombent en festons lumineux autour d'un baldaquin d'étoffes bariolées ; là ce sont des vases d'albâtre de forme antique, rangés autour d'un dais de mousseline blanche dont les rideaux transparents enveloppent les convives ; car on soupe dans ces barques, et l'on voit, à travers la gaze, briller l'argenterie et les bougies mêlées aux fleurs et aux cristaux. Quelques jeunes gens habillés en femmes entrouvrent les courtines et débitent des impertinences aux passants. À la proue s'élève une grande lanterne qui a la figure d'un trépied, d'un dragon ou d'un vase étrusque, dans laquelle un gondolier, bizarrement vêtu, jette à chaque instant une poudre qui jaillit en flammes rouges et en étincelles bleues.

« Toutes ces barques, toutes ces lumières qui se réfléchissent dans l'eau, qui se pressent et qui courent dans tous les sens le long des illuminations de la rive, sont d'un effet magique. La plus simple gondole où soupe bruyamment une famille de pêcheurs est belle avec ses quatre fanaux qui se balancent sur les têtes avinées, avec

sa lanterne de la proue, qui, suspendue à une lance plus élevée que les autres, flotte, agitée par le vent, comme un fruit d'or porté par les ondes. Les jeunes garçons rament et mangent alternativement ; le père de famille parle latin au dessert, – le latin des gondoliers, qui est un recueil de jeux de mots et de prétendues traductions patoises, quelquefois plaisantes et toujours grotesques ; – les enfants dorment, les chiens aboient et se provoquent en passant. »

Sartre Jean-Paul
1905-1980

Jean-Paul Sartre et Simone de Beauvoir, bien qu'ayant choisi Rome comme ville de leur travail commun en Italie, ont eu avec Venise une relation des plus singulière. De la part de Sartre, cela aura même été une passion. Une passion négative, mais une passion.

Simone de Beauvoir (1908-1986) décrit, dans *La Force de l'âge*, leur premier voyage à Venise en 1933. Il a vingt-huit ans, elle vingt-cinq. Elle est un peu inquiète parce que Sartre a la mauvaise habitude de se croire poursuivi par des langoustes qu'il voit en hallucination :

« Un misérable rafiot nous a ramenés de Messine à Naples ; je passai une mauvaise nuit : il faisait trop froid pour dormir sur le pont, et dans le ventre du bateau on respirait d'insoutenables odeurs. Nous nous arrêtâmes encore quelques jours à Rome. Assez brusquement, l'humeur de Sartre changea ; le voyage s'achevait et il retrouvait ses soucis : la situation politique, ses rapports avec Olga. J'eus peur. Est-ce que les langoustes allaient ressusciter ?

« Il m'assura que non, et je n'y pensais plus quand nous arrivâmes à Venise, que nous voulions revoir. Nous y restâmes quatre ou cinq jours et nous décidâmes d'y passer, comme à Rome deux ans plus tôt, une nuit blanche. Pour couper les ponts, et par économie, nous avons réglé l'hôtel et libéré notre chambre : plus un coin à nous dans la ville. Nous avons traîné dans les cafés, jusqu'à leur fermeture ; nous nous sommes assis sur les marches de la place Saint-Marc ; nous avons marché le long des canaux. Tout se taisait ; sur les *largo* on entendait, à travers les fenêtres ouvertes, la respiration des dormeurs. Nous avons vu le ciel blanchir au-dessus des Fundamenta Nuova ; entre le quai et le cimetière, des barques, larges et plates, glissaient comme des ombres sur les eaux de la lagune ; à l'avant, des hommes godillaient ; de Murano, de Burano, des îles et de la côte, elles amenaient des cargaisons de légumes et de fruits. Nous sommes revenus vers le cœur de la ville ; dans les halles au bord du Grand Canal, le marché se mit peu à peu à vivre, dans la profusion des pastèques, des oranges, des poissons, tandis que le jour s'affirmait ; les cafés s'ouvrirent ; les rues se remplirent. Alors, nous allâmes prendre une chambre, et dormir. Sartre me dit plus tard que tout au long de cette nuit une langouste l'avait suivi. »

Trois ans plus tard, en août 1936, ils sont de nouveau à Venise. Deux lettres inédites de Simone de Beauvoir à Olga Kosackiewicz en témoignent. Les lettres de Beauvoir sont toujours remarquables : description précise, art du récit, sensualité qui fait vivre tous les détails, y compris ceux de la nourriture. À Venise, par exemple, un merveilleux « poulet en gelée ».

Elle signe Kastor, pendant que Sartre, lui, est « Kobra ».

« C'est bien charmant de voir pour la seconde fois un endroit qu'on aime bien fort. »

Ils habitent, Sartre et elle, dans « un petit hôtel un peu sordide, bien plaisant, qui donne sur un tout petit canal ». C'est tout près de la place Saint-Marc. Ils vont prendre leur petit déjeuner au Florian, ils se promènent dans les rues marchandes où flotte « une odeur de cannelle et de café qui est propre à Venise ». Puis ce sont les marchés près du Rialto (ils habitaient là en 1933), et « une longue promenade le long des canaux, à travers les grandes places pierreuses ».

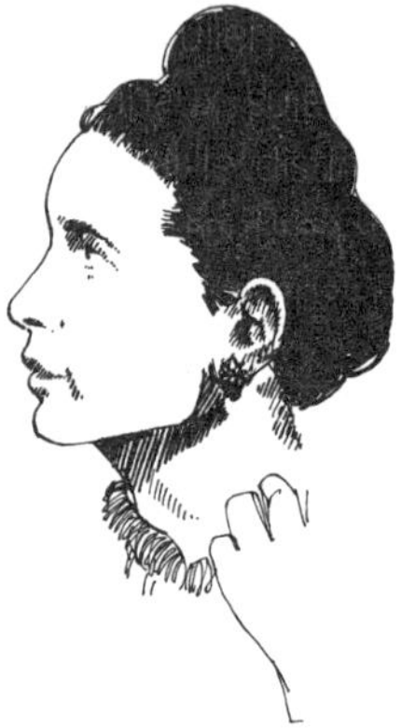

Ils vont à la Scuola San Rocco pour Tintoret (dont Sartre va parler abondamment vingt ans plus tard). Ils sont seuls devant les tableaux, mais, pour les plafonds, Beauvoir note qu'il faut, pour les voir vraiment, « tortiller la tête dans tous les sens ».

Ils sont ensuite sur la Giudecca, marchant sur les Zattere :

« Nous avons suivi ce quai sous un grand soleil ; il sentait le goudron, le port de mer, il était bien plaisant dans sa dureté. »

(Cela est très bien dit, et je ne peux m'empêcher de penser qu'en août 1936 je vais naître dans quatre mois, et arriver ici vingt-sept ans plus tard.)

Beauvoir voit très bien le charme non touristique des quartiers populaires, près de la gare maritime :

« Venise, là, existe pour soi-même tout tranquillement ; je pense que les trois quarts des gens qui habitent là ne mettent jamais le pied place Saint-Marc. »

(Et en effet : après cinq ans de présence à Venise, je ne mettais presque plus jamais le pied place Saint-Marc.)

Une observation émue :

« Sur le bord du quai, un tas de jeunes garçons presque tous gracieux et beaux, certains d'entre eux chantent en chœur, assez faux mais de manière plaisante. »

« Plaisant », « plaisante » est un mot qui revient sans cesse sous la plume de Beauvoir : elle aime ce qui fait plaisir, accentuation plutôt catholique par rapport au protestant Sartre.

Comme ils l'ont fait en 1933, Sartre et Beauvoir vont passer une nuit blanche à Venise. Ils errent jusqu'au petit matin. Pas la moindre trace, ici, de soucis politiques (on est sous Mussolini, Hitler a pris le pouvoir en Allemagne depuis trois ans, Staline donne déjà sa pleine mesure sanglante, Franco vient de se soulever en juillet, la guerre d'Espagne commence).

Deux textes très importants de Sartre ont trait à Venise. On les trouve dans *Situation, IV* (1964). Le premier, *Venise, de ma fenêtre*, est d'abord paru dans *Verve* en février 1953. Le second, *Le Séquestré de Venise*, a d'abord été publié dans *Les Temps modernes* en 1957.

C'est du grand Sartre, très inspiré et très fou.

Sartre est à Venise. Il trouve tout de suite l'eau « trop sage », en train de faire mal mousser une « maussade Relique ». C'est une « grande flaque laiteuse » et même d'une « morose incandescence ».

Style très symboliste, influence de Mallarmé.

« Il fait froid ; une journée nulle annonce ses craies ; une fois de plus Venise se prend pour Amsterdam ; ces pâleurs grises, au loin, ce sont des palais. »

Ce qui dérange Sartre, à Venise, et provoque chez lui un état névrotique proche de la psychose, c'est le mélange des éléments, l'interversion des substances, la confusion permanente entre l'air, l'eau, la pierre, le feu. Il s'agit là, dit-il, de « jeux vieillots et qui manquent d'innocence ». On est donc dans le factice, le simulacre permanent, l'illusionnisme trompeur.

Il semblerait même que la Sérénissime ait horreur du soleil :

« Dès qu'il le peut, cet astre se défile : il n'ignore pas qu'il est indésirable et que Venise s'obstine à voir en lui l'image abhorrée du pouvoir personnel. »

Un doge, Fallero, a été décapité par « des hommes de paille du capitalisme commercial » (interprétation marxiste de l'Histoire). On a effacé son visage, c'est une sorte de Louis XVI à l'envers. Sartre fait ici une crise de vertige, il a la berlue. « Le paysage tourne et je tourne avec lui. » Il a le mal de mer. Il se retrouve dans un vide insupportable. « Je suis la proie d'une folie jalouse. »

Conclusion :

« Venise est là où je ne suis pas. »

Venise ou la crise de la philosophie : toute apparition est en même temps une disparition, tout se dérobe.

Les conséquences ne se font pas attendre :

« J'enfonce, je m'engloutis en levant les bras. »

D'ailleurs :

« L'eau de Venise donne à la ville entière une très légère couleur de cauchemar. »

Et encore :

« Venise est toujours en train de se disloquer. »

(Autrement dit : Venise me disloque.)

On l'a compris : Venise est une ville *inhumaine*. En elle « l'Humanité s'éloigne » (Humanité avec un grand H, bien entendu). On est abandonné, exclu, rejeté (« je reste sur le quai », « *je ne suis pas dedans* »). Ce présent n'est pas mon présent, le passé est plus que jamais menaçant, aucun futur radieux n'est pensable. C'est la mort, puisque tout est mirage.

« Le silence a rasé les bruits de sa faux glacée. »

Pas la moindre cloche, aucune musique, pas une seule femme *réelle*.

« J'ai besoin de lourdes présences massives, je me sens vide en face de ces fins plumages peints sur vitre. Je sors. »

Sartre est combatif, il contre-attaque quatre ans plus tard. Il tient son héros vénitien *contre* Venise : Tintoret. Tintoret a eu « une vie engloutie », et le complot de sa ville contre lui a été mené par « une voix de faux témoin, parfois aigre, parfois chuchotante » :

« La Cité des Doges nous fait savoir qu'elle a pris en grippe le plus célèbre de ses fils. »

Le Séquestré de Venise est un des grands textes de Sartre, très inspiré, très politique, et encore très fou.

Ce qu'il a en vue ? Tout autre chose que la peinture, cela va de soi. En réalité, il ne supporte pas l'idée qu'ait pu exister une république aristocratique. Il n'est pas le seul dans ce cas. La question religieuse forme d'ailleurs ici un arrière-plan essentiel.

Sartre étudie de manière éblouissante la stratégie sociale de Tintoret. Comment il s'impose entre Titien et Véronèse, rafle les commandes, bouscule les institutions et les prix, déclenche une jalousie féroce contre lui. C'est un Tintoret sartrien qui, brusquement, émerge de l'Histoire, un anarchiste qui a compris la situation économique de son temps et procède par occupation intensive des surfaces :

« Cet homme s'imagine qu'il a reçu par naissance le privilège de transformer sa ville en lui-même et, d'une certaine manière, on peut soutenir qu'il a raison. »

Au passage, Sartre ne craint pas d'écrire des énormités. Sur l'Arétin d'abord (« les niaiseries de l'Arétin », « le Pétrone du pauvre » ou plutôt des snobs), sur Titien ensuite :

« Avec le Titien, la peinture étouffe sous les fleurs, elle se nie par sa propre perfection. »

Il faut remarquer que, dans cette charge sociologique, Sartre, à aucun moment, n'évoque la présence concrète de tel ou tel tableau. En réalité, le thème religieux sous-jacent fait soudain surface. Sur Tintoret, donc :

« Quel moraliste austère ! Est-ce qu'il ne serait pas un peu calviniste sur les bords ? »

« Calviniste » veut dire ici : « pessimisme et travail, esprit de lucre, et dévouement à la famille » (Sartre repère bien la collaboration de Marietta, la fille de Tintoret, dans l'atelier de son père).

Nous y voici – Venise, au fond, est travaillée par un protestantisme larvé :

« Venise subirait-elle l'influence de la religion réformée ? Certainement. »

Certainement pas, mais peu importe.

Le grand mouvement de la Contre-Réforme devient donc pour Sartre une variante de la Réforme. Tintoret représente une bourgeoisie locale luttant contre l'aristocratie. On comprend mieux sa « sombre passion puritaine ». L'ennemi principal est bien Titien, « increvable monarque », qui dore la pilule des puissants :

« Le Titien passe le meilleur de son temps à tranquilliser les princes, à leur certifier par ses toiles que tout va pour le mieux dans le meilleur des mondes possibles. »

Pour Sartre, en effet, les puissants « veulent la Beauté parce qu'elle rassure ».

Il ne se rend pas compte que nous sommes déjà entrés dans un monde où, désormais, *c'est la laideur qui rassure*. Sartre est aussi aveugle sur ce point qu'André Breton traitant Cézanne de « fruitier ».

Chaque jour, de nos jours, nous virons sous la poigne totalitaire de la laideur. Or Tintoret est beau, comme Titien, Véronèse, Tiepolo, Manet, Picasso ou Bacon sont *beaux*. Monteverdi et le marquis de Sade sont *beaux*.

Contre toute évidence, Sartre affirme que Tintoret « a mené le deuil de Venise ». Et puis, finalement, il est furieux, il enrage, il éclate :

« Qu'est-ce qu'ils sentent, les canaux croupis avec leurs cressons de pissotière et ces moules grises, dans la gangue sous les quais d'un infâme mastic ? Au fond d'un rio, il y a une bulle, collée à l'argile, le remous des gondoles la détache, elle monte à travers l'eau terreuse, affleure à la surface, tourne, scintille, crève en lâchant une vesse et tout crève avec elle : les nostalgies bourgeoises, la grandeur de la République, Dieu et la peinture italienne. »

Voilà un vœu très *pieux*. En 1957, Staline est mort, pourtant, et une autre histoire commence. Reste le vœu de mort contre Venise, répété sans arrêt par la propagande publicitaire et les intégristes bornés de la « pureté ». Venise fait délirer les philosophes (sauf Nietzsche) : ce n'est pas forcément mauvais signe.

Shakespeare William
1564-1616

Venise est une source permanente de fantasmes à travers le temps. Aux XVIe et XVIIe siècles, sa richesse, son rayonnement, son système politique unique, son amoncellement de trésors architecturaux, musicaux et plastiques, sont l'objet de toutes les conversations et de tous les rêves dans les capitales européennes et leurs cours.

Nous sommes à Londres avec Shakespeare. Deux pièces sur, ou autour, de Venise : *Le Marchand de Venise* (1598), *Othello* (1603). Le Juif, le Maure. L'usure portée jusqu'à la folie, la folle jalousie manipulée par une volonté démoniaque. Punition et triomphe de l'amour d'un côté (comédie), meurtre et victoire du mal de l'autre (tragédie). Dans les deux cas : préjugés ethniques et religieux, singularité de Venise.

Othello se passe surtout à Chypre. La « divine Desdémone », par son mariage avec la peau noire, suscite le désir implacable de vengeance de Iago. Une Vénitienne s'est laissée aller aux ténèbres, elle doit mourir. Elle sera étouffée par son mari, rendu fou furieux par ruse.

Le marchand de Venise, lui, n'est pas Shylock, comme on le croit souvent, mais Antonio. Cependant, le personnage ténébreux principal est bien cet usurier juif poussé à bout par les insultes dont il est l'objet de la part des patriciens de la Sérénissime. L'autre titre de la pièce est bien *Le Juif de Venise*. Le contrat que Shylock signe avec Antonio (la fameuse « livre de chair » à prélever près du cœur si Antonio ne peut pas rembourser sa dette) est évidemment une pure folie. En quoi, précisément, ce Juif est un mauvais Juif, insensible à la « mercy » biblique.

L'usure passait, depuis Aristote, pour « contraire à la nature ». L'interdit chrétien, à cet égard, était en principe radical, mais, économie marchande oblige, subissait des fluctuations. Comme le dit Bacon : « Puisqu'il faut qu'on emprunte et qu'on prête, et que les hommes ont le cœur si dur qu'ils ne prêtent pas gratuitement, il faut autoriser l'intérêt [l'usure]. »

Or Antonio, l'armateur de Venise, prête gratuitement. En quoi il scandalise Shylock qui, du coup, souhaite carrément sa mort : « S'il n'était plus à Venise, je pourrais faire toutes les affaires que je veux. »

Shylock, pour justifier l'usure, donne en exemple le stratagème de Jacob, dans la Bible, par rapport à son beau-père Laban. La *reproduction* de l'argent est assimilée à celle des brebis (connotation sexuelle). L'usure, ici, devient avarice, au point que la fille de Shylock, Jessica, heurtée par cette obsession paternelle, quitte le domicile familial avec les bijoux qu'elle considère comme sa dot. Avec Lorenzo, un chrétien, d'où malédiction immédiate :

« Je voudrais que ma fille soit à mes pieds, morte, avec les bijoux aux oreilles ! Je voudrais qu'elle soit entre quatre planches à mes pieds et les ducats dans son cercueil ! »

Ce père exagère. Et quant à Antonio, dont il apprend la ruine :

« Je vais le tourmenter, je vais le torturer. J'en suis heureux ! »

On connaît la suite : à cruauté obstinée, cruauté et

demie. Devant le jugement du Doge, Shylock, resté insensible à toutes les objurgations et à toutes les propositions de règlement à l'amiable (il veut sa livre de chair, coûte que coûte), perd la moitié de ses biens et est obligé de se convertir au christianisme (ou de le feindre).

On passe en général trop vite sur l'intention profonde de Shakespeare de montrer ici la victoire du *don* assimilé à l'*amour*. C'est-à-dire, finalement (et là est le message vénitien), de célébrer le triomphe de la musique. Acte V, scène I (c'est Lorenzo, l'amant de Jessica, qui parle, point d'autant plus important que Lorenzo et Jessica, comme Roméo et Juliette, ont transgressé chacun les préjugés de leurs origines) :

... la douce force de la musique. Ainsi le poète
Imaginait qu'Orphée arbres, pierres, flots charmait,
Parce qu'il n'est rien, si dur, insensible ou dément,
Que la musique pour un temps ne transforme.
L'homme qui est dépourvu de musique en lui-même,
Et n'est pas touché par l'harmonie de doux sons,
Est tout prêt à trahir, violenter, dévaster.
Les mouvements de son âme sont obscurs comme la nuit,
Et ses sentiments sont aussi sombres que l'Érèbe.
Qu'on se méfie d'un tel homme ! Écoutez la musique.

L'Érèbe est la région ténébreuse que traversaient les ombres des morts avant d'arriver aux enfers. Ces vers sont la vraie condamnation de Shylock. On dirait que Shakespeare les écrit pour annoncer l'*Orfeo* de Monteverdi (1607). Shylock, le traître Iago, le pauvre Othello, ne sont pas assez sensibles à la musique (c'est-à-dire, au fond, à la libre substance féminine qu'est tout simplement Venise).

Le Marchand de Venise, pièce admirable, suscite, depuis toujours, bien des passions. L'une d'elles consiste à trouver la pièce antisémite (alors qu'elle comporte des traits d'émotion inconnue jusqu'à elle sur la condition inhumaine faite aux Juifs, Shylock devenant ainsi plus que sympathique avant de sombrer dans sa monomanie hallucinée).

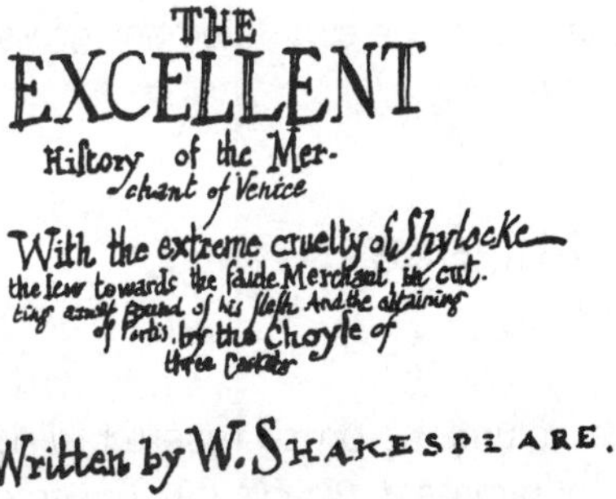
THE
EXCELLENT
History of the Merchant of Venice
With the extreme cruelty of Shylocke the Iew towards the saide Merchant, in cutting a iust pound of his flesh. And the obtaining of Portia, by the Choyse of three Caskets
Written by W. SHAKESPEARE.

La fin du *Marchand de Venise* est une comédie amoureuse de fausse dispute entre amants à propos de bagues. Le mot *ring* est répété sans arrêt (mais il signifie aussi, en argot, le sexe féminin). Impossible, ici, de ne pas penser au musicien des musiciens, si proche de Sakespeare, Mozart : *La Tempête, La Flûte enchantée.*

De nouveau, l'acte V, scène I. Lorenzo est avec Jessica, la fille infidèle et voleuse de son père avare, Shylock. C'est Shakespeare-Lorenzo qui parle :

« How sweet the moonlight sleeps on this bank ! » « Comme le clair de lune dort doucement sur ce banc ! Venons nous y asseoir, et que les sons de la musique glissent jusqu'à nos oreilles. Le calme, le silence de la nuit, conviennent aux accents de la suave harmonie. Assieds-toi, Jessica… Vois comme le parquet du ciel est partout incrusté de disques d'or lumineux. De tous ces globules, il n'est pas jusqu'au plus petit qui, dans ses mouvements, ne chante comme un ange, en perpétuel accord avec les chérubins aux jeunes yeux ! Une harmonie pareille existe dans les âmes immortelles, mais tant que cette argile périssable la couvre de son vêtement grossier, nous ne pouvons l'entendre. »

Sollers Philippe
né en 1936

Outre ce volume-ci, on se reportera à la plupart de ses livres, notamment *Paradis I* et *II*, *Femmes*, *Portrait du joueur*, *Le Cœur absolu*, *Le Lys d'or*, *La Fête à Venise*, en repérant, chaque fois, ce que la critique n'a étrangement jamais fait, les nombreux personnages de femmes présents, avec les différents narrateurs, dans la ville même.

L'auteur a toujours dit qu'il écrivait à la main, avec un stylo rempli d'encre bleue achetée chaque fois, depuis quarante ans, à Venise, et que cette répétition avait pour lui une signification fortement magique. On n'a pas de raisons de le soupçonner d'inventer.

Sollers Philippe

La Fête à Venise (1991) :

« Je la suis en pensée sur les places et dans les ruelles, sur les ponts et au bord de l'eau, le cliché est juste, la cité idéale a été conçue et construite au moins une fois. Comment retourner la honte de la viande humaine, comment assurer une dictature de l'esprit dans une république des corps ? Solution esthétique et mathématique. Compartimentation, écoulement, zones étanches, angles, invisibilités, profils, retenues, bassins, ouvertures sur ouvertures, passages couverts, coupures, coins, suspensions, reflets. On peut rêver là d'une population éveillée poursuivant ses calculs, société de Chinois discrets. Pas de bruit, sauf les sirènes des bateaux, les cloches, ou bien parfois, multipliant les creux, des coups de marteau contre les coques, on répare pour naviguer, chaque percussion est encourageante, favorable commerce, glissement, silence, évaporation d'atomes, temps lent, rapide, aéré. Amsterdam a dû avoir ce charme pour la philosophie, mais maintenant, si nous le voulons vraiment, plus rien ne nous gêne.

« J'attends l'ombre, la dérobée, je connais le passage, à gauche... On se retrouve près du puits blanc (datant de 1550), les hirondelles crient encore un peu dans le bleu du noir, on se voit de moins en moins, on se fait des pieds de nez, pourquoi inventerais-je des histoires pareilles... Reposez-vous dit le crissement constant, reposez-vous à l'amarre, tous les canaux sont de votre côté, les canaux, les couchants... Ta main, ton bras, changement de main et de bras – vite. Voir-sentir-écouter-toucher partout de partout. »

Stendhal
1783-1842

Pour Stendhal, *Milanese* (« Milanais »), l'Italie est surtout, comme on sait, Rome, Naples et Florence.

Il a pourtant envisagé de s'installer à Venise, en juillet 1815, avec Angela Pietragrua. Il vient, et semble s'intéresser surtout à ce que lui coûtera ce projet qui, d'ailleurs, n'aboutira pas. Il quitte la ville le 9 août de la même année.

En arrivant de Padoue, il couche à l'hôtel de la Reine d'Angleterre.

« En sortant, à onze heures, la première personne que je rencontre, c'est Valdramin, qui me propose un bain de mer au milieu du canal de la Giudecca, avec une petite échelle attachée à la barque. C'est très agréable et probablement fort sain [...] Venise, malgré ses malheurs, est encore une des villes les plus aimables de l'Europe. »

Stendhal ne voit pas grand-chose : *Le Triomphe de Venise* de Véronèse, la salle du Grand Conseil, la Piazzetta, la pointe des Jardins, la bibliothèque, le Grand Canal. Un tour en bateau, et il retourne à sa rêverie principale :

« Mon bonheur consiste à être solitaire au milieu d'une grande ville, et à passer toutes les soirées avec une maîtresse. Venise remplit parfaitement ces conditions. »

A-t-il eu, pendant cet été 1815, assez d'argent pour monter avec une prostituée locale ? Cette note le laisse penser :

« Une centaine de femmes, des plus passables, on choisit ensuite. »

Mais la rencontre n'a pas eu lieu.

Stravinsky Igor
1882-1971

Rake's Progress, l'opéra de Stravinsky, et sa plus longue composition (deux heures) est créé à La Fenice de Venise le 11 septembre 1951.

Le diable est le principal personnage de cette œuvre étrange qui commence par un appel angoissé à l'*Orfeo* de Monteverdi. La musique de scène est-elle encore possible ? La musique elle-même a-t-elle un avenir ? Le livret d'Auden, et l'opéra tout entier, tourne sans arrêt au fourre-tout, au bazar, au bordel, à la folie. Une femme à barbe intervient. L'amoureuse s'appelle Anne Trulove. Tout finit à l'asile de Bedlam, le diable ayant gagné la partie.

Le pauvre Rakewell, abusé par le démon, se croit aux Champs-Élysées et se prend pour Adonis. Apparaissent Eurydice, Orphée, Perséphone et même Platon. Vénus n'est pas à la fête. Le décor asilaire de boîtes sombres de David Hockney pour le festival de Glyndebourne, en 1976, en rajoute dans la désolation. Décomposition, illusions, psychiatrie, échec de l'amour, voilà un lourd défi porté à Venise.

« Tout le monde n'a pas une Trulove pour se sauver, chacun se rêve plus grand qu'il n'est... Mais à l'oisif, le Diable trouve toujours quelque chose. »

Stravinsky, à l'époque, a soixante et onze ans. C'est une de ses périodes nihilistes (il suffit de comparer le finale de *Rake's Progress* et celui de *Cosi fan tutte* de Mozart).

Le monde et l'époque sont décidément très sombres. Il ne semble pas y avoir d'issue.

Il faut suivre, à partir de là, l'évolution de la musique religieuse de Stravinsky, son rapport de plus en plus étroit avec Venise, comme s'il voulait s'excuser auprès de la ville et de ses fantômes. Après sa *Symphonie de Psaumes*, il écrit en 1955, de façon à utiliser au maximum l'acoustique de la basilique Saint-Marc, son *Canticum sacrum ad honorem Sancti Marci Nomini*, avec la dédicace suivante : « *Urbi Venetiae, in laude Sancti sui, Beati Marci Apostoli.* » Bien entendu, la référence est immédiatement Monteverdi et ses *Vêpres*. Stravinsky comprend de mieux en mieux (et en latin) que la prodigieuse archive musicale de Venise, associée au catholicisme, ne demande qu'à respirer, de nouveau, dans une présence vibrante et énigmatique (Gabrieli est aussi dans le jeu).

Il s'agit donc d'*exorcisme*.

Le 13 septembre 1956, Stravinsky dirige donc son *Canticum sacrum* dans la basilique. Le scandale est immédiat (comparable à celui du *Sacre du printemps*). Le public crie à la profanation. Le reporter de *Time Magazine* se croit malin en titrant (c'était fatal) : « Meurtre dans la cathédrale ».

Stravinsky, peu démonté, se remet tout de suite au travail, et écrit *Agon*. Il réinterviendra sur la scène sacrée avec son *Requiem Canticles*, en 1966. Après son voyage catastrophique en Russie, pays qui l'invite après l'avoir censuré pendant des années et l'avoir traité sans arrêt de « valet de l'impérialisme américain », il fait une incursion en hébreu avec son *Abraham et Isaac* créé le 23 août

1964 au festival d'Israël. Et puis, de nouveau en latin, un *Introïtus*.

Désastre de la Russie stalinienne (pour laquelle Stravinsky a un « violent dégoût »). Amérique. Pape (après sa *Messe*, il reçoit à Santa Fe l'ordre de Saint-Sylvestre des mains d'un envoyé du Saint-Siège). Israël. Venise. Stravinsky est à l'heure de son temps.

Et qui gagne cette partie folle dans le bruit et la fureur de l'Histoire ? Venise.

Stravinsky meurt, à quatre-vingt-neuf ans, dans la nuit du 5 au 6 avril 1971, à 5 h 20 du matin, à New York.

Mario Bois raconte les derniers jours :

« — Les Soviétiques se manifestent de plus en plus auprès de Stravinsky, ce n'est pas bon signe. Les autorités au plus haut niveau le sollicitent, l'implorent d'accepter d'être enterré au cimetière de Leningrad, près de Tchaïkovski. Stravinsky, vivant ou mort, doit revenir en Russie. Igor reçoit du courrier, des visites d'"envoyés spéciaux" qui parlent surtout à son entourage. Lui, hélas, ne comprend plus grand-chose. Tout cela signifie que la fin est proche.

« — Vont-ils accepter ?

« — Certainement pas : Igor veut Venise, le San Michele.

« — Près de Diaghilev ?

« — Diaghilev, il s'en fout ! C'est Venise qu'il aime. »

Bien que de confession orthodoxe, Stravinsky, par dérogation spéciale, est enterré le 13 avril à San Michele après un service religieux à San Giovanni e Paolo.

André Boucourechliev, dans son livre sur Stravinsky (Fayard, 1982), raconte :

« Après une messe pour les pauvres et l'arrivée de Vera Stravinsky au bras de Nicolas Nabokov, tous les membres de la famille prennent leurs places réservées – et séparées. Le service solennel commence par le *Requiem Missa Defunctis* d'Alessandro Scarlatti, suivi d'un discours du maire de Venise.

« Les *Requiems Canticles* sont alors exécutés sous la direction de Craft. À midi et demi, commence la cérémonie orthodoxe, présidée par l'archimandrite Malissianos, au cours de laquelle trois pièces d'orgue d'Andrea Gabrieli se mêlent aux chants du rite grec. Sur la tombe de Stravinsky, le sculpteur Manzù n'a gravé qu'un nom, deux dates et incrusté une petite croix – d'or pur. »

Ne reste plus qu'à ajouter une fausse note, hélas, énorme. Ce sont les malheureux propos tenus par Stravinsky sur Vivaldi, en qui il n'avait pas tort de voir un concurrent redoutable dans un monde en train de changer de base de façon inattendue.

La première anecdote est racontée par Mario Bois (*Près de Stravinsky*, Marval, 1996) qui semble partager les préjugés de Stravinsky en y ajoutant, de son cru, le cliché bourgeois des « clichés harmoniques » :

« On sait que Vivaldi, parmi beaucoup d'autres choses, a écrit plus de six cents concertos remplis de clichés harmoniques. Le mot attribué à Stravinsky est célèbre. Un journaliste lui demande ce qu'il pense de Vivaldi :

« — Qui ? (On l'imagine la main ouverte derrière l'oreille.)

« — Antonio Vivaldi.

« — Ah... Celui qui a écrit six cents fois le même concerto ? »

Voilà bien l'idiotie moderne ou moderniste. Au moment où Stravinsky émet cette sottise, Vivaldi commence à peine à être découvert, sa musique vocale est presque totalement ignorée (voir *Vivaldi*). Il s'agit bien entendu du *corps* qui se fait entendre dans une répétition extatique, un corps de musique, un corps allé avec la musique, un corps mêlé de musique, une éternité retrouvée avec un corps de musique, une transsubtantiation du corps en musique. Aucun concerto de Vivaldi ne ressemble à un autre. C'est la question *du Même, chaque fois autre*, qui est posée, jouée, glorifiée. Un autre rapport au temps, que nous commençons à peine à entendre.

L'autre propos est rapporté par Robert Craft, dans *Conversations with Igor Stravinsky* (Faber and Faber, Londres, 1959) :

« — Are you interested in the current revival of eighteenth century Italian masters ?

« — Not very. Vivaldi is greatly overrated – a dull fellow who could compose the same form so many time. »

C'est encore plus consternant. Ici, tout le XVIIIe siècle italien (et autre) y passe. Le XVIIIe, voilà l'ennemi physique et spirituel. Le mot *dull*, « a dull fellow », est particulièrement violent : il veut dire lent, lourd, monotone, fastidieux, abruti, stupide, et finalement *assommant*.

Venise est sans rancune : elle a enterré Stravinsky.

T

Tiepolo Giambattista
1696-1770

Les grands peintres vénitiens sont présents un peu partout dans ce *Dictionnaire*. Venise respire avec eux et en eux. On se reportera donc surtout à *Églises* (pour Tiepolo, à Santa Maria del Rosario, *Gesuati*).

Titien, Tintoret, Véronèse ont pris la ville en même temps que Palladio. Canaletto et Guardi, les « vues ». Tiepolo, lui, a raflé le ciel. Quand Casanova dit que Venise est « là-haut », c'est à Tiepolo qu'il pense. Envol, ouverture, plafonds, toits ouverts, irruption dans l'air et l'apesanteur, le globe terrestre est vu *depuis* le Paradis (ou l'Olympe), le pinceau décide de ses formes et lui donne vie. Tiepolo est le dernier grand Vénitien, on peut dire qu'il tire le rideau de la splendeur de la Sérénissime. Il est l'exact contemporain de Vivaldi, si longtemps méconnu. Il meurt à Madrid à soixante-quatorze ans, et Vivaldi à Vienne, dans la misère, à soixante-trois ans. Tourbillon final, puis tunnel. Les yeux pour voir Tiepolo, les oreilles pour entendre vraiment Vivaldi sont en formation. Il faut, pour cela, se familiariser avec les anges et leurs jouissances. Le sexe est une question d'ange, le reste est lourdeur.

Tiepolo est très vite reconnu comme exceptionnel. Ainsi, Zanetti, à l'époque :

« Ce peintre de valeur, dont le très vif esprit, uni à l'intelligence, est en fait singulier, est très digne d'être placé au nombre des principaux sujets qui honorent l'école vénitienne. Le mérite qui le distingue est une prompte capacité d'invention et, tout en inventant, d'imaginer et de résoudre en même temps, un grand nombre de figures toujours nouvelles. »

On est dans le *fa presto* (Fragonard s'en souvient, Manet en est secrètement jaloux). Les mots qui reviennent pour parler de Tiepolo sont : « prompt, spontané, foudroyant, manière rapide et hardie ». « Il fait un tableau en moins de temps qu'il n'en faut à un autre pour broyer les couleurs. » (Même fureur de composition rapide chez Vivaldi, donc immédiate jalousie animale des autres, l'exemple de la même capacité physique et nerveuse au XXe siècle étant, bien entendu, Picasso.)

Féerie : *L'Enlèvement d'Europe* (à l'Accademia). Écoutez, près de cette sorcellerie, la *Fairy Queen* de Purcell, et le *Songe d'une nuit d'été* de Shakespeare. Vous êtes sur la voie. C'est par là.

Tout ce qui apparaît est fait pour être enlevé, emporté. La force cachée est dans l'esquisse. Les femmes et les anges descendent, les saints reçoivent ou montent. Le saint qui lie Tiepolo par contrat est saint Dominique : il chante donc sa gloire en couleurs.

Oui, un nombre impressionnant de figures. Elles tournent, elles sont aussi de tous les âges, elles rentrent les unes dans les autres, Tiepolo lévite avec elles dans les plafonds, il aime les mettre en ovales, il les projette et il les avale, c'est un disque solaire en mouvement, un amateur de *tournantes* (rien à voir avec la misère et l'abjection de nos jours), tous les points de vue doivent être suggérés à la fois.

Exemple : *Le Pouvoir de l'éloquence* (titre on ne peut plus juste), au palais Sandi à Venise. Orphée est là, avec sa lyre. Il s'agit bien d'ébranler les murs, de tuer un dragon au passage, de faire tourner le ciel et la terre pour que rien ne s'empêtre ou se pétrifie.

La volupté se répand partout. À la Scuola grande dei Carmini, regardez par exemple *La Patience, l'Innocence et la Chasteté* : cette très jeune femme aux seins nus, qui feint de dormir près de son agneau, n'est-elle pas l'expression même de l'après-jouir ? C'est l'évidence.

Le message, ici, est évidemment patricien et aristocratique. La Noblesse, c'est la Vertu, et réciproquement (affirmation très nietzschéenne). Le contraire n'est donc que Vice, Ruse, Envie, Sédition, etc., c'est-à-dire Ignorance (*La Vertu et la Noblesse terrassant le Vice*, fresque de la salle dite « de l'Allégorie », palais Papadopoli). En termes « modernes » : le Vice, du moment qu'il est noble, est une Vertu (ici, l'ombre noire de Sade). La preuve est toujours la même : *Le temps découvre la Vérité* (ce tableau incroyable est à Boston : on y voit une splendide blonde – Venise – plutôt impassible, fortement saillie – il n'y a pas d'autre mot – par un vieux et puissant satyre ailé).

Confidence de Tiepolo : dans *Le Festin de Cléopâtre* (au palais Labia), il fait son propre portrait en Antoine, assis, main gauche sur la hanche, et casqué. Air méditatif et désabusé. Connaît la musique.

C'est pourtant à Wurtzbourg qu'on peut voir la fresque la plus vertigineuse de Tiepolo : *L'Olympe et les Quatre Parties du Monde*. Il a signé dans la partie *Asie*. L'Asie montre du doigt l'Europe, « sommet du progrès humain », et, bien entendu, il y a là un concert puisque l'Europe, ou plutôt Venise, est le « paradis de la musique »).

Si vous voulez voir un comble d'insolence féminine, il vous faudra aller à San Francisco, et regarder un peu longuement l'extravagant *Triomphe de Flore*. Fille nue ironique couronnée de fleurs, carrosse traîné par des anges, danseuse nue à jupe flottante rouge, femme au tambourin, grand drap d'or tenant tout seul en l'air. Qui dit mieux ?

Ou bien à Washington : *Portrait de jeune fille au domino et au tricorne*. Le bas du visage de cette beauté est dissimulé, le visage frais et calme, un peu mélancolique, éclate dans le noir profond, elle tient de sa main droite gantée de gris un éventail qu'elle ramène tout près de sa bouche (masque, retrait, discrétion, silence). C'est un grand chef-d'œuvre (annonçant Goya, Manet) que j'ai envie d'appeler *La Fille de Tiepolo*. Une Vénitienne de l'ombre, une musicienne de soi, en tout cas.

Ou encore à Saragosse, puisque Tiepolo a fini sa vie en Espagne, *L'Annonciation* la plus étrange qu'on ait jamais osé peindre. C'est une petite toile de la collection de la duchesse de Villahermosa, à Pedrola. La Vierge est debout dans une chambre modeste, elle est gracieuse, très réservée dans son voile bleu, la fenêtre est ouverte, des têtes d'anges et une colombe flottent dans l'air, une épaisse fumée rose jaillit dans la pièce, et l'archange Gabriel est prosterné sur le sol (on n'a jamais vu ça). L'aventure continue donc d'une tout autre façon ? C'est ce que ce sacré Tiepolo semble dire.

Tintoret
1518-1594

Comme tous les grands peintres vénitiens, Tintoret est présent un peu partout dans ce livre (voir surtout *Palais ducal*, *Églises* et *San Rocco*. Voir aussi *Sartre*).

On oppose trop facilement Titien d'un côté, Tintoret de l'autre. Certes, il y a eu concurrence et compétition de la part du cadet (Tintoret), mais cette contradiction est à l'image de Venise, ville contradictoire et surmontant les contradictions (elle n'est pas la Sérénissime pour rien).

En réalité, loin d'être, comme Sartre le pense, « travaillé par la Réforme », Tintoret est très engagé dans la Contre-Réforme. Il s'agit de réancrer le Nouveau Testament dans l'Ancien, et de montrer la continuité entre les deux. C'est une des obsessions de Tintoret. Exemple : la manne biblique et l'eucharistie participent d'une même source.

La Scuola San Rocco est, dans ce *Dictionnaire*, rangée dans la catégorie *Églises*, parce que c'est vraiment l'église de Tintoret. Il l'a voulue de fond en comble, son autoportrait figure dans un coin, il s'est inscrit là comme un nouvel évangéliste en peinture, et ses toiles, ses plafonds, ses fresques sont une grande messe passionnée.

Tintoret a accompli un programme mûrement discuté avec les autorités religieuses de la Confraternité de saint Roch, le « père vicaire » et le « père des matines ». Le récit a un but, et ce but est extrêmement nouveau. Tintoret est un prophète, ce temple est son domicile. Son inspiration vient directement de la Bible et de saint Jean.

Tintoret réalise son grand œuvre en trois fois, d'abord 1564-1567, puis 1575-1581, et enfin 1582-1587. Si on songe à ses autres travaux (notamment au Palais ducal), le résultat est stupéfiant. Tintoret est un forçat de la foi (foi dans la peinture, d'abord).

Il s'agit d'être présent dans le récit biblique et évangélique. Il y faut une force et une virtuosité d'imagination particulières. Tintoret (comme le recommandait Ignace de Loyola) *visualise* un certain nombre d'épisodes.

Moïse fait jaillir l'eau du rocher, la manne renverra à la Cène. Le péché originel permettra une nudité sensuelle (Ève est innocente, elle ne sait pas ce qu'elle fait, Adam, en revanche, a un mouvement de recul caractéristique). L'Éternel apparaît à Moïse, la colonne de feu est en marche, Jonas est vomi par la baleine, Ézéchiel a sa vision, Jacob aussi, avec son échelle d'anges. Vous passez par le sacrifice d'Isaac, la multiplication des pains par Élysée (donc Noces de Cana plus tard), Élie nourri par un ange, la pâque des Hébreux (autrement dit le Séder). Mais vous ne pouvez pas vous passer de saint Roch (on est sous sa protection), ni de saint Sébastien. Suivent le Baptême du Christ, l'Adoration des bergers, le Christ devant Pilate, Ecce Homo, la montée au Calvaire, la Crucifixion (grandiose). Le prophète est là, il peint jour et nuit, sa vision et sa compréhension s'affinent et s'approfondissent. C'est foncièrement de lui qu'il s'agit.

Et ça continue : Résurrection, Jardin des Oliviers, Cène (toujours paysanne et sobre), Multiplication des pains et des poissons, Résurrection de Lazare, Tentation du Christ (quel drôle de diable séduisant), Ascension, Piscine probatique (de nouveau sensualité surexposée). Une petite Visitation (Élisabeth et Marie) à côté du maître-autel. Mais ce n'est pas fini : une Annonciation par effraction, une Adoration des Mages, un Massacre des Innocents (violence érotique déchaînée), une Fuite en Égypte, une Marie-Madeleine lisant (sujet peu courant). Une sainte Marie égyptienne en méditation, une Circoncision (sujet peu traité en chrétienté, et pour cause). Une Assomption admirable, enfin, la Vierge s'échappant d'un tombeau où on s'apprêtait à l'ensevelir.

Moralité : la Bible et les Évangiles peuvent être *actualisés*, ou plus exactement ils sont d'une actualité permanente. Tout artiste, selon son époque, peut y trouver des motifs d'inspiration personnelle et sans fin.

Tintoret a peint plusieurs fois la *Cène* (à San Trovaso, à San Giorgio). À l'Accademia, son *Saint Marc libérant l'esclave* montre un Marc transformé en ange qui fond, en piqué, sur la situation à perturber. De la même façon il sauve un Sarrasin pendant un naufrage. Ce saint a un corps vivant, il intervient en missile aéroporté. *La Translation du corps de saint Marc* (avec chameau égyptien très étonné d'être là) insiste sur le fait que ce corps est intact (mort, peut-être, ou plutôt endormi). C'est rappeler brutalement à Venise que les restes de saint Marc enterrés sous la basilique au IXe siècle ne sont pas ce qu'elle croit.

Ne manquons pas *La Création des animaux* (transformée en carte postale très demandée par les touristes), où l'on voit Dieu, en pleine forme, en train de bondir et de sprinter tout en lançant en avant, dans la nature future, oiseaux et poissons. Portrait de l'artiste en action. « Dieu n'est pas un artiste », disait Sartre. Il avait tort, et Tintoret aurait très mal pris ce propos.

Le Paradis existe puisque Tintoret l'a montré au Palais ducal. C'est là où les foules des vivants et des morts viennent assister, en présence de la Trinité, au couronnement du quatrième terme indispensable au fonctionnement de l'ensemble. Quatrième terme dont se privent les pauvres hérétiques réformés : la Vierge. C'est-à-dire, encore une fois, Venise.

Ici, c'est Cézanne qui parle :
« Dites-moi, ce Tintoret, cette Tentation du Christ, à

San Rocco, je crois, cet ange aux seins gonflés, avec des bracelets, un démon pédéraste et qui tend, avec une concupiscence lesbienne, des pierres à Jésus, on n'a rien fait de plus pervers... Chaste et sensuel, brutal et cérébral, volontaire autant qu'inspiré, sauf la sentimentalité ; je crois qu'il a tout connu, ce Tintoret... Écoutez, je ne peux pas en parler sans trembler. Il se faisait endormir par sa fille, il se faisait jouer du violoncelle par sa fille, des heures... Seul avec elle, dans tous ces reflets rouges... Ses dieux tournent, tournent, ils n'ont pas le paradis calme. C'est une tempête, ce repos... »

Titien
v. 1488-1576

C'est, avec Véronèse, le plus célèbre des peintres vénitiens. La souveraineté lui appartient, comme elle appartient, à Rome, à Michel-Ange et à Raphaël. Il est présent à chaque instant entre les lignes de ce *Dictionnaire* où on consultera plus précisément *Églises* et *Arétin*.

Giorgione lui transmet le secret de la nudité de Vénus. Titien la prolonge. Vénus et Venise associent la beauté du corps féminin et la musique. *Le Concert champêtre*, au Louvre, préfigure déjà *Le Déjeuner sur l'herbe* de Manet (qui, entre-temps, a fait tomber Vénus de l'Olympe pour dire ce qu'elle est devenue de son temps : *L'Olympia*).

La Vénus d'Urbino (1537, à Florence), fixe à jamais la beauté harmonieuse du nu allongé avec main sur le sexe. *Vénus avec Cupidon et un organiste* (1548, au Prado de Madrid) est un chef-d'œuvre rouge, noir, jaune et blanc, où Titien dit que découvrir la vraie nature de Vénus consiste à savoir jouer de l'orgue et de ses tuyaux, tout en regardant où il faut (la tête du jeune homme est carrément tournée vers le sexe de la blonde charnelle). Jouer, voir, écouter, toucher. Tous les sens sont convoqués sur le théâtre d'amour, ouvrant sur une fontaine, un parc et un ciel lointain.

Vénus et Adonis ou encore *Danaë et Cupidon* (apologie masquée de la prostitution). Bacchanales, *Bacchus et Ariane*, *L'Amour sacré et l'Amour profane* (ici, lequel choisir ? Les deux).

Et *Flore*, la Vénitienne incomparable, cheveux d'or roux, déesse du printemps, tendre incarnat, poitrine à peine visible soulignée par la main gauche qui retient un brocart rose.

Et *La Bella* de 1536, que le duc d'Urbino appelle « la dame à la robe bleue », bleu de la robe, rouge des manches, blond foncé des cheveux tressés, incarnat de rêve.

Et *La Madeleine* qui feint de cacher sa nudité pour mieux la révéler.

Et *Vénus et Antiope*, que Titien appelle « la femme nue au paysage et au satyre ».

Et *L'Éducation de l'Amour* (Vénus bandant les yeux de l'Amour).

Et la sauvage Diane à l'arc, dans un paysage de bois en feu, le sein droit dénudé, de *La Mort d'Actéon*.

Toutes ces femmes, donc, mais aussi toutes les Vierges, dont la plupart sont sûrement des modèles populaires locaux, la plus vibrante et rouge étant celle de Santa Maria dei Frari (*L'Assomption*).

On ne sait de quoi il faut le plus s'étonner chez Titien : sa longévité légendaire, sa maîtrise des événements et des puissances, son sens stratégique des affaires ou, tout simplement (tout simplement !), son génie en peinture résumant celui de Venise et projetant sa lumière intérieure sur tous les tableaux après lui. Contre tous ceux qui ne peuvent voir de vraie réussite que dans l'échec, la réussite absolue de cette vie paraît invraisemblable, elle semble une insulte à nos valeurs religieuses de mort, d'empêchement sentimental, de pauvreté ou de malédiction suicidaire. Rien ne lui fait obstacle : sa croissance est celle du temps lui-même. Comme dans un mythe parfait, jusqu'à sa date de naissance prête à controverse et il est le premier à la dissimuler. Le mystère est pourtant simple : Titien était déjà plus qu'excellent étant jeune (il se vieillissait donc pour paraître sérieux et emporter les commandes), et comme il reste incomparable devenu très vieux, il en rajoute pour avoir la paix, stupéfier ses contemporains et poursuivre à l'écart ses toiles les plus secrètes. Il passera donc pour le « grand vieillard » centenaire qui continue jusqu'au bout à peindre, alors qu'il meurt seulement (seulement !) à quatre-vingt-huit ans, en pleine épidémie de peste, en 1576.

Que fait Titien ? Il comprend, comme personne avant lui, la situation des pouvoirs. Les princes, les empereurs ? On fera leurs portraits à jet continu, on les convoquera sur la toile, on les tiendra par l'image en utilisant leur narcissisme, leur mégalomanie automatique, leurs rivalités. Vous croyez exister vraiment ? Moi seul, Titien, peux vous en donner la garantie en volume, en couleur. L'Église ? Elle sera le lieu multiple du vote populaire. Quelles sont les peintures qui ont le plus de succès ? Celles qui sont les plus *implorées* par la dévotion des fidèles ? Les plus efficaces, donc ? Réponse : *L'Assomption*, tellement insolite, audacieuse, rouge, enlevée, ivre, qu'elle emporte aussitôt, si l'on peut dire, le morceau. D'un côté le pari aristocratique (les portraits sont immédiatement très célèbres), de l'autre le plébiscite démocratique. Les biographes, fascinés à juste titre, écrivent : « Aucun artiste avant lui n'a jamais osé s'adresser avec autant de clarté et d'insistance à un souverain pour réclamer de l'argent. » Titien sait que la domination par la peinture est une question technique qui prend l'être humain à sa racine. Il invente l'atelier de cette domination, aidé en cela par la plume mobile de l'Arétin, son ami et complice constant, plume acérée et caustique qui fait trembler les coulisses. Quel couple ! Rien ne leur résiste : ils s'activent, ils divisent, ils règnent, pour la plus grande gloire du pinceau.

Les puissants renâclent bien un peu, mais s'inclinent. Titien sera exempté d'impôts. Une révolution est en marche. Titien ne se soumet à rien : ni à la religion des masses ni au spiritualisme néo-platonicien des élites. Intraitable sur les affaires, il dispose de ces surimpositions que sont les croyances mythologiques ou philosophiques, il se joue des titres, des systèmes, des sacres, des conciles. Une Pentecôte, une Annonciation ? Mais bien sûr. Des Vénus nues comme on n'ose pas les penser si nues ? Avec plaisir. Des mises au tombeau ? Oui, et avec une sincérité frémissante, encore. Marié ? Père de famille ? Soucieux de la carrière de ses proches ? Aucun problème. Des dîners avec courtisanes ? Lettre de l'Arétin à Titien, en 1547 : « Une paire de faisans et je ne sais quoi d'autre vous attendent à dîner, en même temps que la signora Angiola Zaffetta et moi ; alors, venez donc, car, en nous voyant prendre continuellement du bon temps, la vieillesse, espionne de la mort, ne rapportera jamais à sa maîtresse que nous sommes vieux. »

Titien travaille lentement, et parfois très vite. L'Arétin : « Si j'étais peintre, je serais désespéré. » Goethe, plus tard : « Il plaît à tous parce qu'il sait tout dire. » Il n'y a rien de plus différent d'un tableau de Titien qu'un autre tableau de Titien, ce qui fait de lui le plus varié des peintres. « Je voudrais pouvoir, écrit-il un jour à Philippe

II, mettre sur la toile l'image de mon cœur. » Il l'a fait. Le cœur est couleurs. Lettre de l'Arétin, 1548 : « Messire Titien me presse avec les plus vives instances et m'enjoint de vous écrire pour vous prier de bien vouloir sans tarder, par amitié, lui faire parvenir une demi-livre de cette laque si ardente et splendide dans sa véritable couleur écarlate qu'à côté d'elle le cramoisi du velours et du satin paraît moins beau. » Voici donc l'« alchimie chromatique » dont tous les grands peintres voudront retrouver la clé : Rubens, Van Dyck, Vélasquez, Bernin, Caravage, Rembrandt, Watteau, Goya, Manet, Delacroix, Cézanne... « Il se consacre avec passion à l'amalgame des pigments, comme le montre son très célèbre aphorisme selon lequel il suffit de savoir manier le blanc, le rouge et le noir. » La clé ? Elle se trouve dans l'inscription que Titien a disposée dans sa plus forte *Annonciation* : « Un feu qui brûle mais ne consume pas. » Le buisson ardent du désir lui-même, avec Dieu dedans. Dieu *au bout des doigts*, pulsation directe. Le dernier Titien, en effet, peint de plus en plus avec les mains : « D'une traînée des doigts il mettait une couleur sombre dans un angle, pour le renforcer, en plus d'une traînée rougeâtre, presque comme une goutte de sang. »

Le sadisme, pourtant explicite, des tableaux de la fin semble échapper aux commentateurs. Ils y voient, bien entendu, plutôt de l'angoisse que de la jouissance (*Diane et Actéon*, *Apollon et Marsyas*, *Tarquin et Lucrèce*). La forêt du pinceau de Titien n'arrête pas de brûler, pendant que des incendies éclatent à Venise et détruisent certaines de ses œuvres les plus importantes. Feu contre feu. La République se bat à la fois contre les Turcs et contre l'hérésie protestante (Titien soutient bien entendu le catholicisme, c'est-à-dire le moindre mal pour sa palette). Le feu s'éteint ? Non, il est plus ardent sous la braise. Pour conclure donc, dans la ville ravagée une nouvelle fois par la peste, Titien, dont la maison sera pillée le soir même de sa disparition, obtient d'être inhumé dans la basilique des Frari, son ultime rideau inachevé étant l'incroyable *Pietà*, puissante, monumentale, fidélité à la Vierge, peut-être, mais surtout à lui-même, toujours.

Turner William
1775-1851

Turner vient pour la première fois à Venise en 1819 sous l'influence de Byron. Il ne reste que quatre ou cinq jours. Il réalise plus de cent croquis.

Il revient en 1833 pour dix jours. Entre 1833 et 1844, il exposera avec un grand succès une vingtaine de toiles à la Royal Academy.

En 1840, il fait donc un nouveau séjour de quinze jours, et travaille beaucoup, visiblement ébloui, et on peut dire qu'il annonce le lent et puissant mouvement de redécouverte de la Sérénissime (avant, donc, Manet et Monet).

Venise, sortant de l'oubli, dans un regard tourné vers l'intérieur après une irradiation violente : l'imagination de Turner se donne ici libre cours. Quelques « vues » conventionnelles font place à une rare émotion d'invention. Il est clair que Turner n'a pas pu assister à la cérémonie du Doge allant épouser la mer en lui jetant du haut du *Bucentaure* un anneau d'or, et pourtant, voici, à la Tate Gallery de Londres, cette toile inachevée et très belle intitulée *Venise, la Piazzetta avec la cérémonie des épousailles du Doge et de la mer*, datée de 1835. Esquisse de foule en fête lumineuse, architecture presque abstraite, la cérémonie, abandonnée en 1797, a lieu *malgré tout*.

Des mêmes années 1830-1833, deux toiles très étranges, *La Salute : scène de nuit avec des fusées* (British Museum), et surtout une magnifique *Jessica*, en rivalité avec Rembrandt et en hommage à Shakespeare. Elle est légendée par un vers du *Marchand de Venise*, « Shylock : Jessica, ferme la fenêtre ». Cette très jolie brune, au chapeau rouge sombre à plume, extravagant, est en effet un trésor. Comme on sait, elle s'apprête à trahir et à voler son avare de père. Turner a compris le sujet profond de la pièce, et il est bien le seul à célébrer ainsi Jessica.

Dans les années 1840, une bouche d'ombre dévoratrice, *Le Pont des Soupirs*, toile « romantique ».

Une des plus belles « vues » de Turner est visible à la Tate Gallery : *Venise, la Salute et la Dogana.* C'est une aquarelle exécutée sur du papier gris, rehaussée de gouache et de craie blanche, apparition de brume entre eau et ciel, précisée ici et là au crayon. Les commentateurs emploient automatiquement le mot « fantomatique ». Mais c'est le contraire : Venise approche, c'est une nouvelle aurore qui va nous révéler ce qu'on a voulu censurer.

Même impression « chinoise » dans *Venise, vue de Fusina* (British Museum), aquarelle sur papier bleu, rouge et jaune. Un grand silence céleste et marin porte une barque à peine esquissée noire. Où est-on ? Près de Shanghai ? Dans Turner, attendant que la lumière plonge et revienne. Cependant les piquets plantés dans l'eau nous préviennent discrètement (quelques traits sombres) que la Sérénissime est là, tout près, quelque part.

Et puis, un soir d'or, une huile sur toile de 1845 : *Venise, soir, départ pour le bal* (Tate Gallery). Une fête va avoir lieu là-bas, par-delà l'embrasement lumineux jaune qui occupe toute la toile, laissant juste passer trois barques aux personnages indistincts. « Elle est retrouvée. Quoi ? L'éternité. C'est la mer mêlée au soleil » (Rimbaud). Le temps a été perdu, il va être retrouvé au large.

L'aquarelle pour moi la plus émouvante : une *Chambre à Venise,* taches de couleurs, du jaune, du bleu, du rouge, pièce envahie de lumière, où quelqu'un de très nouveau a été là, fenêtres ouvertes, et sera peut-être de nouveau là, un jour.

Un de ses biographes raconte ainsi la mort de Turner à Londres (il a soixante-seize ans) :

« L'alcoolisme provoqua l'arrêt de la digestion et, le voyant décliner rapidement, Mme Booth envoya chercher le médecin qui l'avait soigné à Margate. Selon Thornbury, le médecin annonça à Turner que la mort était proche. "Descendez, dit le peintre, buvez un verre de xérès et rendez-moi visite de nouveau." Le médecin s'exécuta et maintint son diagnostic. "Alors, remarqua Turner, je vais bientôt devenir un non-être." »

« Le temps était depuis plusieurs jours gris et couvert. Turner mourant se lamentait de l'absence de soleil. Juste avant de mourir on le trouva étendu par terre. Le ciel s'était éclairci et un rayon de soleil tombait sur lui… Il avait dû se trouver mal tandis qu'il cherchait à s'approcher de la fenêtre. »

Ruskin, on s'en doute, a brûlé tous les dessins érotiques de Turner dans les bordels.

V

Véronèse Paul
1528-1588

Comme Tiepolo, Titien et Tintoret, Paul Véronèse est un des princes de Venise. Il figure un peu partout dans ce *Dictionnaire,* et la Sérénissime ne peut pas se comprendre sans lui (voir *Églises,* surtout *San Sebastiano*).

Il est de Vérone, d'où son nom. Très vite, il est ressenti comme un miracle ou un envoyé de la Providence. Ses couleurs claires, brillantes, émaillées, froides, contrastées, voire acides, illuminent son temps. C'est le peintre le plus proche de Palladio, dont il décore souvent les villas. Titien le soutient. Il s'impose.

Véronèse est le joyau de Venise. *Le* Sérénissime, c'est lui.

Un commentateur : « ... une joyeuse sérénité, comme suspendue, dans un calme assouvi. »

Cette idée d'*assouvissement* est importante. Elle a droit à toute la réprobation moderne, sauf exception.

Par exemple Cézanne :

« Celui-là, il était heureux. Et tous ceux qui le comprennent, il les rend heureux. C'est un phénomène unique. Il peignait comme nous regardons, sans plus d'efforts. En dansant. Des torrents de nuances lui coulaient du cerveau. Il parlait en couleurs. Il me semble que je l'ai toujours connu. Je le vois marcher, aller, venir, aimer, dans Venise, devant ses toiles, avec ses amis… Tout lui rentrait dans l'âme avec le soleil, sans rien qui le sépare de la lumière. Sans dessin, sans abstractions, tout en couleurs… On a perdu cette vigueur fluide que donnent les dessous… Regardez cette robe, cette femme contre cette nappe, où commence l'ombre sur son sourire, où la lumière caresse-t-elle, imbibe-t-elle cette ombre, on ne sait pas. Tous les tons se pénètrent, tous les volumes tournent en s'emboîtant. Il y a continuité… Le magnifique, c'est de baigner toute une composition infinie de la même clarté atténuée et chaude et de donner à l'œil l'impression vivante que toutes ces poitrines respirent véritablement, mais là, comme vous et moi, l'air doré qui les inonde. Au fond, j'en suis sûr, ce sont les dessous, l'âme secrète des dessous qui, tenant tout lié, donnent cette force et cette légèreté à l'ensemble… L'audacieux de tous les ramages, les étoffes qui se répondent, les arabesques qui s'enlacent, les gestes qui se continuent… Vous pouvez détailler : tout le reste du tableau vous suivra toujours, sera toujours là, présent, vous sentirez la rumeur autour de la tête, autour du morceau que vous étudierez. Vous ne pouvez rien arracher à l'ensemble. »

Véronèse Paul

Ces propos sont, de loin, les plus beaux et les plus exacts qu'on ait tenus sur Véronèse. À première vue, rien ne semble rapprocher Cézanne du grand Vénitien. Erreur : il s'agit de « la vigueur fluide des dessous ». On a perdu cette vigueur, dit Cézanne, cette « âme secrète des dessous », bref le liant, la continuité, la sensualité permanente. « Vous ne pouvez rien arracher à l'ensemble. » Autrement dit : rien n'a été vécu et pensé comme *séparé*.

Véronèse peint une *Cène* explosive. On est chez Palladio, arcades et colonnes, trois parties somptueuses, tout cela pour le réfectoire de San Giovanni e Paolo (l'idée de peindre une Cène de faste pour surplomber les repas plutôt maigres des moines est aussi extraordinaire que juste : vous mangerez mieux dans l'au-delà, c'est-à-dire avec moi, Véronèse, maintenant, ici). L'Inquisition feint de s'inquiéter (à Venise, il faut vraiment insister pour qu'elle vous poursuive). Que fait ce Christ dans une telle atmosphère de luxe, de dépense, de richesse étalée ? Réponse de l'artiste : « Nous autres peintres, nous prenons les licences que prennent les poètes et les fous. »

L'affaire est vite réglée : il suffit de changer de titre. Et voilà pourquoi nous admirons cette énormité voluptueuse et agitée qui s'appelle *Le Repas chez Lévi*.

Les Noces de Cana sont aussi une histoire de réfectoire (celui du monastère de San Giorgio). Comme on sait, ce tableau monumental a donné faim à Bonaparte qui l'a tout simplement volé. Il est au Louvre. Cent trente-deux personnages, dont des musiciens, pour représenter la fondation de l'Eucharistie, voilà qui s'appelle réécrire l'Histoire, à moins de penser que Dionysos et le Christ ne font qu'un, ce qui est proprement vénitien.

Tintoret a son temple : San Rocco. Véronèse a son église (où il est enterré) : San Sebastiano. Il s'est occupé de son monument de 1555 à 1581, ce qui correspond à la quasi-totalité de son activité vénitienne. Il a veillé à tout, et a souligné l'importance de la musique en peignant l'orgue. Une fois son chef-d'œuvre fini, il est allé s'allonger, et on peut voir sa dalle funéraire.

Il est dans les plafonds, Véronèse, avec les quatre évangélistes, Jean, Matthieu, Marc, Luc et leurs attributs (aigle, taureau, lion, livre ouvert par un ange). Il passe ensuite au récit qu'on lui a commandé : l'histoire d'Esther qui, bien entendu, doit préfigurer celle de la Vierge (trois grandes toiles, deux ovales une carrée). On est surtout dans le rouge, c'est dramatique et parfait.

Il continue par les murs (une *Annonciation*, deux épisodes de la vie de saint Sébastien, dont son martyre). Et voici l'orgue. Volets fermés : *Présentation de Jésus au Temple*. Volets ouverts : *La Piscine probatique* (sur ce sujet, voir Rimbaud, *Proses évangéliques*, la piscine de Beth-Saida). Garde-fou : *Nativité, Deux vertus féminines*. Côtés : *Saint Jérôme, Saint François*.

Des prophètes, des apôtres, des sibylles, une Vierge à l'enfant de toute beauté, une *Crucifixion avec Marie et saint Jean*.

Et ça continue : Véronèse dessine lui-même l'autel de l'église. Il en place le retable. Deux grandes toiles pour le presbytère sur la vie de saint Sébastien (beauté du martyre).

On peut difficilement aller plus loin dans l'autocélébration glissée dans une religion : mais c'est précisément (d'où sa mauvaise réputation) ce que permet le catholicisme.

À l'Accademia, l'audace : *Allégorie de la bataille de Lépante* (1571 environ). En bas, la bataille navale contre les Turcs. En haut, présentation par des saints et des saintes de la Foi, vêtue de blanc (Venise), à la Vierge (ce sont les mêmes).

Une *Annonciation* (toujours chez Palladio), dans une architecture royale. La Vierge est, depuis longtemps, une patricienne qu'un archange avec lis, suspendu en l'air, ne saurait surprendre démesurément.

Les peintures du Palais ducal sont souvent plus conventionnelles. On retiendra ici *L'Enlèvement d'Europe* (1580 environ), où une splendide Vénitienne au sein droit dénudé, entourée de ses femmes, exprime, avec une mélancolie déjà amoureuse, à quel point il est délicieux d'être prochainement enlevée par un faux taureau bien sage qui, d'ailleurs, a l'air endormi. A-t-on fait mieux en couleurs ? Impossible.

Visconti Luchino

1906-1976

(Voir *Mann*)

Vivaldi Antonio
1678-1741

Le 4 mars 1678, en même temps que l'apparition d'Antonio Vivaldi en ce monde, se produit un événement très rare : un tremblement de terre. Panique, et beaucoup de dégâts.

J'aime ce signal divin, il définit sa musique. Tempête, éclairs, repos, tourbillon fiévreux et grand calme.

S'il y a un génie du lieu, et du temps absolument singulier de ce lieu, c'est lui. Deux ou trois accords, et on est immédiatement sur place, dans la lagune, entre ciel et eau, dans la préparation des navires, en bateau. Tout évoque ici le bois profilé et rapide, le violon volant, le lent détour flottant suspendu, les cordes, les cordages, une sorte d'artisanat enflammé tenu par l'archet, la main, les doigts, l'oreille infaillible, et puis gouge, varlope, copeaux, coques bondissantes, éclats.

Vivaldi est un dieu grec. Sa fulgurante odyssée reste, par bien des côtés, incompréhensible.

Quel nom, aussi : VI-VAL-DI.

La vie, la valeur, la variété, la vivacité, le *dit*.

Des dieux au pluriel. C'est dit, et redit.

Tout est mystérieux chez lui : sa prêtrise, sa rousseur (« Prete rosso », le prêtre roux ou rouge), sa fureur de composition, sa fécondité créatrice, sa profusion, sa vie de laboratoire incessant avec les jeunes chanteuses de l'Ospedale della Pietà, sa liaison avec la cantatrice Anna Giro (ou Giraud, puisque son père était français), sa mort misérable à Vienne en 1741, la censure sauvage dont il a été l'objet pendant deux siècles, sa redécouverte récente, son succès populaire inattendu, sa profondeur cachée.

Robbins Landon, dans son *Vivaldi* de 1993, rappelle le rôle du poète américain Ezra Pound (voir *Pound*) dans la résurrection de Vivaldi :

« Pendant deux cents ans, le nom d'Antonio Vivaldi n'était connu que des musicologues et des historiens. Mais au xxe siècle, avec le regain d'intérêt pour la musique baroque, il commença à émerger de l'oubli. L'un des artisans de cette renaissance fut l'écrivain américain Ezra Pound, qui vivait à Rapallo et qui y organisa de remarquables concerts consacrés à Vivaldi. »

Ce n'est qu'un début. Il faut attendre des années après la Deuxième Guerre mondiale pour que la musique d'église de Vivaldi commence à être connue, sans parler de ses opéras. Les résistances ont été très fortes (voir *Stravinsky*), mais rien à faire. Vivaldi est un tremblement de terre dans l'histoire falsifiée de la musique, une vague déferlante de vérité et de beauté.

Goldoni, très superficiel, trouvait que Vivaldi était peut-être un violoniste virtuose, mais qu'il était « un compositeur médiocre » (voir *Goldoni*). Mais le pauvre Goldoni, à côté de

Shakespeare (à qui Vivaldi fait tellement penser par sa féerie constante), n'est qu'un auteur médiocre de pièces datées.

L'énigme est là : comment peut-on encore colporter l'image d'un Vivaldi en mauvaise santé, souffrant de troubles respiratoires (il les évoque pour se justifier de ne pas dire la messe qu'il a pourtant beaucoup dite, mais on n'est pas obligé de croire ses déclarations adressées à une puissance du clergé), quand éclatent, au contraire, dans toutes ses compositions, une force et un déchaînement physique majeurs ? Le ressentiment qu'il provoque est comique. Prêtre catholique et musicien de génie : impossible à admettre. À ce compte-là, il n'est pas non plus admissible que Monteverdi, l'auteur du tardif *Couronnement de Poppée*, ait été ordonné prêtre dans les dernières années de sa vie. Bref, c'est toujours Venise qui fait problème et qui choque. S'il n'y avait pas eu les transcriptions que Bach a réalisées de Vivaldi (pour lequel il avait la plus vive admiration), il est possible que le nom du « prêtre roux » eût complètement disparu. L'Histoire et ses ravages ont précipité la suite. Il y avait donc une lumière intraitable et ineffaçable dans l'océan du négatif ? Mais oui, Vivaldi.

J'écoute, une fois de plus, et sans jamais m'en lasser, une vingtaine de concertos de Vivaldi. Je suis à Venise, parce que Venise est là dès que Vivaldi est là. *La Tempesta di Mare, L'Estro harmonico, La Cetra, La Stravaganza*. Tous les états « humains » sont présents (squelette, muscles, système nerveux, poumons, cœur, tête, bras, jambes), en train de sortir de la nature, de l'air et de l'eau, et de s'y fondre en dansant.

J'écoute une fois de plus *Il piacere*. Et puis le *Nisi Dominus*, chanté par James Bowman (il faudrait parler longuement de la façon dont les voix de chant, femmes et hommes, ont été refaçonnées par l'exécution de la musique de Vivaldi, la manière de jouer des instruments aussi. Il a ainsi fallu des années pour que de nouveaux corps amoureux surgissent). J'écoute une fois de plus, jamais assez, ce *Gloria* résurrectionnel, fou de joie, avec trompettes et chœurs embarqués dans une affirmation grandiose.

Et, bien sûr, une fois de plus Cecilia Bartoli (voir *Bartoli*). On peut dire que cette chanteuse inouïe est *née* de, et pour, Vivaldi.

Prenez *The Vivaldi Album*, où Cecilia Bartoli chante, accompagnée par les magnifiques musiciens de *Il Giardino Armonico.* C'est un extrait de l'opéra de Vivaldi, l'*Olimpiade*, donné au théâtre de Sant'Angelo en 1734.

Ce que fait Vivaldi de ce poème banal et moralisant est prodigieux. Il en renverse le sens, il fait de la passion amoureuse assoiffée et désorientée quelque chose de hautement désirable. Cecilia Bartoli, elle, porte le prodige à son comble. Il suffit de l'entendre dévider « *ogni diletto è scoglio* » en étirant *diletto* butant sur *scoglio* (« plaisir » et « récif »), et surtout la façon dont le vers « *tutta la vita è un mar* » (« toute la vie est une mer ») prend ici une ampleur et une âpreté prophétiques.

La mer, en italien, est au masculin.

Toute la vie est une mer : philosophie de Vivaldi. Une mer agitée ou parfois très lisse. Le temps est ici *saisonné*. Printemps, été, automne, hiver ignorent les années. S'il a l'air de se répéter (ce qui n'est pas le cas), c'est que Vivaldi a su, dans le mouvement du mouvement, qu'il reviendrait éternellement. C'est lui qui prononce le plus extraordinaire *oui* à la vie. Pour un violon, pour deux violons, pour quatre violons ? Pour une vie, deux vies, quatre vies, un millier de vies, et plus, et encore. Toute son œuvre s'appelle *Encore*. Non à la mort, oui à la vie. Encore.

Le corps de Vivaldi cesse de respirer le 28 juillet 1741, à Vienne. Il a soixante-trois ans. Il a été victime d'une « inflammation interne ». Il est enterré le jour même dans le cimetière de l'hôpital. Il n'a droit qu'à l'enterrement des pauvres à la cathédrale Saint-Étienne. Un des six membres de la chorale, ce jour-là, est un jeune garçon de neuf ans. Il s'appelle Joseph Haydn. Vivaldi est jeté dans une fosse commune de la capitale. Cinquante ans plus tard, même lieu, même cathédrale, même sort. Le mort se nomme alors Wolfgang Amadeus Mozart.

La nouvelle de la mort de Vivaldi a été commentée de la façon suivante dans les *Commemorali Gradenigo* de Venise :

« L'abbé D. Antonio Vivaldi, incomparable virtuose du violon, dit le Prêtre roux, très estimé pour ses compositions et concertos, avait gagné, en un temps, plus de 50 000 ducats, mais sa prodigalité désordonnée l'a fait mourir pauvre, à Vienne. »

La Société enterre et compte l'argent. L'Esprit entend la musique.

W

Wagner Richard

1813-1883

Le hasard de ce *Dictionnaire* fait succéder au nom de Vivaldi celui de Wagner. L'entrée *Vivaldi* se termine sur le nom de Nietzsche. Ces trois noms se croisent à Venise : l'Histoire a son ironie.

Nietzsche, malgré sa violente attaque de Wagner, a parlé de « l'heure sainte où Richard Wagner est mort à Venise ». C'était le 13 février 1883 au palais Vendramin, sur le Grand Canal, aujourd'hui siège hivernal du casino municipal. Le corps de Wagner a été transporté de nuit en gondole jusqu'à la gare pour être enterré à Bayreuth, où il a eu droit à des funérailles de roi.

Wagner, ou l'anti-Venise. Il est venu ici du 29 août 1858 au 24 mars 1859, à la suite d'une dispute avec sa première femme, Minna. Il s'enfuit avec son ami, le poète Carl Ritter, et achève à ce moment-là *Tristan et Iseult*. Il a décrit la forte impression que lui a faite, une nuit, le chant des gondoliers vénitiens :

« Pendant une nuit d'insomnie, étant allé sur mon balcon vers trois heures du matin, j'entendis pour la première fois le célèbre et ancien chant des gondoliers. Je crus reconnaître que le premier appel, rauque et plaintif, qui résonna dans la nuit silencieuse venait du Rialto, situé à une distance d'un quart d'heure environ. Une mélopée analogue lui répondit de plus loin encore. Ce dialogue extraordinaire et mélancolique continua ainsi par intervalles parfois assez longs et j'en fus si impressionné qu'il me fut impossible de fixer dans ma mémoire les quelques notes sans doute fort simples qui le modulaient. Un autre soir, je compris d'expérience toute la poésie de ce chant populaire. Je rentrais fort tard en gondole par les canaux sombres ; tout à coup, la lune se leva, éclairant les palais indescriptibles et mon gondolier qui maniait lentement son énorme rame, debout à l'arrière de ma barque. Au même instant, celui-ci poussa un cri qui ressemblait à un hurlement d'animal : c'était un profond gémissement qui montait en crescendo jusqu'à un "Oh !" prolongé et finissait par la simple exclamation "Venezia !". Il venait encore quelque chose, mais j'avais reçu une commotion si violente de ce cri que je ne pus me rappeler le reste. Les sensations que j'éprouvai là furent caractéristiques et ne s'effacèrent point de tout mon séjour à Venise ; elles sont demeurées en moi jusqu'à l'achèvement du deuxième acte de *Tristan* et peut-être m'ont-elles suggéré les sons plaintifs et traînants du chalumeau, au commencement du troisième acte. »

Wagner Richard

Un cri, un gémissement mélancolique, Tristan et Iseult... C'est l'époque, ne l'oublions pas où Monteverdi et Vivaldi sont complètement oubliés, et où on trouve Mozart « frivole ».

Nietzsche, on le sait, n'a pas de mots assez durs contre Wagner, « corrupteur du goût », « musique malade », « universelle morbidité », « cirque des Walkyries ». Il est vrai, le culte de Wagner, et ses conséquences, nous laisse aujourd'hui stupéfaits. Même Mallarmé s'embrouille dans un galimatias incroyable, en 1886, dans *La Revue wagnérienne* :

Trompettes tout haut d'or pâmé sur les vélins,
Le dieu Richard Wagner irradiant un sacre
Mal tu par l'encre même en sanglots sibyllins.

Mozart et Vivaldi, vite.

Z

Zattere

Nous sommes en plein Sud. Le soleil se lève jaune à gauche et se couche rouge à droite. Souvent, par très beau temps, la lune et le soleil sont visibles ensemble dans une symétrie parfaite. Vénus brille, l'étoile des amants.

En face, la Giudecca et le Redentore. Un peu plus à gauche, San Giorgio. C'est samedi, les grands paquebots entrent.

Le quai, très large, a été construit à la suite d'un décret du 8 février 1516. En 1640, l'ordre a été donné de décharger là tout le bois. Comme les troncs descendaient par flottage (*zattera*), charriés par le courant du Piave depuis les forêts du Cadore jusqu'à Venise, le long quai a été nommé « Zattere ». Il va de la pointe de la Douane jusqu'à la gare maritime. Un voyageur un peu expérimenté sait que c'est le plus bel endroit de l'univers.

J'ai vécu là, des semaines et des semaines, pour respirer et écrire, pendant quarante ans, dans le plus parfait incognito. D'un bateau à l'autre, d'une terrasse sur pilotis à l'autre, le matin très tôt, à midi, la nuit. J'ai traversé mille fois le pont de l'Umiltà, le quai des Incurabili, celui du Spirito Santo. Je ne compte plus les cafés bus au soleil contre le miroitement de l'eau et son battement régulier sous les planches. Le *Linea d'Ombra* a disparu, *Aldo* aussi, *Gianni*, *La Calcina* et *La Riviera* sont là. Chaque jour, matin et soir, la messe est dite et redite aux Gesuati, Santa Maria del Rosario. Passant, ou passante, allume ici un cierge pour moi. Je suis Incurable, mais peut-être que le Saint-Esprit me protège. L'Humilité devrait me faire pardonner mes erreurs. Et comme l'a dit bien meilleur que moi, en s'avançant sur le devant de la scène, pour signifier la fin du récit : « *Let your indulgence set me free.* »

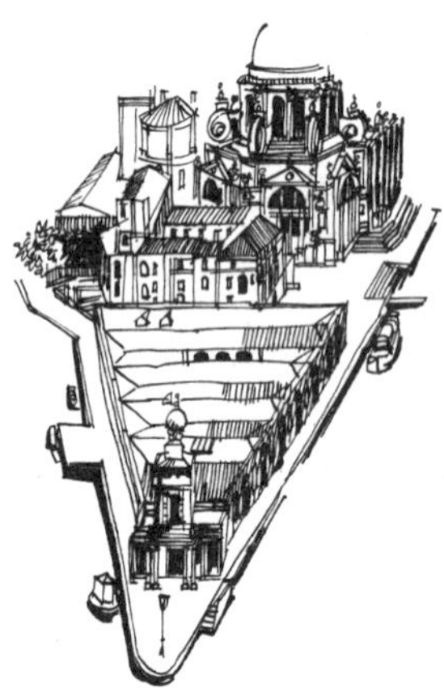

Table des matières

Table des matières

Table des matières

Composé par Nord Compo
à Villeneuve-d'Ascq (Nord)

Imprimé en France par

BRODARD & TAUPIN

à La Flèche (Sarthe)
en juin 2014

POCKET – 12, avenue d'Italie – 75627 Paris Cedex 13

N° d'impression : 3004856
Dépôt légal : juin 2014
S22906/01